Voltaire

Candide ou l'Optimisme

VOLTAIRE

Candide ou l'Optimisme

Eileen M. Angelini
Canisius College

Myrna Bell Rochester

Focus Student Edition

Focus Publishing
R. Pullins Co.
Newburyport, MA
www.pullins.com

Table des matières

Introduction

En somme, ce qui nous sépare peut-être de Voltaire, c'est qu'il fut un écrivain heureux. Nul mieux que lui n'a donné au combat de la Raison l'allure d'une fête.

Roland Barthes, 1964

La famine, la peste et la guerre sont les trois ingrédients les plus fameux de ce bas monde.

Voltaire, *Dictionnaire philosophique*, 1764

Candide, un monument de la littérature

Évoquer les catastrophes les plus dévastatrices, tant personnelles que partagées, sur un ton léger. Par cette satire attirer une multitude de lecteurs. Le faire sciemment, en toute connaissance de cause. Il est rare qu'un exemple de la littérature dite militante atteigne le statut de légende comme l'a fait *Candide ou l'Optimisme*, et qu'il soit si aimé, si chéri depuis sa parution.

Candide est sorti en janvier 1759. Le livre non relié avait été transporté clandestinement et simultanément dans cinq villes d'Europe pour devancer sa condamnation inévitable par les autorités. Voltaire avait alors soixante-quatre ans; il s'était retiré des cours royales européennes; sa réputation littéraire internationale était sûre. À une époque où la culture française dominait en Europe, Voltaire était sur le point de dominer la culture française.

Le genre du conte philosophique ne lui était pas nouveau: il avait déjà publié une dizaine de contes, et il allait en écrire plus de dix autres. Mais *Candide ou l'Optimisme* reste la plus célèbre, la plus lisible et la plus universelle des œuvres de Voltaire. Déjà traduite dans les langues européennes du vivant de son auteur, l'histoire du jeune et naïf Candide, chassé du château westphalien de Thunder-ten-tronckh pour l'amour de sa chère Cunégonde, continue aujourd'hui à être appréciée et adaptée partout dans le monde.

1

Qu'est-ce que *Candide*? Ce court texte comporte beaucoup: c'est un exposé de la philosophie dite d'« optimisme », une satire d'autres systèmes philosophiques et religieux, une discussion de la question du mal, une comparaison entre l'Utopie et la réalité quotidienne, la recherche du secret du bonheur et la formation d'un jeune esprit impressionnable, mais c'est avant tout une comédie.

François-Marie Arouet: les premières années

François-Marie Arouet (dit Voltaire à partir de 1718) est né à Paris en 1694 dans une famille bourgeoise riche et cultivée (quoiqu'il se prétende toujours être le fils illégitime de l'amant de sa mère, le chevalier Rochebrune, poète et chansonnier populaire). François Arouet, son père officiel, était notaire, avocat et prêteur sur gages pour des clients aisés. François-Marie avait une sœur aînée, Marguerite Catherine, et un frère aîné, Armand, qui allait devenir prêtre janséniste. Leur mère Marie-Marguerite Daumard est morte quand son plus jeune fils n'avait que sept ans. De 1704 à 1711, François-Marie a fait des études au collège jésuite Louis-le-Grand. Ses instituteurs ont reconnu non seulement l'intelligence exceptionnelle de leur élève, qui écrivait précocement des vers, mais aussi son impertinence. En 1711, son père l'a fait inscrire à l'École de Droit à Paris dans l'espoir que son fils deviendrait moins difficile et se consacrerait mieux à ses études.

Mais préférant les lettres aux litiges et le plaisir aux procès, le jeune Arouet n'a pas tardé à délaisser ses études pour passer tout son temps dans les salons mondains et littéraires du Temple, ainsi qu'à la cour de Sceaux, chez la duchesse de Maine, où il a composé un premier conte, *Le Crocheteur borgne*. Son père l'a envoyé à Caen, puis en 1713, il est passé en Hollande comme secrétaire à l'ambassade. Rappelé à la maison suite à une scandaleuse histoire de séduction en Hollande, François-Marie était censé reprendre ses études, mais il s'est plutôt remis à écrire des poèmes et pamphlets calomnieux qui visaient le régent Philippe duc d'Orléans et d'autres membres de la cour. Le roi Louis XV n'avait alors que cinq ans. Ses écrits satiriques l'ont obligé à s'exiler deux fois en province. À son retour, en 1717, lors d'une nouvelle infraction, le Régent l'a fait enfermer — pour onze mois — à la Bastille, la prison d'État.

François-Marie a profité de son temps en prison pour terminer la rédaction de sa première tragédie classique, *Œdipe*. Peu après sa sortie de la Bastille, il l'a fait jouer. Le grand succès de cette première pièce de théâtre l'a rendu célèbre. Le Régent, qui l'avait auparavant mis en prison, lui a accordé une pension. En mai 1726, Voltaire, de son nouveau nom, allait devenir poète officiel quand il s'est retrouvé à la Bastille, résultat d'une

altercation avec un noble, le chevalier de Rohan. Deux semaines plus tard, libéré à condition qu'il s'exile, il ne tarde pas à partir pour l'Angleterre.

Voltaire a fréquenté les milieux aristocratiques et intellectuels de Londres pendant deux ans et demi. Il a fait la connaissance d'écrivains (Jonathan Swift, Alexander Pope) et de nobles (lord Bolingbroke) et y a fait publier son poème épique, *La Henriade* (sur la vie du roi protestant français Henri IV, assassiné en 1610). Les années anglaises ont été une période de révélation. De retour en France, Voltaire a terminé les *Lettres philosophiques sur l'Angleterre* (ou *Lettres anglaises*), publiées en anglais en 1733, et l'année suivante en France. En faisant l'éloge des libertés intellectuelle, religieuse et politique qu'il avait constatées en Angleterre, Voltaire a subtilement attaqué la France.

La bonne fortune de Voltaire

La vie s'était beaucoup améliorée pour Voltaire en tant qu'homme de lettres, mais aussi et surtout à cause de sa capacité pour les affaires. Poursuivant le libéralisme bourgeois de sa naissance, il a amassé, par d'habiles spéculations financières, une immense fortune. (À la fin de sa vie, Voltaire était encore l'un des vingt hommes les plus riches de France.) Voltaire était millionnaire vers la quarantaine. À vingt ans, il avait déjà cultivé l'amitié de riches banquiers, en particulier des frères Paris. C'est grâce à eux qu'il a appris à investir et à spéculer. Les frères Paris avaient un contrat pour fournir à l'armée française nourriture et munitions et ils ont invité leur jeune ami à participer à cette entreprise extrêmement profitable. En Angleterre, il a remarqué qu'on pouvait gagner beaucoup d'argent dans le commerce extérieur, et il a investi dans des bateaux qui naviguaient autour du monde. Il a aussi investi dans les œuvres d'art, et tel son père, Voltaire a fait des prêts à des particuliers (souvent aux rois et aux nobles), en prenant des intérêts sur les prêts. Dans *Le Mondain*, un poème de 1736, Voltaire trace le portrait positif de son époque comme l'âge des plaisirs, du luxe et de la richesse des nations.

Les années de Cirey

Publiées en 1734, *Les Lettres philosophiques* (ou *Lettres anglaises*) ont tout de suite été condamnées. Craignant une nouvelle arrestation, Voltaire est vite parti se réfugier chez sa maîtresse à Cirey, tout près de la frontière lorraine (à l'époque, la Lorraine ne faisait pas encore partie de la France et il pouvait s'y enfuir sans problème).

Cette amie — sans doute l'amour de sa vie — était Gabrielle Émilie le Tonnelier de Breteuil, la marquise du Châtelet (1706-1749). Voltaire avait énormément de respect pour elle et a souvent fait l'éloge de ses facultés intellectuelles. En effet, Voltaire et la marquise du Châtelet ont entretenu des rapports et une collaboration intellectuelle et scientifique de même niveau que les autres « grands hommes » du XVIIIe siècle. La Marquise a lu, traduit et écrit les résumés des livres qu'elle a recherchés pour Voltaire. Elle a critiqué, édité et annoté les brouillons de ses écrits. À son tour, Voltaire a aidé Émilie avec ses études et expériences en physique qu'elle préférait de loin à la littérature, et qu'elle faisait nettement mieux que lui. Voltaire a facilement admis que la marquise du Châtelet était un prodige. (Parmi les œuvres de la Marquise, on trouve un traité, *Institutions de physique*, et la traduction du *Principia Mathematica* de Newton, du latin en français.) Néanmoins, de temps en temps, Voltaire n'a pas pu se retenir de se moquer d'Émilie. Il aimait la traiter de « Mme Neuton Pompom » ainsi ridiculisant son dévouement à la physique. Pourtant, avec le temps, Voltaire a commencé une liaison avec sa propre nièce, Mme Denis, alors veuve (avec laquelle il allait passer le reste de sa vie). La marquise du Châtelet s'est liée avec Jean-François de Saint-Lambert, un jeune poète. Voltaire n'a pas hésité à donner des conseils à Saint-Lambert sur la manière de traiter sa nouvelle amante.

Après dix ans à Cirey (de 1734 à 1744), Voltaire a décidé de reprendre sa vie de courtisan (c'est-à-dire, de personnage lié à la cour royale): d'abord à Versailles chez Louis XV, où il a connu des succès et ensuite la disgrâce (suite à une soirée de jeu désastreuse); en Lorraine, auprès du roi Stanislas, où il s'est ennuyé; et finalement à Berlin, chez Frédéric II, roi de Prusse, avec qui Voltaire a fini par se brouiller. Après avoir quitté la Prusse en 1753, il a erré pendant deux ans en Alsace.

Le patriarche des Délices et de Ferney

Enfin, à l'âge de soixante ans, Voltaire s'est rendu compte qu'il ne voulait plus vivre chez autrui; il ne voulait vivre que chez lui. Cette décision personnelle trouvera un reflet dans la fin de *Candide* (rédigé en 1758): les personnages abandonnent une vie mouvementée pour s'installer dans leur petite ferme. Voltaire a alors acheté des propriétés: les Délices, en Suisse, près de Genève; une autre à Lausanne, également sur le lac Léman, et finalement à Ferney (aujourd'hui Ferney-Voltaire), en France, proche de la frontière suisse — c'était le même système de défense qu'il avait organisé à Cirey chez Mme du Châtelet en 1734. En 1760, après le succès de *Candide* et après s'être brouillé avec les autorités genevoises, Voltaire s'est établi définitivement à Ferney.

Pendant les vingt dernières années de sa vie, Voltaire s'est engagé plus profondément et sans réserve dans la bataille d'idées. Vu comme le chef du mouvement philosophique, il a défendu les Encyclopédistes, a participé à leur entreprise, a jeté l'opprobre sur l'Église et a mené des campagnes en faveur des victimes de persécutions et d'erreurs judiciaires. Ses pamphlets et ses lettres ont été disséminés partout en Europe et de nombreux visiteurs sont venus en pèlerinage à Ferney, où en outre le vieux dramaturge ne se lassait pas de monter des tragédies dans ses salles de théâtre privées. Ses admirateurs l'ont surnommé « le roi Voltaire », souverain lumineux de la République des Lettres. De plus, en tant que « patriarche de Ferney », Voltaire a continué à se dévouer à l'industrie et au commerce: il a fait transformer le village qui dépendait de son château, a fait prospérer toute la région en y développant des industries (horlogerie, poterie) et l'agriculture. Peu à peu, il a pris la place de l'administration locale.

Cette bienfaisance intelligente a donné naissance à la légende de Voltaire; il est devenu de son vivant une figure quasi mythique. En 1778, à l'âge de quatre-vingt-quatre ans, il est rentré de façon glorieuse à Paris. Il y a vu le triomphe d'*Irène*, sa dernière tragédie, au Théâtre-Français; il a été élu directeur de l'Académie française; il s'est mis en règle avec l'Église catholique et a été reçu maçon à la loge des Neuf-Sœurs. Voltaire est mort à Paris le 30 mai 1778. Ses cendres ont été transférées au Panthéon de Paris en 1791, en pleine époque révolutionnaire.

⚜ ⚜ ⚜

La pensée, l'œuvre et la censure

Les hommes de lettres du XVIIIe siècle jouissaient d'une certaine liberté de mouvement et de plume, mais il ne faut pas oublier que chacun de leurs écrits devait être examiné par les censeurs officiels avant sa publication. Pour pouvoir accorder « la permission et le privilège du roi », le censeur devait attester que le livre ne contenait rien de contraire à la religion, à l'ordre public ou aux bonnes mœurs. Un livre publié sans cette permission pouvait être brûlé par l'exécuteur public. Son imprimeur et son auteur étaient susceptibles d'arrestation et d'emprisonnement. Beaucoup d'œuvres de Voltaire (mais heureusement, pas tous les exemplaires) ont été brûlées par l'exécuteur public. Pour cette raison les écrivains français ont fait imprimer beaucoup d'œuvres à Amsterdam, à La Haye ou à Genève, les faisant ensuite entrer clandestinement en France.

Par réaction à l'attentat de Damiens sur Louis XV (1757), un nouvel édit a stipulé la peine de mort pour tout auteur ou imprimeur publiant des œuvres attaquant le gouvernement ou la religion ou risquant de troubler l'ordre et la tranquillité du royaume. Livres, pamphlets et même préfaces

de pièces de théâtre étaient contrôlés et soumis à un examen détaillé. Des sentences qui allaient du pilori à neuf ans de galères ont été prononcées pour la vente — ou même l'achat — de publications critiquant l'ordre établi.

Ceci explique pourquoi Voltaire a toujours eu à sa disposition les moyens (amis complaisants, assez d'argent, plusieurs domiciles) de s'enfuir ou simplement de s'éclipser pendant quelque temps. Voltaire a parfois nié être l'auteur de ses propres écrits, et a même publié la critique ou la dénonciation de ses propres livres. Il a souvent situé dans le passé ou dans des pays étrangers ou imaginaires ses pièces et ses contes qui critiquaient l'injustice contemporaine. La vente de la plupart de ses livres étant interdite, Voltaire a souvent écrit anonymement ou sous un pseudonyme. Mais on a vite reconnu la main et l'esprit étincelant du maître: tous les textes interdits de Voltaire étaient très demandés.

Bien des années après sa mort, Voltaire a continué à créer les mêmes controverses dont il a fait l'objet de son vivant. Certains l'ont admiré et respecté, d'autres l'ont détesté et condamné. Cependant, nous notons que les prises de position de Voltaire étaient nettement plus conservatrices et moins radicales que celles de certains de ses contemporains. À ce sujet, examinons les prises de position de Voltaire en matière de religion et de politique. Par rapport à la religion, Voltaire n'était pas athée, mais plutôt déiste: il croyait en l'existence d'un être suprême (le fameux Dieu-horloger — « Grand Être qui a tout fait »), même s'il refusait les dogmes de la religion en tant qu'institution. Pour Voltaire, Dieu est l'hypothèse nécessaire pour expliquer l'ordre du monde. Mais il rejetait toutes les pratiques, tous les aspects « extérieurs » de la religion tels le culte, les cérémonies et offices, les sacrements, les prières et les églises.

Il est à noter que Voltaire a fait construire une petite église à Ferney où il a essayé plusieurs fois de célébrer Pâques à sa manière. Deux mois avant sa mort, il s'est mis en règle avec l'église catholique: mettant par écrit une confession personnelle (où il n'y a mention ni de la foi ni du péché), il a reçu l'absolution.

En matière de politique, Voltaire n'était ni démocrate ni révolutionnaire. Il prônait plutôt une réforme de la monarchie: mettre sur le trône un « despote éclairé », ou bien limiter constitutionnellement le pouvoir de la monarchie. Grâce à ses prises de position originales et son style littéraire vaste et varié — il nous a laissé une soixantaine de pièces de théâtre, des dialogues, des poèmes représentant tous les genres (épique, lyrique, didactique, satirique), des ouvrages en prose de critique littéraire, d'histoire et de philosophie, des essais scientifiques et culturels, des pamphlets, une vingtaine de contes et nouvelles, ainsi qu'à peu près vingt mille lettres conservées) — Voltaire a su provoquer des réactions entièrement opposées chez d'innombrables lecteurs.

Qu'est-ce que l'Âge des lumières?

La force philosophique et intellectuelle que nous appelons l'Âge des lumières (ou l'Âge de raison), née en Angleterre vers 1690 avec l'empirisme de John Locke, a fini par se répandre partout en Europe et dans les colonies américaines. Les penseurs (ou philosophes) français, parmi eux Voltaire, Montesquieu, Diderot, d'Alembert et Rousseau, ont dominé ce courant qui caractérise le XVIIIe siècle européen. Comme on l'a souvent constaté, les Lumières ont eu une influence directe sur la Révolution française de 1789, en passant par la Révolution américaine de 1776. Les théoriciens de ces deux révolutions ont lu, repris et adapté les écrits rationalistes et humanitaires des philosophes français.

En se fondant sur l'expérience et la science expérimentale (Newton, Fontenelle, Buffon) et en faisant confiance à la raison — à l'opposé de la métaphysique fondée sur la croyance superstitieuse — les philosophes ont affirmé leur foi dans le progrès de l'humanité. Ils ont ainsi procédé à une révision critique des notions traditionnelles concernant la réalité, le destin de l'homme et l'organisation de la société. À une époque où le politique et le social étaient encore très strictement réglés en France, et sous l'incessante menace de la censure, les écrivains se sont accordé le droit de réagir contre l'injustice, de poursuivre les nouvelles voies et de les faire diffuser.

C'était une ère cosmopolite. En fuite, exilés ou simplement jouant le rôle de touristes ou d'hôtes (voir Candide et Cacambo dans l'Eldorado), les philosophes ont beaucoup voyagé et séjourné hors de France: partout en Europe, et même en Turquie et dans le Proche-Orient. Profitant énormément de ces voyages, ils ont ainsi pu partager leurs idées avec les « despotes éclairés » des pays voisins de la France, tels Frédéric II de Prusse, Stanislas II de Pologne et Catherine de Russie. On a parlé d'un « espace culturel européen » (dont nous bénéficions encore aujourd'hui) qui a permis à ces voyageurs de dépasser leur particularisme local et national. Ils ont entrepris la traduction de beaucoup d'ouvrages; des échanges et transferts de connaissances se sont poursuivis à un débit accéléré. Les académies commençaient à recruter leurs membres dans tous les pays, formant une solidarité entre les gens de lettres qui, elle aussi, continue jusqu'à nos jours.

On signale *Les Lettres philosophiques* ou *Lettres anglaises* (1734) de Voltaire comme le véritable manifeste des Lumières. Là, il compare le système anglais d'après la « Glorieuse Révolution » de 1688 — qui a déposé le roi James II et instauré une monarchie constitutionnelle et parlementaire — avec les conditions politiques et sociales sous la Régence en France. Les *Lettres* traitent de la liberté politique et religieuse, célèbrent

la prospérité et le progrès comme les avancées de la science, et présentent la doctrine du matérialisme de Locke, tout en affirmant une foi optimiste en la nature humaine. Les *Lettres* ont été interdites pour leurs idées réputées dangereuses. Leur publication a lancé le combat que Voltaire mènera pour ses idées, qui seront d'une remarquable constance jusqu'à sa mort.

Qui étaient les philosophes du XVIIIe siècle? À côté de Voltaire, quatre noms se distinguent: Montesquieu, Diderot, d'Alembert et J.-J. Rousseau.

Charles Louis de Secondat, baron de Montesquieu (1689-1755), né dans une famille noble de magistrats à Bordeaux, et lui-même membre de la magistrature, a d'abord étudié les sciences, et ensuite la politique. Grand voyageur, en 1721 il a publié (en Hollande) *Les Lettres persanes*, qui dépeignaient la société française à travers le regard de visiteurs (fictifs) persans. Ses lecteurs y ont adoré le ton spirituel, humoristique et satirique aussi bien que le côté exotique. Considéré le père de la sociologie moderne, Montesquieu s'est alors penché sur l'organisation politique et sociale des sociétés modernes (*De l'esprit des lois*), notamment sur une comparaison des régimes monarchiques européens et la liberté de la Constitution d'Angleterre, ainsi que sur la répartition des fonctions de l'État, le « principe de séparation des pouvoirs ».

Denis Diderot (1713-1784) est lui aussi né dans la bourgeoisie française aisée de province. Après avoir fait des études de philosophie, de théologie et de droit à Paris, il a mené une vie de bohème avant de se plonger corps et âme dans l'écriture. Il se révélera d'une étonnante versatilité. Outre son *Encyclopédie* (voir ci-dessous) à la préparation de laquelle il allait consacrer une vingtaine d'années, il a fait de la critique littéraire et artistique (les *Salons*) et de la philosophie, ainsi qu'une œuvre narrative remarquable (*La Religieuse, Le Neveu de Rameau, Jacques le Fataliste et son maître*) en forme de dialogues philosophiques très lisibles et vivaces sur les questions de la morale naturelle et de la liberté humaine. Les premiers écrits de Diderot (*Pensées philosophiques*, 1746) ont été immédiatement condamnés; le matérialisme de sa *Lettre sur les aveugles* a entraîné son arrestation et incarcération au château de Vincennes pendant quatre mois. Après cette expérience difficile, Diderot a pris la stratégie de dédier ses œuvres les plus subversives uniquement « à la postérité », c'est-à-dire, qu'elles ne paraissaient qu'après sa mort.

Jean le Rond d'Alembert (1717-1783), fils illégitime de Mme de Tencin et du chevalier Destouches, a été abandonné à sa naissance sur les marches de l'église Saint-Jean-le-Rond à Paris; son père biologique l'a placé tout de suite dans une famille adoptive. Il a reçu une éducation janséniste (qu'il a répudiée par la suite), faisant des études de philosophie, de théologie et de droit. Nommé avocat en 1738, il s'est bientôt tourné vers les mathématiques

et la physique, adressant sa première communication en mathématiques à l'Académie des Sciences; dès 1740 il publiait des traités de mathématiques, de physique et d'astrophysique, y compris l'important *Traité de dynamique*, où il a énoncé le principe qui porte toujours son nom (théorème d'Alembert). En 1746, Diderot a recruté d'Alembert pour l'*Encyclopédie*, et ensemble ils en ont pris la direction. Après cinq ans de travail, paraissait le premier tome dont d'Alembert a rédigé le *Discours préliminaire*. Il travaillera aux côtés de Diderot jusqu'en 1759. Après une brouille avec Diderot, d'Alembert, qui enfin n'aimait pas les combats publics, s'est retiré de l'*Encyclopédie* pour reprendre ses recherches scientifiques. Également théoricien de la musique et grand latiniste, d'Alembert a fait des traductions en français très réussies de l'œuvre de Tacite, louées par Diderot.

Jean-Jacques Rousseau (1712-1778), avec son système politique qui émane de la Nature de l'homme, intrinsèquement opposée à la Culture (les institutions sociales), il a eu une énorme influence sur l'esprit révolutionnaire français. « L'homme est né libre, et partout il est dans les fers. » Rousseau est né à Genève (Suisse) dans une famille d'horlogers, sa famille française protestante ayant dû s'y exiler au XVIe siècle. Orphelin de mère à sa naissance, son père l'a abandonné à dix ans. Il a lui-même raconté (*Les Confessions*) ses débuts difficiles et les dures années d'apprentissage, d'abord chez un greffier (fonctionnaire au tribunal), ensuite chez un maître graveur. Devenu maître de musique et musicologue, Rousseau s'est converti au catholicisme sous l'influence de sa grande amie Mme de Warens. À Paris, où il est allé promulguer son système de notation musicale, il a connu Diderot et a collaboré à l'*Encyclopédie*. Son *Discours sur les sciences et les arts* qui soutient que le progrès est synonyme de corruption, a obtenu le premier prix d'un concours à Dijon. Ses écrits les plus connus se sont suivis rapidement: le *Discours sur l'origine et les fondements de l'inégalité parmi les hommes* a aussi suscité de vives polémiques; son roman *La Nouvelle Héloïse* et son traité *Émile ou De l'Éducation*, ainsi que *Du contrat social* ont connu un immense succès tout en étant condamnés par le Parlement de Paris et interdits en France, au Pays-Bas et dans plusieurs républiques de la Suisse. Rousseau s'est trouvé contraint de s'exiler en Suisse et ensuite en Angleterre. Sa pensée « naturelle » (« les premiers mouvements de la nature sont toujours droits ») et sa sensiblerie lui ont aliéné les philosophes, surtout Voltaire. Une manifeste hostilité s'est développée entre les deux, qui a pris forme dans des lettres, mais aussi dans des ouvrages entiers. Cela n'a pas empêché Rousseau de continuer à être écouté; c'est peut-être la voix la plus puissante qui ait analysé la nature fondamentale de l'homme aux prises avec la société.

On a appelé les Lumières un des moments essentiels de la réflexion sur l'homme et la société. Pourtant leur appréciation a subi des transformations

avec le temps et le contexte: en général les monarchistes et ecclésiastiques les rejettent; les républicains, et plus tard, la gauche socialiste et communiste les revendiquent. Aujourd'hui, face aux controverses contemporaines opposant la religion à la science, aussi bien qu'aux guerres et actions meurtrières que les différences religieuses ne cessent de provoquer, il nous serait particulièrement utile de réexaminer les arguments des philosophes.

Qu'est-ce que l'*Encyclopédie*?

Animée et rédigée principalement par Diderot et d'Alembert, *L'Encyclopédie, ou Dictionnaire raisonné des sciences, des arts et des métiers* est un ouvrage en français de vulgarisation scientifique et philosophique, publié entre 1751 et 1772. Dans le *Discours préliminaire* de d'Alembert, elle se propose d'être le « tableau général des efforts de l'esprit humain dans tous les genres ». L'*Encyclopédie* a marqué et résumé la vie intellectuelle du XVIIIe siècle par sa mission d'éduquer le public, de prôner la science descriptive et expérimentale et de disséminer la pensée progressiste de ses auteurs. Diderot ne voulait rien de moins que de rassembler toutes les connaissances acquises par l'esprit humain, prouver que ces connaissances sont construites par l'homme et faire diffuser la philosophie des Lumières.

C'est Diderot lui-même qui a commencé à traduire en français (il travaillait alors comme traducteur pour la maison d'édition Le Breton) la *Cyclopaedia, or, A Universal Dictionary of Arts and Sciences* (1721-1742) de l'encyclopédiste anglais, Ephraïm Chambers. Diderot a laissé tomber la traduction (complétée finalement par d'autres), en même temps qu'il concevait son ambitieux projet français, qui est devenu la longue série de volumes que nous pouvons encore lire aujourd'hui.

Environ 200 savants, philosophes et spécialistes dans tous les domaines y ont collaboré. Diderot a eu recours aux auteurs déjà bien connus (Rousseau, Buffon, Du Marsais, Daubenton...) ainsi que des auteurs inconnus. (Montesquieu et Voltaire l'ont défendue, mais ont très peu écrit pour l'*Encyclopédie*.) D'Alembert s'occupait des mathématiques, Diderot de l'histoire de la philosophie, Buffon des sciences de la nature, Rousseau de la musique, Paul-Joseph Barthez de la médecine, Quesnay et Turgot de l'économie. Le chevalier de Jaucourt assistait Diderot dans de nombreuses tâches de rédaction et d'édition. Lancés par souscription des lecteurs (surtout des gens cultivés), les dix-sept volumes (environ 72.000 articles) très riches, illustrés de onze tomes de planches, présentent un intérêt tant documentaire que philosophique. Ils accordent une très grande place à la technique, c'est-à-dire, aux arts mécaniques et aux descriptions des métiers, en soulignant la dignité de l'artisan et son utilité sociale.

Il est à rappeler que chacun des articles pratiques et utilitaires comportait un objectif philosophique plus profond: l'œuvre en entier visait à prouver que l'homme est capable de transformer l'univers. Si l'homme met en œuvre sa raison, il pourra se libérer des préjugés et ainsi contrôler la religion, la politique et la morale ici-bas. Mais comment transmettre ces notions subversives tout en évitant la poursuite de la censure officielle? De la manière suivante: dans les grands articles (sur l'histoire de la religion, la politique, la monarchie, le système social, etc.), les auteurs faisaient semblant d'adhérer aux positions orthodoxes. En même temps Diderot a initié un nouveau système de renvois (à vrai dire, au début ce n'était pas très efficace). Il s'agit de titres insérés (sorte de « liens ») qui invitent le lecteur à aller dans un autre endroit du texte. Le lecteur, arrivé au nouvel article, y découvre les opinions révolutionnaires, les « machines de guerre » philosophiques.

Le premier volume, tiré à 2.000 exemplaires, a été envoyé aux souscripteurs en juin 1751. Il a immédiatement reçu le soutien de personnages influents, tels Malesherbes, Montesquieu, Voltaire et Mme de Pompadour, et a été distribué dans d'autres pays européens. Mais l'année suivante le tome II a fait scandale. Il a été condamné, et la future publication de l'*Encyclopédie* aurait été suspendue si Malesherbes, alors directeur de la Librairie chargé de la censure, ne l'avait pas défendue. Les derniers volumes n'ont été livrés qu'en 1772, non sans difficultés.

Il y a eu des suspensions de publication temporaires. D'Alembert a abandonné le projet en 1759. Travaillant désormais seul, Diderot s'est épuisé à rédiger les articles des derniers volumes et à veiller lui-même à leur production et distribution. Diderot a même découvert, trop tard, que son éditeur Le Breton avait fait lui-même des coupures censoriales dans ces derniers volumes. Néanmoins l'*Encyclopédie* de Diderot, qui continue à engendrer de nouveaux avatars, et cela, jusque dans notre cyberespace, reste le symbole et le modèle de l'esprit des Lumières.

Candide et le conte philosophique

Un conte philosophique n'est pas un roman. Il est plutôt une arme militante. Il est bref et épisodique; souvent il se situe dans un lieu fantastique, lointain ou exotique. À la différence du roman moderne psychologique ou d'aventures, l'objectif politique et critique du conte philosophique ne quitte jamais le premier plan du récit. Le lecteur participe pleinement à la subversion, souvent sans se rendre compte où l'auteur va l'emmener. Son pouvoir émane de l'exagération, de la satire, de la moquerie et de la parodie, selon le talent et l'esprit de l'auteur. Il ne propose pas de donner l'illusion du réel.

Dans ces techniques, Voltaire était passé maître. Souvent appelé le Génie de la Moquerie, il utilise la logique et l'humour pour démontrer que l'opinion opposée à la sienne était ridicule. De nos jours d'autres média jouent le rôle du conte philosophique; nous n'avons qu'à regarder nos meilleurs dessins politiques humoristiques et nos comiques politisés à la télévision ou sur Internet.

Pourtant les contes philosophiques, tels *Candide* et *Gulliver's Travels*, adoptent des techniques romanesques traditionnelles qui font avancer la narration, qui divertissent et attirent le lecteur. Voltaire a su puiser dans des traditions récentes et contemporaines que ses lecteurs reconnaîtraient facilement: le roman de chevalerie, le roman picaresque (genre espagnol où le héros marginalisé subit les coups de la fortune), le roman sentimental, le récit de voyages et d'aventures, un roman à clé (où les personnages fictifs se substituent à des noms réels d'actualité).

Le génie de *Candide* est qu'il peut se lire à un seul niveau ou à plusieurs et plaire de façons diverses. Il s'agit à la fois

- d'un *bildungsroman*, ou « roman de formation » (où l'on trace l'éducation d'un jeune héros) comique;
- d'une histoire d'aventures ou roman d'évasion satirique;
- du portrait d'une Utopie idéale;
- d'une parabole ou allégorie qui expose la souffrance de l'homme et le mal que les uns se font aux autres;
- d'un pamphlet subversif contre la guerre et contre les abus des autorités et de la religion;
- d'une critique sociale virulente.

À cause de la schématisation des événements et la stylisation des personnages, le lecteur comprend tout de suite qu'il s'agit d'une caricature. Il se prépare et s'efforce inévitablement de chercher le message caché derrière chaque événement, chaque péripétie des personnages et même derrière les noms des personnages. *Candide* témoigne du pouvoir de la parabole et de l'allégorie. Les lecteurs contemporains de Voltaire comprenaient sans doute chaque référence à l'actualité. Nous sommes à une assez grande distance de ces événements, mais — et c'est là où réside le génie de l'auteur — il ne nous est pas difficile de les faire substituer par des faits pris dans notre actualité.

On a noté que la première édition scolaire intégrale, non expurgée, de *Candide* en France n'a paru qu'en 1969. Les incidents et contretemps par lesquels passent les personnages voltairiens sont si invraisemblables, si saugrenus, parfois si incongrus et obscènes, que, même aujourd'hui, le lecteur a de la peine à les affronter. Et pourtant nous rencontrons tous les jours des versions contemporaines de ces événements.

Comment faire face au mal dans le monde? Dans *Candide* il prend de multiples formes. La plupart d'entre elles sont des actes de l'homme: viols, corruption, vols, guerres, meurtres, tueries et atrocités de toutes sortes, tortures et exécutions, mutilations, cannibalisme, prostitution, esclavage, répression politique... Certaines catastrophes, il est vrai, émanent de la nature: maladies et épidémies, tempêtes, naufrages, tremblements de terre, certains incendies — mais à côté du reste, celles-ci sont en minorité. Dans ce monde, l'expérience mène à l'évidence.

Roger Pearson, le critique et biographe, pense que Voltaire, faisant voir son profond scepticisme dans *Candide*, renverse délibérément chacun des systèmes philosophiques qu'il nous présente — non seulement l'Optimisme de Leibniz et de Pope (sot), mais aussi le pessimisme de Martin (futile), l'Utopie de l'Eldorado (ennuyeuse), le règne des despotes éclairés (intéressé), même la vie que les personnages survivants vont cultiver dans leur « jardin » ne satisfait pas pleinement (« travaillons sans raisonner »). Aucune voie n'est absolument parfaite, aucune ne répond parfaitement aux véritables besoins de l'homme.

Comme dit Pearson, « Ce que font surtout les contes de Voltaire n'est pas tellement de transmettre bon nombre de vérités morales et intellectuelles présumées sous une forme acceptable, mais plutôt d'engendrer un esprit d'irrévérence, faisant naître chez le lecteur ou la lectrice des habitudes intellectuelles au moyen desquelles il ou elle pourra entreprendre sa poursuite individuelle de la sagesse. » (*The Fables of Reason*)

Notes stylistiques

Figures de style: « Tours de mots ou de pensée qui animent ou ornent le discours. »

<div align="right">Du Marsais, 1769</div>

Candide, qui tremblait comme un philosophe, se cacha du mieux qu'il put pendant cette boucherie héroïque.

<div align="right">*Candide*, Chapitre III</div>

I. Qu'est-ce qu'une figure de style?

Une figure de style (ou de rhétorique) est la représentation d'une image, d'une émotion, etc., par le langage. C'est une modification du langage ordinaire pour le rendre plus expressif. Le système de description et d'analyse des textes littéraires selon les figures de style a été développé par des rhétoriciens et grammairiens, spécialistes en analyse linguistique et littéraire. Il dérive de l'analyse de la rhétorique des textes latins. Aujourd'hui, il peut encore nous aider à comprendre un texte littéraire en examinant ce qui le rend intéressant, ce qui le distingue d'autres textes (journalistiques, pratiques, académiques), et même ce qui distingue un écrivain d'un autre — et une époque d'une autre.

Il n'est pas facile de déterminer si un écrivain a créé délibérément une figure de style pour servir à un certain effet, ou bien si elle lui est venue spontanément. Le passage du temps rend impossible cette sorte d'interview; en plus, il est rare qu'un écrivain veuille ou même puisse expliquer les secrets de son talent. Nous n'avons qu'à nous pencher sur le texte.

On a désigné des dizaines de figures de style; beaucoup d'entre elles sont assez techniques et spécialisées. Nous fournirons ci-dessous une liste de base qui vous sera utile pour votre lecture de *Candide*.

Des figures de style

- **l'accumulation** *f.* ou **l'énumération** *f.* : mettre plus de trois éléments, donne une impression de profusion ou de progression. (Ex. *Un génie, un savant, un grand homme, une gloire.*) *Voir* gradation montante.

- **l'antiphrase** *f.* : exprimer une idée par son contraire, mais le ton ne laisse pas de doute sur le sens véritable; ironie (Ex. *C'est du propre!*).

- **l'antithèse** *f.* : rapprochement de deux idées opposées dans une même phrase, pour faire ressortir le contraste (Ex. *On habite, avec un cœur plein un monde vide...* Chateaubriand).

- **la comparaison** : ⌐simile⌐ rapprochement de deux éléments par un terme comparant (*comme, tel, semblable, etc.*). (Ex. *Elle était belle comme le jour.*)

- **l'euphémisme** *m.* : atténuer par un changement de mot ou de tour de phrase une expression jugée trop choquante (Ex. *il s'est éteint = il est mort*).

- **la gradation montante** : suite ou progression de termes de plus en plus forts (Ex. *Va, cours, vole...* Corneille).

- **l'hyperbole** *f.* : exagérer par l'accumulation, par des mots excessifs (Ex. *Je meurs de faim*).

- **la litote** : ⌐understatement⌐ dire moins pour suggérer plus, quelquefois par une forme négative (Ex. *Ce n'est pas mal. / Il n'est pas laid.*).

- **la métonymie** : désigner un être ou un objet par un autre être ou objet qui a un rapport avec lui (Ex. *boire un verre*).

- **l'oxymore** *m.* : alliance de mots inattendue, rapprochement de deux termes de sens contradictoires (Ex. *une douce violence*).

- **la périphrase** : emploi d'une expression au lieu d'un seul mot pour désigner un être ou un objet (Ex. *la Ville-lumière = Paris*).

Une activité: Exemples tirés de **Candide ou l'optimisme**

Lisez le passage suivant, tiré du chapitre III de *Candide*. En vous basant sur les explications ci-dessus, cherchez des exemples des figures de style demandées. Vous pouvez mettre les mêmes réponses plus d'une fois. (Les réponses se trouvent à la page 21.)

> Rien n'était si beau, si leste, si brillant, si bien ordonné que les deux armées. Les trompettes, les fifres, les hautbois, les tambours, les canons, formaient une harmonie telle qu'il n'y en eut jamais en enfer. Les canons renversèrent d'abord

à peu près six mille hommes de chaque côté; ensuite la mousqueterie ôta du meilleur des mondes cinq à dix mille coquins qui en infectaient la surface. La baïonnette fut aussi la raison suffisante de la mort de quelques milliers d'hommes. Le tout pouvait bien se monter à une trentaine de mille âmes. Candide, qui tremblait comme un philosophe, se cacha du mieux qu'il put pendant cette boucherie héroïque.

Enfin, tandis que les deux rois faisaient chanter des *Te Deum*, chacun dans son camp, il prit le parti d'aller raisonner ailleurs des effets et des causes. Il passa par-dessus des tas de morts et de mourants, et gagna d'abord un village voisin; il était en cendres: c'était un village abare que les Bulgares avaient brûlé, selon les lois du droit public.

1. une accumulation? _____

2. une antiphrase (ironie)? _____

3. une antithèse? _____

4. une comparaison? _____

5. un euphémisme? _____

6. une gradation montante? _____

7. une hyperbole? _____

8. une litote? _____

9. une métonymie? _____

10. un oxymore? _____

11. une périphrase? _____

D'autres figures de style

- **l'allégorie** *f.* : figuration d'une abstraction par une image ou un être vivant (Ex. *un squelette armé d'une faux = la Mort*).
- **l'allitération** *f.* : répétition de la même consonne au commencement de deux ou plusieurs mots consécutifs ou rapprochés (Ex. *Pour qui sont ces serpents qui sifflent sur vos têtes?* Racine).

- **l'anaphore** *f.* : répétition du même mot au commencement de plusieurs membres d'une phrase (Ex. *J'ai vu lever le jour, j'ai vu lever le soir / J'ai vu grêler, tonner, éclairer et pleuvoir...* Ronsard).

- **l'apostrophe** *f.* : s'adresser directement à ou interpeller des êtres réels ou imaginaires (Ex. *Ô temps! Suspends ton vol...* Lamartine).

- **l'archaïsme** *m.* : emploi d'un mot autrefois ordinaire mais qui est aujourd'hui vieilli ou rare (Ex. *chef = tête*).

- **l'assonance** *f.* : répétition d'une même voyelle dans une phrase ou un vers (Ex. *Je fais souvent ce rêve étrange et pénétrant.* Verlaine).

- **la concrétisation** : rendre l'abstrait par le concret, pour le rendre plus tangible (Ex. *Prends l'éloquence et tords-lui son cou!* Verlaine). (*Voir* métaphore, allégorie.)

- **la disjonction** : terme général pour n'importe quelle interruption de la construction attendue (Ex. *Sans parents, sans amis, pour ainsi dire, sur la terre...* Chateaubriand).

- **l'ellipse** *f.* : omission volontaire de certains expressions ou éléments logiquement nécessaires; passer sous silence des événements, ce qui accélère la narration. (Ex. *... mes cris auraient été inutiles. Quand vous eûtes été bien fessé...* Voltaire)

- **l'ironie** *f.* : dire le contraire de ce que l'on veut suggérer (*Voir* antiphrase, hyperbole, emphase, litote, sarcasme).

- **la métaphore** : rapprochement de deux éléments, mais sans terme comparant (*comme, etc.*). Établit un rapport de ressemblance entre deux réalités (Ex. *Votre âme est un paysage choisi.* Verlaine).

- **le sarcasme** : désigne la dérision qui peut être mordante, amère et insultante. Il se sert d'une ironie méchante et il est souvent lié à de l'humour noir.

- **le symbole** : établit une relation d'analogie entre deux éléments (Ex. Le couple *soleil-lune* peut représenter le couple *homme-femme, lumière-obscurité, vérité-mensonge.*)

II. L'imparfait du subjonctif

Dans les scènes où il relate son histoire au passé, Voltaire fait usage de l'*imparfait du subjonctif* et du *plus-que-parfait du subjonctif*, deux temps de verbe peu utilisés aujourd'hui dans la conversation, bien qu'ils s'emploient encore à l'écrit, si le discours est au passé simple.

... il ne douta pas qu'on ne le **traitât** aussi bien qu'il l'avait été dans le château de monsieur le baron avant qu'il en **eût été chassé** pour les beaux yeux de Mlle Cunégonde. (*Candide*, p. 40)

... ayant mis la tête à la fenêtre et avisant un homme qui doutait que le pape **fût** antéchrist, lui répandit sur le chef un plein... (*Candide*, p. 40)

Ma foi, monsieur, dit frère Giroflée, je voudrais que tous les théatins **fussent** au fond de la mer. (*Candide*, p. 125)

De nos jours, si la proposition principale est au passé de l'indicatif (passé composé ou imparfait) ou au conditionnel (présent ou passé), on utilise plutôt le *présent du subjonctif* à la place de l'imparfait du subjonctif, et le *passé du subjonctif* à la place du plus-que-parfait du subjonctif. Par exemple:

Langue courante (proposition subordonnée au *présent du subjonctif*):

Je *voulais* que tu **fasses** la cuisine. (présent du subjonctif)
Je *voudrais* que tu **fasses** la cuisine.
J'*aurais voulu* que tu **fasses** la cuisine.

Langue soignée ou littéraire (proposition subordonnée à l'*imparfait du subjonctif*):

Je *voulais* que tu **fisses** la cuisine. (imparfait du subjonctif)
Je *voudrais* que tu **fisses** la cuisine.
J'*aurais voulu* que tu **fisses** la cuisine.

Dans une phrase de la langue courante où l'action de la proposition subordonnée est *antérieure* à l'action de la proposition principale, la proposition subordonnée est au *passé du subjonctif*. Dans le style écrit formel, elle est au *plus-que-parfait du subjonctif*. Par exemple:

Langue courante (proposition subordonnée au *passé du subjonctif*)

J'*étais* contente qu'elle **ait réussi**. (passé du subjonctif)
Je *serais* contente qu'elle **ait réussi**.
J'*aurais été* contente qu'elle **ait réussi**.

Langue soignée ou littéraire (proposition subordonnée au *plus-que-parfait du subjonctif*):

> J'*étais* contente qu'elle **eût réussi**. (plus-que-parfait
> du subjonctif)
> Je *serais* contente qu'elle **eût réussi.**
> J'*aurais été* contente qu'elle **eût réussi.**

Les formes de l'*imparfait du subjonctif* et du *plus-que-parfait du subjonctif* sont faciles à reconnaître; car elles s'associent au *passé simple* (*passé historique*). Remarquez le **-ss-** dans toutes les formes, à l'exception de celle de la troisième personne du singulier (**il/elle/on**). En voici plusieurs exemples. (Vous trouverez les conjugaisons des autres verbes irréguliers dans un livre de grammaire ou dans un bon dictionnaire.)

Formes de l'imparfait du subjonctif

	parler	*finir*	*attendre*
que je (j')	parlasse	finisse	attendisse
que tu	parlasses	finisses	attendisses
qu'il/elle/on	parlât	finît	attendît
que nous	parlassions	finissions	attendissions
que vous	parlassiez	finissiez	attendissiez
qu'ils/elles	parlassent	finissent	attendissent

	avoir	*être*	*faire*
que je (j')	eusse	fusse	fisse
que tu	eusses	fusses	fisses
qu'il/elle/on	eût	fût	fît
que nous	eussions	fussions	fissions
que vous	eussiez	fussiez	fissiez
qu'ils/elles	eussent	fussent	fissent

Le plus-que-parfait du subjonctif

Rappelez-vous que le *plus-que-parfait du subjonctif* s'utilise quand l'action de la proposition subordonnée est *antérieure* à celle de la proposition principale. Il se compose de l'*imparfait du subjonctif* des verbes auxiliaires *avoir* ou *être*, suivi du participe passé. Il suit les mêmes règles grammaticales que les autres temps de verbe composés. Par exemple:

> Pour arriver à l'heure, il aurait fallu que vous **fussiez partis**
> plus tôt.

Le *plus-que-parfait du subjonctif* est aussi employé comme deuxième forme du *conditionnel passé* dans certains contextes littéraires. Par exemple:

> Nous **eussions été** heureux. = Nous **aurions été** heureux.

> ... l'eau est venue je ne sais comment; la nature seule a fait tout le reste; et vous-même **n'eussiez jamais su** (n'auriez jamais su) faire aussi bien qu'elle. (J.-J. Rousseau, *La Nouvelle Héloïse*)

Parfois, au style soigné, le *plus-que-parfait du subjonctif* peut prendre la place du *plus-que-parfait de l'indicatif* de la conversation courante.

> Et je serais heureux, si la Parque cruelle
> M'**eût laissé** (M'avait laissé) ramener cette épouse fidèle
>
> (Molière, *L'École des femmes*)

> ... je voulus dire: «Arrêtez, barbares!» mais... mes cris auraient été inutiles. Quand **vous eûtes été** (aviez été) bien fessé: «Comment se peut-il faire, disais-je, que l'aimable Candide et le sage Pangloss se trouvent à Lisbonne...» (*Candide*, p. 58)

> Ils vivaient dans leur maison comme si je **n'y eusse pas été** (n'y avais pas été), et il ne tenait qu'à moi d'y être comme si j'y **eusse été** (avais été) seul. (J.-J. Rousseau, *La Nouvelle Héloïse*)

Réponses possibles à l'activité de la page 16.

1. **accumulation:** «si beau, si leste, si brillant, si bien ordonné» / «les trompettes, les fifres, les hautbois, les tambours, les canons»

2. **antiphrase (ironie):** «ôta du meilleur des mondes» / «selon les lois du droit public» / «un village *abare*» = barbare

3. **antithèse:** «formaient une *harmonie* telle qu'il n'y en eut jamais *en enfer*» (On s'attendrait à lire « *au ciel* ».)

4. **comparaison:** «formaient une harmonie *telle qu*'il n'y en eut jamais en enfer» / «qui tremblait *comme* un philosophe»

5. **euphémisme:** «renversèrent» / «ôta du meilleur des mondes»

6. **gradation montante:** «*six mille* hommes... *cinq à dix mille* coquins... *quelques milliers* d'hommes... *une trentaine de mille* âmes»

7. **hyperbole:** «cinq à dix mille *coquins qui en infectaient la surface*»

8. **litote:** «la raison suffisante» / «qu'il n'y en eut jamais en enfer» / «il prit le parti d'aller raisonner ailleurs»

9. **métonymie:** «une trentaine de mille *âmes*» / «cette *boucherie héroïque*»

10. **oxymore:** «cette *boucherie héroïque*» / «la *raison suffisante*»

11. **périphrase:** «un *village abare*» = un village français / *les Bulgares* = les Prussiens, les homosexuels

Chronologie

(La numérotation entre parenthèses se réfère aux chapitres du texte de *Candide*.)

1700	1720	1740	1760	1780	1800

XVIIIe siècle: Événements historiques

1685: Louis XIV révoque l'Édit de Nantes, protestants persécutés. Le *Code Noir* légalise l'esclavage (XIX).

1701: Guerre de succession d'Espagne.

1702-1704: Révolte des Camisards (protestants) dans les Cévennes.

1710: Destruction de Port-Royal-des-Champs, foyer du jansénisme. Naissance de Louis XV (arrière-petit-fils de Louis XIV).

1713-1714: *Unigenitus* (bulle du pape Clément XI) condamne le jansénisme. Fin de la guerre de succession d'Espagne. Traité d'Utrecht: la France perd Terre-Neuve et l'Acadie (Canada).

1715: Mort de Louis XIV. Régence de Philippe duc d'Orléans.

1718: Mort de Charles XII, roi de Suède.

1720: Échec du système de John Law, surintendant des finances.

1721: Peste à Marseille (XII).

1723: Mort du Régent. Cardinal de Fleury au pouvoir.

1727: Mort du diacre janséniste Pâris. « Convulsionnaires » de Saint Médard se replient sur son tombeau (XXI).

1733: Guerre de succession de Pologne.

1734: Les Français vainqueurs contre l'Autriche à Parme.

1738: Traité de Vienne, fin de la guerre de succession de Pologne. Le roi Stanislas Lesczcinski reçoit la Lorraine (XXVI).

1740: Frédéric II de Prusse et sa politique éclairée. Marie-Thérèse d'Autriche. Guerre de succession d'Autriche.

1743: Règne de Louis XV (1743-1774).

1744-1758: Guerre coloniale avec l'Angleterre.

1745: Victoire de Fontenoy (la France contre l'Angleterre et le Pays-Bas) (III). Marquise de Pompadour, maîtresse de Louis XV, patronne les arts et l'*Encyclopédie*.

1748: Traité d'Aix-la-Chapelle, fin de la guerre d'Autriche.

1755: Tremblement de terre de Lisbonne (IV-V). (Voltaire, *Poème sur le désastre de Lisbonne*, voir pp. 155-162).

1756: Guerre de Sept Ans. Le général français Montcalm au Canada (XXIII).

1757: Frédéric II triomphe des Français à Rossbach. Exécution de l'amiral Byng en Angleterre (XXIII). Attentat de Damiens contre Louis XV (XXII).

1759: Capitulation de Québec aux Anglais. Mort de Montcalm. Charles III prend le trône d'Espagne.

1762: Jean Calas exécuté à Toulouse. Avènement de Catherine II de Russie. Condamnation des jésuites par le Parlement de Paris.

1763: Traité de Paris (fin de la guerre de Sept Ans). La France perd l'Inde et ses colonies nord-américaines.

1764: Mort de la marquise de Pompadour. Émeutes de la faim. Jésuites expulsés de France.

1765: Réhabilitation posthume de Calas.

1766: Annexion de la Lorraine par la France.

1767: Jésuites expulsés d'Espagne et du Paraguay (IX, X et XIV).

1768: Gênes (*Genoa*) cède la Corse à la France.

1771: Crise économique. Réformes de Maupeou (appuyées par Voltaire) pour reprendre le pouvoir judiciaire.

1772: Partage de la Pologne.

1773: Suppression des jésuites par le pape Clément XIV, influencé par les pouvoirs laïcs. (L'ordre jésuite sera rétabli en 1814.)

1774: Mort de Louis XV. Louis XVI (1774-1792). Turgot, contrôleur général des Finances.

1775: Guerre d'Indépendance américaine.

1700	1720	1740	1760	1780	1800

1776: Renvoi de Turgot, réformateur économique. Necker (suisse),
ministre (1777-1781).

1777: La Fayette (20 ans) participe à la guerre d'Indépendance
américaine. La France s'allie avec les colonies américaines.

1783: Traité de Versailles: naissance des États-Unis d'Amérique.

1788: Ratification de la Constitution des États-Unis d'Amérique.

1789: Prise de la Bastille. La Révolution française.

XVIIIe siècle: Littérature française

1695-1704: Bayle, *Dictionnaire historique et critique*.

1699: Fénelon, *Les Aventures de Télémaque*.

1715: Lesage, *Gil Blas*, roman picaresque.

1721: Montesquieu, *Lettres persanes*, roman épistolaire.

1728: Saint-Simon, *Mémoires*.

1730: Marivaux, *Le Jeu de l'amour et du hasard*, comédie.

1731: L'abbé Prévost, *Manon Lescaut*, roman. Marivaux, *La Vie de Marianne*, roman.

1735: Marivaux, *Le Paysan parvenu*, roman.

1746: Diderot, *Pensées philosophiques*.

1747: Françoise de Graffigny, *Lettres d'une Péruvienne*, roman épistolaire.
Mme de Tencin, *Les Malheurs de l'amour*, roman sensible.

1748: Montesquieu, *De l'esprit des lois*. Diderot, *Les Bijoux indiscrets*, roman.

1749: Diderot, *Lettre sur les Aveugles*. Emprisonné quatre mois à Vincennes.

1750: Rousseau, premier *Discours sur les sciences et les arts*.

1751: Diderot et d'Alembert, premier tome de l'*Encyclopédie*.

1755: Rousseau, *Discours sur l'origine et les fondements de l'inégalité*.

1758: Rousseau, *Lettre à d'Alembert sur les spectacles*.

1759: Diderot, « Salons », critiques d'art.

1760: Diderot, *La Religieuse*, roman.

1761: Rousseau, *La Nouvelle Héloïse*, roman épistolaire.

1762: Rousseau, *Émile*, roman pédagogique, et *Du contrat social*. Se réfugie
en Suisse et en Angleterre. Diderot, *Le Neveu de Rameau*, dialogue.

1764: Rousseau, *Lettres écrites de la montagne*.

1769: Diderot, *Le Rêve de d'Alembert*, dialogue.

1772: Diderot, *Supplément au Voyage de Bougainville* (1796).

1773: Diderot, *Jacques le Fataliste*, roman (1796).

1775: Beaumarchais, *Le Barbier de Séville*, comédie.

1776: Rousseau, *Rêveries du promeneur solitaire*.

1782: Laclos, *Les Liaisons dangereuses*, roman épistolaire.
Rousseau, *Les Confessions*.

1784: Beaumarchais, *Le Mariage de Figaro*, comédie.

| 1700 | 1720 | 1740 | 1760 | 1780 | 1800 |

1637: Descartes, *Discours de la méthode.*
1651: Hobbes (anglais), *Léviathan.*
1687: Newton (anglais), *Principia Mathematica.*
1690: Locke (anglais), *Essay Concerning Human Understanding.*
1704: Traduction des contes arabes des *Mille et Une Nuits* par Galland.
 Garcilaso de La Vega (El Inca), *Histoire des Incas rois du Pérou* (1609), connue en France (XVII-XVIII).
1710: Leibniz (allemand), *Essais de Théodicée sur la bonté de Dieu, la liberté de l'homme et l'origine du mal.*
 1716: En peinture: Watteau. En musique: Couperin, Haendel.
 1718: Halley (anglais), mouvement des planètes.
 1721: En musique: Bach, Vivaldi, Scarlatti.
 1725: Première loge maçonnique à Paris. Vico, *La Science nouvelle.*
 1726: Swift (anglais-irlandais), *Gulliver's Travels,* roman satirique.
 1728: En peinture: Lancret et Boucher.
 1733: Opéras de Rameau. Pope (anglais), *Essay on Man,* poème.
 1735: Au Pérou, La Condamine mesure le méridien. Classification biologique de Linné (suédois).
 1736: En Laponie, Maupertuis vérifie le méridien. Euler (suisse), *Traité complet de mécanique.*
 1737: Vaucanson, automates mécaniques. Le chanteur italien Farinelli rejoint la cour espagnole (XII).
 1739: Hume (écossais), *Treatise on Human Nature.*
 1740: Marquise du Châtelet, *Institutions de physique.* Richardson (anglais), *Pamela,* roman.
 1742: En peinture: Greuze et Chardin.
 1746: Condillac, *Essai sur l'origine des connaissances humaines.*
 1747: Franklin (américain), principe du paratonnerre.
 1748: La Mettrie, *L'Homme-machine.* Fielding (anglais), *Tom Jones.*
 1749: Buffon, *Histoire naturelle.*
 1750: En peinture: Piranèse.
 1751: Maupertuis, *Essai de cosmologie.* Smollett (écossais-anglais), *Adventures of Peregrine Pickle,* roman picaresque.
 1752: Fontenelle, *Théorie des tourbillons cartésiens.*
 1755: À Paris, construction de la place Louis XV (place de la Concorde).
 À Venise, Casanova arrêté pour sorcellerie.
 1756-1780: À Paris, construction du Panthéon.
 1756: Burke (anglais-irlandais), *A Vindication of Natural Society.*
 1758: Helvétius, *De l'esprit.*
 1759: Kant (allemand), *Essai de quelques considérations sur l'optimisme.*
 Sterne (anglais), *Tristam Shandy,* roman picaresque.
 1761: Lomonosov (russe), atmosphère de Vénus.
 1762: En musique: opéras de Gluck.
 1763: Watt (anglais), machine à vapeur. Beccaria (italien), *Des délits et des peines,* traité sur le droit pénal (commenté par Voltaire).
 1765: Turgot, *Réflexions sur la formation et la distribution des richesses* (influence sur Adam Smith). Condorcet, *Du calcul intégral.*
 1766-1769: Voyages du comte de Bougainville dans les terres australes.
 En sculpture: Lemoyne et Falconet.
 1767: D'Holbach, *Le Christianisme dévoilé.*
 1768: Voyage du capitaine Cook (anglais) dans les mers australes.
 1770: En peinture: Fragonard.
 1770: D'Holbach, *Système de la nature.*
 1771: Bougainville, *Voyage autour du monde.*
 1774: En musique: Haydn. Priestley (anglais) identifie l'oxygène.
 1776: Paine, *Common Sense.* Smith, *Wealth of Nations.*
 1777: Lavoisier, *Sur la combustion en général.*
 1778: En musique: Mozart. En sculpture: Houdon, statue de Voltaire.
 1781: Kant, *Critique de la raison pure.*
 1782: Jefferson, *Notes on the State of Virginia.*
 1785-1789: Condorcet, *Vie de Voltaire.* Édite les *Œuvres complètes* de Voltaire (avec Beaumarchais).

1700	1720	1740	1760	1780	1800

Vie et œuvre de Voltaire

1694: Naissance à Châtenay (Paris) de François-Marie Arouet.

1701: Mort de Mme Arouet.

1704: Élève des jésuites au collège Louis-le-Grand. Études classiques et religieuses.

1710: Premier poème publié.

1711-1717: Étudiant en droit. Fréquente la société du Temple et la cour de Sceaux où il compose *Le Crocheteur borgne*. Séjour à Caen, puis secrétaire à l'ambassade de Hollande (1713).

1716: Exilé à Sully-sur-Loire pour un poème contre le Régent.

1717: Onze mois à la Bastille pour des poèmes satiriques.

1718: Prend le pseudonyme de Voltaire. *Œdipe*, tragédie, immense succès.

1722: Mort de son père François Arouet. *Épître à Uranie*, poème déiste.

1723: *La Ligue*, débuts du poème épique *La Henriade*. Pensionné par Louis XV.

1725: *L'Indiscret*, comédie. Trois pièces de Voltaire jouées au mariage de Louis XV.

1726: Querelle avec le chevalier de Rohan; Voltaire bâtonné. Incarcéré quelques jours, puis exilé en Angleterre (1726-1728). Fait connaissance avec Pope, Congreve, Swift, Bolingbroke, etc.

1728: *La Henriade*, publié à Londres.

1729: Séjour à Paris.

1730: *Brutus*, tragédie. Mort de l'actrice Adrienne Lecouvreur (XXII).

1731: *Histoire de Charles XII*.

1732: *Zaïre*, tragédie, grand succès.

1733: *Le Temple du goût*. *Essai sur la poésie lyrique*.

1734: *Lettres philosophiques* (= *Lettres anglaises*), publiées à Londres (en anglais, 1733) et à Paris. Se réfugie à Cirey (Lorraine), chez la marquise du Châtelet. Collaboration scientifique. *La Mort de César* et *Adélaïde du Guesclin*, tragédies.

1736: *Alzire*, tragédie. *Le Mondain*, poème. Correspondance avec Frédéric II.

1738: *Discours sur l'homme*, poème. *Éléments de la philosophie de Newton*. *L'Enfant prodigue*, comédie.

1740: Séjour en Prusse chez Frédéric II. *Zulime*, tragédie.

1741: *Le Fanatisme, ou Mahomet le prophète*, tragédie philosophique.

1743: *Mérope*, tragédie. Mission diplomatique auprès de Frédéric II.

1745: Séjour à Paris. Rentrée en grâce à la cour. Historiographe du roi. *Poème de Fontenoy* célèbre la victoire contre les Anglais.

1746: Élu à l'Académie française. Victime d'une campagne de diffamation. *Le Monde comme il va*, conte.

1747: *Zadig ou la Destinée*, conte. Perte énorme au jeu de la Reine par la marquise du Châtelet; Voltaire se réfugie à Sceaux.

1748: Échec de *Sémiramis*, tragédie. Séjour chez le roi Stanislas à Lunéville (Lorraine).

1749: Mort de la marquise du Châtelet. *Nanine ou le Préjugé vaincu*, comédie.

1750: *Memnon ou la Sagesse humaine*, conte. Séjour de trois ans chez Frédéric II.

1751: *Le Siècle de Louis XIV*.

1752: *Micromégas*, conte. *Rome sauvée*, tragédie.

1753: Brouille avec Maupertuis et Frédéric II. Quitte Berlin avec sa nièce Mme Denis. Frédéric les retient trois semaines à Francfort.

1754: Séjour à Colmar (Alsace). S'engage avec Mme Denis.

1755: *Poème sur le désastre de Lisbonne*. *L'Orphelin de la Chine*, tragédie. Participe au Tome V de l'*Encyclopédie*. S'installe aux Délices (Genève).

1756: *La Loi naturelle*, poème. *Essai sur les mœurs et l'esprit des nations*. *Histoire des voyages de Scarmentado*, conte. *Les Deux Consolés*, conte.

1757: Séjour à Lausanne.

1758: Achat de Ferney (France). *Candide*, commencé à Schwetzingen, terminé aux Délices.

1759: Publication de *Candide*, immense succès. *Le Pauvre Diable*, pamphlet contre Fréron (XXII). *Histoire d'un bon Bramin*, conte.

| 1700 | 1720 | 1740 | 1760 | 1780 | 1800 |

1760: S'installe à Ferney. *Tancrède*, tragédie. *L'Écossaise*, comédie. *La Vanité*, poème.

1761: *Les Lettres sur La Nouvelle Héloïse*; hostilités avec Rousseau.

1762: Écrits sur l'affaire Calas. *Candide* condamné par l'Église.

1763: *Histoire de la Russie sous Pierre le Grand. Traité sur la tolérance.* Le Conseil du roi révise le procès de Calas.

1764: *Dictionnaire philosophique portatif. Commentaires sur Corneille. Le Blanc et le noir*, conte. *Jeannot et Colin*, conte.

1766: *Relation de la mort du chevalier de la Barre*, protestation d'une exécution pour impiété, d'après l'essai de Beccaria.

1767: *L'Ingénu*, conte attaquant l'intolérance. *Octave et le jeune Pompée*, tragédie. *Les Scythes*, tragédie.

1768: *La Princesse de Babylone, L'Homme aux quarante écus, Les Lettres d'Amabed*, contes. *Histoire du Parlement de Paris*. À Ferney, s'occupe des manufactures et des artisans.

1769: *Les Guèbres ou la tolérance*, tragédie.

1770-1774: *Questions sur l'Encyclopédie*.

1772: *Épître à Horace*, écrit autobiographique.

1773: *Les Lois de Minos*, tragédie.

1774: Publication du *Crocheteur borgne. Le Taureau blanc*, conte.

1775: Soutient le contrôleur général Turgot dont la chute lui paraît une défaite de la philosophie.

1778: Rentrée à Paris. Se met en règle avec l'Église. Triomphe d'*Irène*, dernière tragédie, au Théâtre-Français. Reçu maçon à la loge des Neuf-Sœurs. Meurt le 30 mai. Enterrement clandestin en Champagne, puis en 1791, au Panthéon de Paris. Catherine II de Russie achète sa bibliothèque.

Les voyages de Candide

Candide[1]
ou l'Optimisme[2]

*Traduit de l'allemand
de M. le docteur° Ralph*[3]

AVEC LES ADDITIONS QU'ON A TROUVÉES
DANS LA POCHE DU DOCTEUR,
LORSQU'IL MOURUT À MINDEN, L'AN DE GRÂCE 1759[4]

docteur: *ici*, savant, philosophe

1 *Candide.* Adjectif au sens de *sincère, naïf, honnête*, voire *crédule*. Vient du latin *candidus*, « blanc lumineux »: la page blanche sur laquelle une vie pourrait s'écrire.

2 *l'optimisme.* Employé pour la première fois en français en 1737 par rapport à la *Théodicée* (1710) du savant allemand Gottfried Wilhelm von Leibniz (1646-1716) (*Voir* notes 12 et 14.). *L'optimisme* relevait du langage philosophique-théologique. Il ne décrivait pas l'attitude psychologique confiante d'aujourd'hui, mais une position philosophique, selon laquelle tous les événements (même désastreux), ayant été organisés en vue du bien de l'homme, sont donc les « meilleurs possibles ». Le mot n'apparaît que deux fois dans *Candide* (*Voir* chapitre XIX). Bien que Voltaire s'érige contre cette philosophie, *Candide ou l'Optimisme* (1759), très populaire, a contribué à la diffusion du terme.

3 *Mr. le docteur Ralph.* Ce nom (ni germanique, ni français) a été inventé par Voltaire. Il évoquait peut-être James Ralph, homme de lettres américain (et ami de Benjamin Franklin) qui vivait en Angleterre à partir de 1724. Voltaire, exilé à Londres pendant deux ans et demi (1726-1728), aurait-il connu Ralph?

4 à *Minden, l'an de grâce 1759.* L'armée française a été battue le 1er août 1759 près de la ville westphalienne de Minden. L'histoire de *Candide* se déroulera donc sur un fond de guerre meurtrière (la guerre de Sept Ans) qui opposait la France, l'Autriche, la Russie, la Saxe, la Suède et l'Espagne à l'Angleterre, alliée de la Prusse et du Hanovre. Cette guerre a duré de 1756 à 1763. *Voir aussi* la Chronologie, p. 23.

CHAPITRE PREMIER

COMMENT CANDIDE FUT ÉLEVÉ
DANS UN BEAU CHÂTEAU,
ET COMMENT IL FUT CHASSÉ D'ICELUI°

Il y avait en Westphalie,[5] dans le château de M. le baron de Thunder-ten-tronckh,[6] un jeune garçon à qui la nature avait donné les mœurs les plus douces. Sa physionomie annonçait son âme. Il avait le jugement assez droit, avec l'esprit le plus simple; c'est, je crois, pour cette raison qu'on le nommait Candide. Les anciens° domestiques de la maison soupçonnaient qu'il était fils de la sœur de monsieur le baron et d'un bon et honnête gentilhomme du voisinage,

icelui: (vieilli) celui-ci **anciens:** *ici*, de longue date

5 *Westphalie.* Province de l'Allemagne occidentale qui avoisine les Pays-Bas et la Belgique. La région a beaucoup souffert durant les guerres du XVIIe et du XVIIIe siècles. *Voir* la Chronologie, p. 23.

6 *Thunder-ten-tronckh.* Nom de famille inventé par Voltaire; il s'y moque peut-être de la langue allemande dont on dit qu'il n'appréciait pas les sonorités. Notez le substantif anglais *Thunder.*

que cette demoiselle ne voulut jamais épouser parce qu'il n'avait pu prouver que soixante et onze quartiers,[7] et que le reste de son arbre généalogique avait été perdu par l'injure° du temps.

Monsieur le baron était un des plus puissants seigneurs de la Westphalie, car son château avait une porte et des fenêtres.[8] Sa grande salle même était ornée d'une tapisserie. Tous les chiens de ses basses-cours° composaient une meute° dans le besoin; ses palefreniers° étaient ses piqueurs°; le vicaire° du village était son grand aumônier.° Ils l'appelaient tous monseigneur, et ils riaient quand il faisait des contes.

Madame la baronne, qui pesait environ trois cent cinquante livres,° s'attirait par là une très grande considération, et faisait les honneurs de la maison° avec une dignité qui la rendait encore plus respectable. Sa fille Cunégonde,[9] âgée de dix-sept ans, était haute en couleur,° fraîche, grasse, appétissante. Le fils du baron paraissait en

injure: dommage
basses-cours: là où vivent les animaux de la ferme
meute: chiens de chasse
palefreniers: qui s'occupent des chevaux
piqueurs: qui vont à la chasse à cheval
vicaire: prêtre adjoint

grand aumônier: prêtre attaché à un grand personnage
livres: une livre = 500 grammes, demi-kilo
faisait les honneurs de la maison: accueillait les invités
haute en couleur: exubérante, truculente

7 *soixante et onze quartiers.* Soixante et onze degrés d'ascendance noble (approximativement sept générations), dont la noblesse est certaine, symbolisent ici l'orgueil de l'aristocratie allemande. (*Voir* les chapitres XI, XIII et XV, où la vieille et le baron se vantent de leurs soixante-douze quartiers.)

8 *une porte et des fenêtres.* Dans la *Correspondance*, Voltaire évoque la pauvreté de la « détestable Westphalie » (*Correspondance*, t. II, p. 410, 6 décembre 1740) dont les maisons, dit-il, sont semblables à « de grandes huttes » (*Correspondance*, t. III, p. 204, 24 juillet 1750). (Menant, Deloffre) Ainsi, un château avec porte et fenêtres serait un signe ironique de richesse et de puissance.

9 *Cunégonde.* Qui a probablement trouvé son nom dans l'aristocratie luxembourgeoise du Moyen Âge, tandis que *Paquette* serait un nom stéréotypé de suivante ou de femme de chambre.

tout digne de° son père. Le précepteur° Pangloss[10] était l'oracle° de la maison, et le petit Candide écoutait ses leçons avec toute la bonne foi de son âge et de son caractère.

Pangloss enseignait la métaphysico-théologo-cosmolonigologie.[11] Il prouvait admirablement qu'il n'y a point d'effet sans cause, et que, dans ce meilleur des mondes possibles, le château de monseigneur le baron était le plus beau des châteaux et madame la meilleure des baronnes possibles.

« Il est démontré, disait-il, que les choses ne peuvent être autrement: car, tout étant fait pour une fin, tout est nécessairement pour la meilleure fin. Remarquez bien que les nez ont été faits pour porter des lunettes, aussi avons-nous des lunettes. Les jambes sont visiblement instituées pour être chaussées,° et nous avons des chausses.° Les pierres ont été formées pour être taillées,° et pour en faire des châteaux, aussi monseigneur a un très beau château; le plus grand baron de la province doit être le mieux logé; et, les cochons étant faits pour être mangés, nous mangeons du porc toute l'année: par conséquent, ceux qui ont avancé que tout est bien ont dit une sottise°; il fallait dire que tout est au mieux.[12] »

digne de: à la hauteur de
précepteur: qui instruit les enfants d'une famille à domicile
oracle: qui parle avec autorité
chaussées: couvertes (pieds et jambes)

chausses: (vieilli) bas ou pantalons d'homme
taillées: découpées
sottise: bêtise, stupidité

10 *le précepteur Pangloss.* Nom composé de deux mots grecs, *pan* = tout et *glossa* = langue, donc « toute langue », ou bien « bavardage ». La langue de Pangloss est en effet toujours prête à donner la solution à toute question.

11 *la métaphysico-théologo-cosmolonigologie.* « Science » inventée par Voltaire qui serait à la fois (1) la recherche des causes de l'univers et des principes premiers de la connaissance (= la métaphysique), (2) l'étude des questions religieuses (= la théologie) et (3) l'étude du cosmos. *Nigologie* pourrait faire allusion à la science des *nigauds* (= personnes sottes). Le ton moqueur nous rappelle que Voltaire lui-même était newtonien (= partisan de la méthode expérimentale scientifique).

12 *tout est au mieux.* Allusion à la pensée du poète anglais Alexander Pope (1688-1744). Proche par sa pensée de l'optimisme de Leibniz, Pope écrivait dans son poème *Essay on Man* (1734): *One truth is clear, Whatever is, is right.*

Candide écoutait attentivement, et croyait innocemment; car il trouvait Mlle Cunégonde extrêmement belle, quoiqu'il ne prît jamais la hardiesse° de le lui dire. Il concluait qu'après le bonheur d'être né baron de Thunder-ten-tronckh, le second degré de bonheur était d'être Mlle Cunégonde; le troisième, de la voir tous les jours; et le quatrième, d'entendre maître Pangloss, le plus grand philosophe de la province, et par conséquent de toute la terre.

Un jour, Cunégonde, en se promenant auprès du château, dans le petit bois qu'on appelait *parc*, vit entre des broussailles° le docteur Pangloss qui donnait une leçon de physique expérimentale[13] à la femme de chambre de sa mère, petite brune très jolie et très docile. Comme Mlle Cunégonde avait beaucoup de dispositions pour les sciences, elle observa, sans souffler, les expériences réitérées dont elle fut témoin°; elle vit clairement la raison suffisante[14] du docteur, les effets et les causes, et s'en retourna tout agitée, toute pensive, toute remplie du désir d'être savante, songeant qu'elle pourrait bien être la raison suffisante du jeune Candide, qui pouvait aussi être la sienne.

Elle rencontra Candide en revenant au château, et rougit; Candide rougit aussi; elle lui dit bonjour d'une voix entrecoupée,° et Candide lui parla sans savoir ce qu'il disait. Le lendemain après le dîner, comme on sortait de table, Cunégonde et Candide se trouvèrent derrière un paravent°; Cunégonde laissa tomber son mouchoir, Candide le ramassa, elle lui prit innocemment la main, le jeune homme baisa° innocemment la main de la jeune demoiselle

hardiesse: courage
broussailles: végétation sauvage
témoin: spectateur ou spectatrice
entrecoupée: qui s'interrompt

paravent: meuble fait de panneaux verticaux
baisa: embrassa

13 *une leçon de physique expérimentale.* S'appliquant ici aux relations amoureuses, cette leçon est bien sûr ironique. Elle rappelle le titre d'un manuel scientifique: *Leçons de physique expérimentale* (1743) de l'abbé Jean-Antoine Nollet.

14 *la raison suffisante.* Expression appartenant à la philosophie de Leibniz, et reprise par le baron von Wolff (1679-1754). Selon cette croyance, Dieu n'admet l'existence que de la meilleure combinaison possible des « monades » ou « atomes spirituels ». Donc, aucun fait réel ne pourrait exister en l'absence de sa « raison suffisante ». Certains théologiens l'utilisaient pour démontrer l'existence de la Providence et la présence simultanée du Mal dans le monde.

avec une vivacité, une sensibilité, une grâce toute particulière; leurs bouches se rencontrèrent, leurs yeux s'enflammèrent, leurs genoux tremblèrent, leurs mains s'égarèrent.° M. le baron de Thunder-ten-tronckh passa auprès du paravent, et voyant cette cause et cet effet, chassa Candide du château à grands coups de pied dans le derrière; Cunégonde s'évanouit; elle fut souffletée° par madame la baronne dès qu'elle fut revenue à elle-même°; et tout fut consterné° dans le plus beau et le plus agréable des châteaux possibles.

CHAPITRE SECOND

CE QUE DEVINT CANDIDE
PARMI LES BULGARES[15]

Candide, chassé du paradis terrestre,[16] marcha longtemps sans savoir où, pleurant, levant les yeux au ciel, les tournant souvent vers le plus beau des châteaux qui renfermait la plus belle des baronnettes; il se coucha sans souper au milieu des champs entre deux sillons°; la neige tombait à gros flocons. Candide, tout transi,° se traîna le lendemain vers la ville voisine, qui s'appelle Valdberghoff-trarbk-dikdorff,[17] n'ayant point d'argent, mourant de faim et de lassitude.° Il s'arrêta tristement à la porte d'un cabaret.° Deux hommes habillés de

s'égarèrent: se perdirent
souffletée: frappée aux joues, giflée
fut revenue à elle-même: eut repris connaissance
consterné: *ici,* anéanti, détruit

sillons: tranchées ouvertes pour planter
transi: pénétré de froid
lassitude: fatigue
cabaret: (vieilli) établissement où on sert à boire

15 *parmi les Bulgares. Voir* note 21.

16 *paradis terrestre.* Candide ressemble à Adam, le premier homme de la Bible, puni et chassé du jardin d'Éden (le château du baron?) pour avoir goûté à un fruit défendu (Cunégonde?), et qui devra désormais faire face à un monde cruel. *Voir aussi* note 53.

17 *Valdberghoff-trarbk-dikdorff.* Nom inventé par Voltaire à partir de l'allemand: *Wald* (forêt), *Berg* (montagne), *Hof* (cour), *Trabkf* (petite somme d'argent), *dick* (épais) et *Dorf* (village), qui serait donc un « pauvre village rural dans une forêt épaisse à la montagne ».

bleu[18] le remarquèrent: « Camarade, dit l'un, voilà un jeune homme très bien fait, et qui a la taille° requise. » Ils s'avancèrent vers Candide et le prièrent à dîner très civilement. « Messieurs, leur dit Candide avec une modestie charmante, vous me faites beaucoup d'honneur, mais je n'ai pas de quoi payer mon écot.° — Ah! monsieur, lui dit un des bleus, les personnes de votre figure° et de votre mérite ne payent jamais rien: n'avez-vous pas cinq pieds cinq pouces de haut[19]? — Oui, messieurs, c'est ma taille, dit-il en faisant la révérence. — Ah! monsieur, mettez-vous à table; non seulement nous vous défrayerons,° mais nous ne souffrirons jamais qu'un homme comme vous manque d'argent; les hommes ne sont faits que pour se secourir° les uns les autres. — Vous avez raison, dit Candide: c'est ce que M. Pangloss m'a toujours dit, et je vois bien que tout est au mieux. » On le prie d'accepter quelques écus,[20] il les prend et veut faire son billet°; on n'en veut point, on se met à table: « N'aimez-vous pas tendrement?... — Oh! oui, répondit-il, j'aime tendrement Mlle Cunégonde. — Non, dit l'un de ces messieurs, nous vous demandons si vous n'aimez pas

taille: *ici,* hauteur (du corps humain)	**nous vous défrayerons:** nous paierons vos frais (de…)
écot: part (du repas)	**se secourir:** s'entraider
figure: (vieilli) aspect, forme	**faire son billet:** promettre de payer sa dette

18 *habillés de bleu.* Couleur de l'uniforme des recruteurs de soldats pour l'armée prussienne, surtout sous le roi Frédéric-Guillaume Ier (1688-1740).

19 *cinq pieds cinq pouces de haut.* Soit environ 1,80 mètres. C'était à l'époque une taille assez haute et recherchée par l'armée sous le roi Frédéric-Guillaume Ier, dont le régiment préféré se nommait « les géants de Potsdam ».

20 *quelques écus.* Une monnaie d'argent qui valait trois livres ou francs (= monnaies françaises du XVIIIe siècle), soit environ 15 euros de nos jours.

tendrement le roi des Bulgares.[21] — Point du tout, dit-il, car je ne l'ai jamais vu. — Comment! c'est le plus charmant des rois, et il faut boire à sa santé. — Oh! très volontiers, messieurs »; et il boit. « C'en est assez, lui dit-on, vous voilà l'appui, le soutien, le défenseur, le héros des Bulgares; votre fortune est faite, et votre gloire est assurée. » On lui met sur-le-champ° les fers° aux pieds, et on le mène au régiment. On le fait tourner à droite, à gauche, hausser la baguette,[22] remettre la baguette, coucher en joue,° tirer,° doubler le pas,° et on lui donne trente coups de bâton; le lendemain il fait l'exercice un peu moins mal, et il ne reçoit que vingt coups; le surlendemain on ne lui en donne que dix, et il est regardé par ses camarades comme un prodige.

Candide, tout stupéfait, ne démêlait° pas encore trop bien comment il était un héros. Il s'avisa° un beau jour de printemps de s'aller promener,° marchant tout droit devant lui, croyant que c'était un privilège de l'espèce humaine, comme de l'espèce animale, de se servir de ses jambes à son plaisir. Il n'eut pas fait deux lieues° que voilà quatre autres héros de six pieds qui l'atteignent,° qui le lient,° qui le mènent dans un cachot.° On lui demanda juridiquement ce qu'il

sur-le-champ: immédiatement	**s'aller promener:** *aujourd'hui*, aller
fers: chaînes (de fer)	se promener
coucher en joue: se mettre en	**deux lieues:** environ huit
position pour tirer	kilomètres
tirer: faire partir une arme à feu	**l'atteignent:** le rejoignent
doubler le pas: marcher plus vite	**le lient:** l'attachent avec des cordes
démêlait: comprenait	**cachot:** prison obscure
s'avisa: décida	

21 *le roi des Bulgares.* Allusion au roi de Prusse Frédéric II le Grand (1712-1786). Voltaire emprunte les noms des *Bulgares* et des *Abares* à deux peuples nomades (*Voir* plus loin, note 25) qui ont dévasté l'Empire byzantin aux VIIIe et IXe siècles. Dans le contexte de la guerre de Sept Ans, si l'uniforme des *Bulgares* suggérait les Prussiens, les *Abares* seraient les Français. On y a aussi vu le surnom des homosexuels, « bougres » — autre forme de « Bulgares » — qui signalerait le mode de vie de Frédéric le Grand et de son entourage. (Attention: La *Bulgarie* moderne ne se formera qu'au XIXe siècle, au moment de sa libération de ce peuple de la domination turque.)

22 *hausser la baguette.* La *baguette* est une tige de fer servant à tasser la charge (= la poudre) dans le canon du fusil avant chaque coup de feu. Ces gestes constituaient la manœuvre indispensable sur le champ de bataille. Les Prussiens, célèbres dans cette discipline, ont été très imités par les autres armées européennes.

aimait le mieux d'être fustigé° trente-six fois par tout le régiment, ou de recevoir à la fois douze balles de plomb° dans la cervelle. Il eut beau dire° que les volontés sont libres[23]; et qu'il ne voulait ni l'un ni l'autre, il fallut faire un choix; il se détermina, en vertu du don de Dieu qu'on nomme *liberté*, à passer trente-six fois par les baguettes°; il essuya° deux promenades. Le régiment était composé de deux mille hommes; cela lui composa quatre mille coups de baguette, qui, depuis la nuque° du cou jusqu'au cul,° lui découvrirent les muscles et les nerfs. Comme on allait procéder à la troisième course, Candide, n'en pouvant plus,° demanda en grâce qu'on voulût bien avoir la bonté de lui casser la tête; il obtint cette faveur; on lui bande les yeux, on le fait mettre à genoux. Le roi des Bulgares passe dans ce moment, s'informe du crime du patient°; et comme ce roi avait un grand génie, il comprit, par tout ce qu'il apprit de Candide, que c'était un jeune métaphysicien,° fort ignorant des choses de ce monde, et il lui accorda sa grâce° avec une clémence qui sera louée dans tous les journaux et dans tous les siècles. Un brave chirurgien° guérit Candide en trois semaines avec les émollients enseignés par Dioscoride.[24] Il avait déjà un peu de peau et pouvait marcher, quand le roi des Bulgares livra bataille° au roi des Abares.[25]

fustigé: frappé avec un bâton
plomb: métal gris pesant
eut beau dire: proclama en vain
passer... par les baguettes: être battu par des files de soldats
essuya: *ici*, souffrit, endura
nuque: partie postérieure du cou
cul: (vulgaire) derrière, fesses

n'en pouvant plus: incapable de le supporter
patient: (vieilli) condamné à mort
métaphysicien: philosophe, qui étudie les premiers principes
grâce: *ici*, pardon
chirurgien: *ici*, médecin
livra bataille: attaqua

23 *les volontés sont libres.* Si tout est déterminé, comment la volonté de l'homme peut-elle être libre? Voltaire prétend expliquer ce paradoxe en proposant la liberté — à la façon du philosophe anglais John Locke (1632-1704) — comme le don de Dieu à l'être humain. Ainsi, Candide aurait en principe le droit de disposer de sa propre liberté. Mais dans ce cas, quel choix horrible!

24 *Dioscoride.* Médecin grec du 1er siècle de notre ère.

25 *les Abares. Voir aussi* note 21. Évoquer cette peuplade d'origine mongole permet à Voltaire de présenter métaphoriquement le conflit entre les *Bulgares* (= les Prussiens?) et les *Abares* (= les Avares? les Français?) comme une guerre entre nations barbares.

CHAPITRE TROISIÈME

COMMENT CANDIDE SE SAUVA
D'ENTRE LES BULGARES,
ET CE QU'IL DEVINT

Rien n'était si beau, si leste,° si brillant, si bien ordonné que les deux armées. Les trompettes, les fifres,° les hautbois,° les tambours, les canons, formaient une harmonie telle qu'il n'y en eut jamais en enfer.° Les canons renversèrent° d'abord à peu près six mille hommes de chaque côté; ensuite la mousqueterie° ôta° du meilleur des mondes environ neuf à dix mille coquins° qui en infectaient la surface. La baïonnette fut aussi la raison suffisante de la mort de quelques milliers d'hommes. Le tout pouvait bien se monter à une trentaine

leste: *ici*, élégant
fifres: petites flûtes en bois
hautbois: instruments de musique
 à vent
enfer: lieu du diable, contraire de
 ciel

renversèrent: firent tomber, tuèrent
mousqueterie: décharge de
 mousquets (armes à feu)
ôta: fit disparaître, enleva
coquins: personnes viles

de mille âmes.° Candide, qui tremblait comme un philosophe,[26] se
cacha du mieux qu'il put pendant cette boucherie° héroïque.[27]

Enfin, tandis que les deux rois faisaient chanter des *Te Deum*[28]
chacun dans son camp, il prit le parti° d'aller raisonner ailleurs
des effets et des causes. Il passa par-dessus des tas de morts et de
mourants, et gagna d'abord un village voisin; il était en cendres:
c'était un village abare que les Bulgares avaient brûlé, selon les lois
du droit public.[29] Ici des vieillards criblés° de coups regardaient
mourir leurs femmes égorgées,° qui tenaient leurs enfants à leurs
mamelles° sanglantes; là des filles éventrées° après avoir assouvi° les
besoins naturels de quelques héros rendaient les derniers soupirs°;
d'autres, à demi brûlées, criaient qu'on achevât° de leur donner la
mort. Des cervelles étaient répandues sur la terre à côté de bras et de
jambes coupés.

Candide s'enfuit au plus vite dans un autre village: il appartenait
à des Bulgares, et des héros abares l'avaient traité de même. Candide,
toujours marchant sur des membres° palpitants ou à travers des ruines,
arriva enfin hors du théâtre de la guerre, portant quelques petites
provisions dans son bissac,° et n'oubliant jamais Mlle Cunégonde.

âmes: *ici*, personnes	**éventrées:** dont le ventre a été ouvert
boucherie: massacre	
prit le parti: se décida	**assouvi:** satisfait
criblés: percés de trous	**soupirs:** *ici*, souffles d'un mourant
égorgées: dont la gorge a été coupée	**qu'on achevât:** qu'on finît
mamelles: seins, tétons	**membres:** *ici*, jambes
	bissac: (vieilli) sac à deux poches

26 *tremblait comme un philosophe*. Comparaison devenue proverbiale,
 inventée par Voltaire, pour satiriser la couardise stéréotypée des
 intellectuels.

27 *cette boucherie héroïque*. Notez cette alliance de mots, devenue célèbre.
 C'est une figure de style (espèce d'*oxymore*) qui rapproche deux termes
 normalement opposés. Elle a ici pour effet de dévaloriser l'adjectif
 « héroïque ».

28 *Te Deum*. Expression dérivant du chant catholique *Te Deum laudamus*.
 Elle désigne une cérémonie d'action de grâces (= de reconnaissance)
 pour remercier Dieu de son aide. Évidemment chaque roi croit lui-
 même avoir gagné la bataille.

29 *les lois du droit public*. Faire la guerre était un *droit* selon le droit
 international public (ce qu'on appelait « droit des gens ») qui réglait les
 relations des groupes et nations entre eux.

Ses provisions lui manquèrent quand il fut en Hollande; mais ayant entendu dire que tout le monde était riche[30] dans ce pays-là, et qu'on y était chrétien, il ne douta pas qu'on ne le traitât aussi bien qu'il l'avait été dans le château de monsieur le baron avant qu'il en eût été chassé pour les beaux yeux de Mlle Cunégonde.

Il demanda l'aumône° à plusieurs graves personnages, qui lui répondirent tous que, s'il continuait à faire ce métier, on l'enfermerait dans une maison de correction pour lui apprendre à vivre.

Il s'adressa ensuite à un homme qui venait de parler tout seul une heure de suite sur la charité dans une grande assemblée. Cet orateur, le regardant de travers,° lui dit: « Que venez-vous faire ici? y êtes-vous pour la bonne cause[31]? — Il n'y a point d'effet sans cause, répondit modestement Candide, tout est enchaîné nécessairement et arrangé pour le mieux. Il a fallu que je fusse chassé d'auprès de Mlle Cunégonde, que j'aie passé par les baguettes, et il faut que je demande mon pain jusqu'à ce que je puisse en gagner; tout cela ne pouvait être autrement. — Mon ami, lui dit l'orateur, croyez-vous que le pape soit l'Antéchrist[32]?— Je ne l'avais pas encore entendu dire, répondit Candide; mais qu'il le soit ou qu'il ne le soit pas, je manque de pain. — Tu ne mérites pas d'en manger, dit l'autre; va, coquin, va, misérable, ne m'approche de ta vie. » La femme de l'orateur, ayant mis la tête à la fenêtre et avisant° un homme qui doutait que le pape fût antéchrist, lui répandit sur le chef° un plein...[33] Ô ciel! à quel excès se porte le zèle de la religion dans les dames!

aumône: charité	**avisant:** *ici,* apercevant
de travers: avec colère ou dédain	**chef:** (vieilli) tête

30 *tout le monde était riche.* Allusion à l'importance des Pays-Bas (= la Hollande). Aux XVIIe et XVIIIe siècles, la Hollande était une puissance économique maritime et coloniale, connue pour sa tolérance politique et religieuse, ainsi que comme centre de l'édition et de l'impression de livres.

31 *la bonne cause.* Il s'agit évidemment de la *cause* que soutient cet homme (= l'orateur protestant), et d'aucune autre.

32 *que le pape soit l'Antéchrist?* Allusion au faux prophète, qui, selon certaines prédictions, instaurerait une religion hostile au christianisme juste avant la fin du monde (l'Apocalypse). Cet homme (protestant? quaker?) veut surtout que Candide dise oui à sa question.

33 *un plein...* Un seau plein d'ordures, de débris, de choses immondes.

Un homme qui n'avait point été baptisé, un bon anabaptiste,[34] nommé Jacques, vit la manière cruelle et ignominieuse dont on traitait ainsi un de ses frères, un être à deux pieds sans plumes,[35] qui avait une âme; il l'amena chez lui, le nettoya, lui donna du pain et de la bière, lui fit présent de deux florins,° et voulut même lui apprendre à travailler dans ses manufactures aux étoffes de Perse qu'on fabrique en Hollande.[36] Candide, se prosternant presque devant lui, s'écriait: « Maître Pangloss me l'avait bien dit que tout est au mieux dans ce monde, car je suis infiniment plus touché de votre extrême générosité que de la dureté de ce monsieur à manteau noir° et de madame son épouse. »

Le lendemain, en se promenant, il rencontra un gueux° tout couvert de pustules,° les yeux morts, le bout du nez rongé,° la bouche de travers,° les dents noires, et parlant de la gorge, tourmenté d'une toux° violente et crachant° une dent à chaque effort.

florins: ancienne monnaie des Pays-Bas
ce monsieur à manteau noir: le prédicateur protestant
gueux: mendiant, misérable
pustules: inflammations de la peau

rongé: consumé
de travers: *ici*, oblique, mal rangée
toux: convulsion des poumons
crachant: lançant hors de la bouche

34 *un bon anabaptiste.* Membre d'une secte protestante réformée, notamment en Hollande et en Allemagne, où le baptême ne se fait que pour les adultes qui l'auront librement choisi. Notez que le bon Jacques n'aura jamais été baptisé.

35 *un être à deux pieds sans plumes.* Voltaire adopte ici les paroles du philosophe grec Aristote, langage dont se servaient aussi les philosophes naturalistes européens du XVIIIe siècle.

36 *étoffes de Perse qu'on fabrique en Hollande.* Allusion aux débuts de la fabrication européenne de certains produits jusque-là importés (mais qui gardaient leur nom d'origine). Ici, il s'agit de reproductions des toiles peintes de l'Inde et de la Perse.

CHAPITRE QUATRIÈME

COMMENT CANDIDE RENCONTRA
SON ANCIEN MAÎTRE DE PHILOSOPHIE,
LE DOCTEUR PANGLOSS,
ET CE QUI EN ADVINT°

Candide, plus ému encore de compassion que d'horreur, donna à cet épouvantable gueux les deux florins qu'il avait reçus de son honnête anabaptiste Jacques. Le fantôme le regarda fixement, versa des larmes, et sauta à son cou. Candide, effrayé, recule. « Hélas! dit le misérable à l'autre misérable, ne reconnaissez-vous plus votre cher Pangloss? — Qu'entends-je? Vous, mon cher maître! vous, dans cet état horrible! Quel malheur vous est-il donc arrivé? Pourquoi n'êtes-vous plus dans le plus beau des châteaux? Qu'est devenue Mlle Cunégonde, la perle des filles, le chef-d'œuvre de la nature? — Je n'en peux plus », dit Pangloss. Aussitôt Candide le mena dans l'étable° de l'anabaptiste, où il lui fit manger un peu de pain; et quand Pangloss fut refait°: « Eh bien! lui dit-il, Cunégonde? — Elle est morte », reprit l'autre. Candide s'évanouit à ce mot; son ami rappela ses sens avec un peu de mauvais vinaigre qui se trouva par hasard dans l'étable. Candide rouvre les yeux. « Cunégonde est morte! Ah! meilleur des mondes, où êtes-vous? Mais de quelle maladie est-elle morte? ne serait-ce point de m'avoir vu chasser du beau château de monsieur son père à grands coups de pied? — Non, dit Pangloss; elle a été éventrée par des soldats bulgares, après avoir été violée° autant qu'on peut l'être; ils ont cassé la tête à monsieur le baron qui voulait la défendre; madame la baronne a été coupée en morceaux; mon pauvre pupille,° traité précisément comme sa sœur; et quant au château, il n'est pas resté pierre sur pierre, pas une grange,° pas un mouton, pas un canard, pas un arbre; mais nous avons été bien vengés, car les Abares en ont fait autant dans une baronnie voisine qui appartenait à un seigneur bulgare. »

en advint: arriva, se passa
étable: logement des chevaux
refait: rétabli, remis

violée: possédée sexuellement
contre sa volonté
pupille: élève d'un précepteur
grange: bâtiment de ferme

À ce discours, Candide s'évanouit encore; mais revenu à soi, et ayant dit tout ce qu'il devait dire, il s'enquit de° la cause et de l'effet, et de la raison suffisante qui avait mis Pangloss dans un si piteux état. « Hélas! dit l'autre, c'est l'amour; l'amour, le consolateur du genre humain, le conservateur de l'univers, l'âme de tous les êtres sensibles,° le tendre amour. — Hélas! dit Candide, je l'ai connu, cet amour, ce souverain des cœurs, cette âme de notre âme; il ne m'a jamais valu° qu'un baiser et vingt coups de pied au cul. Comment cette belle cause a-t-elle pu produire en vous un effet si abominable? »

Pangloss répondit en ces termes: « Ô mon cher Candide! vous avez connu Paquette, cette jolie suivante° de notre auguste baronne; j'ai goûté dans ses bras les délices du paradis, qui ont produit ces tourments d'enfer dont vous me voyez dévoré; elle en était infectée, elle en est peut-être morte. Paquette tenait ce présent[37] d'un cordelier très savant, qui avait remonté à la source; car il l'avait eue d'une vieille comtesse, qui l'avait reçue[38] d'un capitaine de cavalerie, qui la devait à une marquise, qui la tenait d'un page, qui l'avait reçue d'un jésuite,[39] qui, étant novice,° l'avait eue en droite ligne d'un des compagnons de Christophe Colomb.[40] Pour moi, je ne la donnerai à personne, car je me meurs.

— Ô Pangloss! s'écria Candide, voilà une étrange généalogie! n'est-ce pas le diable qui en fut la souche°? — Point du tout, répliqua ce grand homme; c'était une chose indispensable dans le meilleur

s'enquit de: rechercha, se renseigna sur	**suivante:** servante
sensibles: qui peuvent sentir	**novice:** religieux n'ayant pas encore fait ses vœux
valu: *ici*, procuré, donné	**souche:** *ici*, origine

37 *ce présent.* Ce cadeau; le terme, employé ironiquement (euphémisme), désigne la maladie vénérienne qui aurait été transmise à Paquette par le cordelier (= franciscain, moine de l'ordre de saint François).

38 *il l'avait eue… reçue.* Les participes passés *eue* et *reçue* s'accordent avec l'antécédent féminin *maladie*, qui ne se trouve pas dans le texte mais auquel l'auteur aurait pensé.

39 *qui l'avait reçue d'un jésuite.* Allusion à l'homosexualité réputée des jésuites que l'on retrouve parfois dans d'autres écrits du XVIIIe siècle.

40 *compagnons de Christophe Colomb.* Selon certains historiens, la syphilis (familièrement, *la vérole*) serait arrivée en Europe depuis le Nouveau Monde avec les membres des équipes de Christophe Colomb.

des mondes, un ingrédient nécessaire; car si Colomb n'avait pas attrapé, dans une île de l'Amérique, cette maladie qui empoisonne la source de la génération, qui souvent même empêche la génération,° et qui est évidemment l'opposé du grand but de la nature, nous n'aurions ni le chocolat ni la cochenille[41]; il faut encore observer que jusqu'aujourd'hui, dans notre continent, cette maladie nous est particulière, comme la controverse.° Les Turcs, les Indiens, les Persans, les Chinois, les Siamois,° les Japonais, ne la connaissent pas encore; mais il y a une raison suffisante pour qu'ils la connaissent à leur tour dans quelques siècles. En attendant, elle a fait un merveilleux progrès parmi nous, et surtout dans ces grandes armées composées d'honnêtes stipendiaires,° bien élevés, qui décident du destin des États; on peut assurer que, quand trente mille hommes combattent en bataille rangée contre des troupes égales en nombre, il y a environ vingt mille vérolés° de chaque côté.

— Voilà qui est admirable, dit Candide, mais il faut vous faire guérir. — Et comment le puis-je? dit Pangloss; je n'ai pas le sou, mon ami; et dans toute l'étendue° de ce globe, on ne peut ni se faire saigner ni prendre un lavement sans payer,[42] ou sans qu'il y ait quelqu'un qui paye pour nous. »

Ce dernier discours détermina Candide; il alla se jeter aux pieds de son charitable anabaptiste Jacques, et lui fit une peinture si touchante de l'état où son ami était réduit que le bonhomme°

génération: *ici*, reproduction
controverse: *ici*, dispute
 théologique
Siamois: *aujourd'hui*, Thaïlandais
stipendiaires: qui reçoivent un
 salaire

vérolés: personnes atteintes de
 syphilis
étendue: totalité
bonhomme: *ici*, homme simple et
 doux

41 *ni le chocolat... ni la cochenille*. Le *chocolat*, cultivé par les Indiens d'Amérique, était importé par les Espagnols dès le XVIe siècle; des boissons à base de chocolat sont vite devenues très à la mode. La *cochenille* est un insecte dont les Aztèques du Mexique extrayaient le carmin (= une teinture écarlate). Les Espagnols ont ramené cette teinture en Europe.

42 *sans payer*. Modes de traitement médical usuels de l'époque: faire une entaille pour faire couler le sang (pour faire fuir les mauvaises humeurs) et faire laver le gros intestin. Pangloss suggère que le prix d'un bon traitement médical n'était pas à la portée des pauvres.

n'hésita pas à recueillir° le docteur Pangloss; il le fit guérir à ses dépens. Pangloss, dans la cure, ne perdit qu'un œil et une oreille. Il écrivait bien et savait parfaitement l'arithmétique. L'anabaptiste Jacques en fit son teneur de livres.° Au bout de deux mois, étant obligé d'aller à Lisbonne[43] pour les affaires de son commerce, il mena dans son vaisseau° ses deux philosophes. Pangloss lui expliqua comment tout était on ne peut mieux.° Jacques n'était pas de cet avis. « Il faut bien, disait-il, que les hommes aient un peu corrompu la nature, car ils ne sont point nés loups, et ils sont devenus loups.[44] Dieu ne leur a donné ni canon de vingt-quatre° ni baïonnettes, et ils se sont fait des baïonnettes et des canons pour se détruire. Je pourrais mettre en ligne de compte° les banqueroutes,° et la justice qui s'empare° des biens des banqueroutiers pour en frustrer les créanciers.° — Tout cela était indispensable, répliquait le docteur borgne,° et les malheurs particuliers font le bien général,[45] de sorte que plus il y a de malheurs particuliers, et plus tout est bien. » Tandis qu'il raisonnait, l'air s'obscurcit, les vents soufflèrent des quatre coins du monde et le vaisseau fut assailli de la plus horrible tempête à la vue du port de Lisbonne.

recueillir: ramener chez lui
teneur de livres: secrétaire-
 comptable
vaisseau: bateau, navire
on ne peut mieux: au mieux
canon de vingt-quatre: arme à
 boulets de 24 livres (~ 8 kg)

en ligne de compte: en
 considération, comme preuve
banqueroutes: faillites financières
s'empare: saisit
créanciers: à qui on doit de l'argent
borgne: n'ayant qu'un œil

43 *Lisbonne.* Ville capitale du Portugal depuis le XIIIe siècle; sa prospérité était liée à son activité maritime et coloniale. Le 1er novembre 1755 Lisbonne a été détruite par un tremblement de terre dévastateur qui aurait tué jusqu'à 100.000 personnes. Voltaire a lancé son célèbre *Poème sur le désastre de Lisbonne* (*Voir* p. 151) avant la fin du même mois.

44 *ils sont devenus loups.* Relève de la formule du philosophe anglais Thomas Hobbes (1588-1679) dans son *Léviathan* (1651): *Homo homini lupus*, l'homme est un loup pour l'homme.

45 *les malheurs particuliers font le bien général.* Étant donné l'existence du Mal, celui qui tient à l'optimisme de Leibniz doit impérativement raisonner de cette manière.

CHAPITRE CINQUIÈME

TEMPÊTE, NAUFRAGE, TREMBLEMENT DE TERRE, ET CE QUI ADVINT DU DOCTEUR PANGLOSS, DE CANDIDE ET DE L'ANABAPTISTE JACQUES

La moitié des passagers, affaiblis, expirants de ces angoisses inconcevables que le roulis° d'un vaisseau porte dans les nerfs et dans toutes les humeurs du corps[46] agitées en sens contraires, n'avait pas même la force de s'inquiéter du danger. L'autre moitié jetait des cris et faisait des prières; les voiles étaient déchirées, les mâts° brisés, le vaisseau entrouvert. Travaillait qui pouvait,° personne ne

roulis: balancement d'un bateau	**travaillait qui pouvait:** seulement
mâts: bois verticaux qui portent	ceux qui le pouvaient,
les voiles	travaillaient

46 *les humeurs du corps.* La médecine ancienne désignait quatre liquides (humeurs) fondamentales du corps: *la bile* (ou *bile jaune*), *l'atrabile* (ou *bile noire*), *le flegme* (*la lymphe*) et *le sang.* La bonne santé dépendait de l'équilibre de ces quatre substances.

s'entendait, personne ne commandait. L'anabaptiste aidait un peu à la manœuvre°; il était sur le tillac°; un matelot° furieux le frappe rudement et l'étend sur les planches; mais du coup qu'il lui donna il° eut lui-même une si violente secousse° qu'il tomba hors du vaisseau la tête la première. Il restait suspendu et accroché à une partie de mât rompue. Le bon Jacques court à son secours, l'aide à remonter, et de l'effort qu'il fit il est précipité dans la mer à la vue du matelot, qui le laissa périr, sans daigner seulement le regarder. Candide approche, voit son bienfaiteur qui reparaît un moment et qui est englouti° pour jamais. Il veut se jeter après lui dans la mer; le philosophe Pangloss l'en empêche, en lui prouvant que la rade° de Lisbonne avait été formée exprès pour que cet anabaptiste s'y noyât.° Tandis qu'il le prouvait *a priori*,° le vaisseau s'entrouvre, tout périt à la réserve de° Pangloss, de Candide, et de ce brutal de matelot qui avait noyé le

manœuvre: opération du vaisseau
tillac: pont supérieur du bateau
matelot: homme d'équipage, marin
il: le matelot
secousse: choc

englouti: submergé
rade: port
s'y noyât: mourût dans l'eau
a priori: antérieur à l'expérience (latin)
à la réserve de: excepté

vertueux anabaptiste; le coquin nagea heureusement° jusqu'au rivage°
où Pangloss et Candide furent portés sur une planche.

Quand ils furent revenus un peu à eux, ils marchèrent vers
Lisbonne; il leur restait quelque argent, avec lequel ils espéraient se
sauver de la faim après avoir échappé à la tempête.

À peine ont-ils mis le pied dans la ville en pleurant la mort de
leur bienfaiteur, qu'ils sentent la terre trembler sous leurs pas; la mer
s'élève en bouillonnant° dans le port, et brise les vaisseaux qui sont à
l'ancre. Des tourbillons de flammes et de cendres couvrent les rues et
les places publiques; les maisons s'écroulent,° les toits sont renversés
sur les fondements, et les fondements se dispersent; trente mille
habitants de tout âge et de tout sexe sont écrasés sous des ruines.[47]
Le matelot disait en sifflant et en jurant°: « Il y aura quelque chose à
gagner ici. — Quelle peut être la raison suffisante de ce phénomène?
disait Pangloss. — Voici le dernier jour du monde! » s'écriait Candide.
Le matelot court incontinent° au milieu des débris, affronte° la mort
pour trouver de l'argent, en trouve, s'en empare, s'enivre,° et, ayant
cuvé son vin,° achète les faveurs de la première fille de bonne volonté
qu'il rencontre sur les ruines des maisons détruites et au milieu des
mourants et des morts. Pangloss le tirait cependant par la manche.°
« Mon ami, lui disait-il, cela n'est pas bien, vous manquez à° la raison
universelle, vous prenez mal votre temps.° — Tête et sang!° répondit
l'autre, je suis matelot et né à Batavia[48]; j'ai marché quatre fois sur le

heureusement: *ici,* avec succès
rivage: plage, bord de la mer
bouillonnant: s'agitant en formant
 de grosses bulles
s'écroulent: tombent
en jurant: en blasphémant
incontinent: immédiatement,
 aussitôt
affronte: *ici,* risque
s'enivre: boit trop d'alcool

ayant cuvé son vin: ayant mis fin à
 son ivresse en dormant
manche: *ici,* partie du vêtement
 couvrant le bras
manquez à: ne respectez pas
vous prenez mal votre temps: ce
 n'est pas le bon moment
Tête et sang!: (juron) Par la tête et
 le sang de Dieu!

47 *Trente mille… sous des ruines. Voir* ci-dessus, note 43.

48 *Batavia.* Colonie hollandaise fondée en 1619, le plus important
 comptoir de la Compagnie néerlandaise des Indes orientales
 (*aujourd'hui,* Djakarta, Indonésie).

crucifix dans quatre voyages au Japon[49]; tu as bien trouvé ton homme avec ta raison universelle! »

Quelques éclats° de pierre avaient blessé Candide; il était étendu dans la rue et couvert de débris. Il disait à Pangloss: « Hélas! procure-moi un peu de vin et d'huile; je me meurs. — Ce tremblement de terre n'est pas une chose nouvelle, répondit Pangloss; la ville de Lima éprouva les mêmes secousses en Amérique l'année passée[50]; mêmes causes, mêmes effets: il y a certainement une traînée de soufre[51] sous terre depuis Lima jusqu'à Lisbonne. — Rien n'est plus probable, dit Candide; mais, pour Dieu, un peu d'huile et de vin. — Comment, probable? répliqua le philosophe; je soutiens que la chose est démontrée. » Candide perdit connaissance, et Pangloss lui apporta un peu d'eau d'une fontaine voisine.

Le lendemain, ayant trouvé quelques provisions de bouche en se glissant à travers des décombres,° ils réparèrent un peu leurs forces. Ensuite, ils travaillèrent comme les autres à soulager° les habitants échappés à la mort. Quelques citoyens secourus° par eux leur donnèrent un aussi bon dîner qu'on le pouvait dans un tel désastre. Il est vrai que le repas était triste; les convives° arrosaient° leur pain de leurs larmes; mais Pangloss les consola en les assurant que les choses ne pouvaient être autrement: « Car, dit-il, tout ceci est ce qu'il y a de mieux. Car, s'il y a un volcan à Lisbonne, il ne pouvait être ailleurs. Car il est impossible que les choses ne soient pas où elles sont. Car tout est bien. »

éclats: *ici*, fragments
décombres: restes d'un bâtiment détruit
soulager: aider, secourir

secourus: aidés
convives: invités à un repas
arrosaient: rendaient humide, mouillaient

49 *j'ai marché... au Japon*. À l'époque, les Japonais interdisaient le commerce avec l'Europe. Les Hollandais pouvaient exceptionnellement faire du commerce avec le Japon à condition, toutefois, de renoncer à toutes les marques du christianisme. Marcher sur un crucifix aurait prouvé leur obéissance à cette règle.

50 *Lima... l'année passée*. Le tremblement de terre de Lima (Pérou) en 1748 avait eu lieu en réalité sept ans avant celui de Lisbonne.

51 *une traînée de soufre*. Associé au diable, et considéré comme une condensation de la matière du feu, le soufre est un principe actif de la chimie ancienne. De là, l'hypothèse que le soufre est à la source des tremblements de terre.

Un petit homme noir, familier de l'Inquisition,[52] lequel était
à côté de lui, prit poliment la parole° et dit: « Apparemment que
monsieur ne croit pas au péché originel[53]; car, si tout est au mieux, il
n'y a donc eu ni chute ni punition.

— Je demande très humblement pardon à Votre Excellence,
répondit Pangloss encore plus poliment, car la chute de l'homme et
la malédiction° entraient nécessairement dans le meilleur des mondes
possibles. — Monsieur ne croit donc pas à la liberté? dit le familier.
— Votre Excellence m'excusera, dit Pangloss; la liberté peut subsister
avec la nécessité absolue; car il était nécessaire que nous fussions
libres; car enfin la volonté déterminée...[54] » Pangloss était au milieu
de sa phrase, quand le familier fit un signe de tête à son estafier° qui
lui servait à boire du vin de Porto, ou d'Oporto.[55]

prit... la parole: commença à	malédiction: *ici*, condamnation
parler	par Dieu
	estafier: (vieilli) domestique armé

52 *familier de l'Inquisition*. L'Inquisition, établie au XIIIe siècle par la
papauté catholique, a été soutenue au XVe siècle par la reine Isabelle
de Castille et le roi Ferdinand d'Aragon et de Castille. C'était
un tribunal ecclésiastique ayant pour fonction de condamner les
hérétiques (= ceux qui s'opposaient à la doctrine de l'Église). Cette
institution (avec ses interrogatoires, tortures et exécutions) a évolué
surtout en Espagne et au Portugal; elle n'a été officiellement abolie en
Espagne qu'en 1834. Un *familier* était un officier laïc de l'Inquisition
dont le rôle était d'espionner et d'arrêter les accusés.

53 *au péché originel*. Dans la Bible, la consommation par Ève de la
pomme offerte par le serpent dans le jardin d'Éden, qui a conduit à la
chute (= action de tomber moralement) et à la *punition* de l'homme.
Rappelez-vous que le château de M. le baron de Thunder-ten-tronckh
était pour Candide un « paradis terrestre ».

54 *la volonté déterminée... Voir* ci-dessus, note 23.

55 *vin de Porto, ou d'Oporto*. Vin fort portugais bien connu. À l'époque
ces deux noms de villes portugais désignaient le même lieu.

CHAPITRE SIXIÈME

COMMENT ON FIT UN BEL AUTO-DA-FÉ[56]
POUR EMPÊCHER LES TREMBLEMENTS
DE TERRE, ET COMMENT
CANDIDE FUT FESSÉ°

Après le tremblement de terre qui avait détruit les trois quarts de Lisbonne, les sages du pays n'avaient pas trouvé un moyen plus efficace pour prévenir° une ruine totale que de donner au peuple un bel auto-da-fé; il était décidé par l'université de Coïmbre[57] que le spectacle de quelques personnes brûlées à petit feu,° en grande cérémonie, est un secret infaillible pour empêcher la terre de trembler.

On avait en conséquence saisi un Biscayen[58] convaincu° d'avoir

.Homme qui va etre brûlé par arrest de l'Inquisition.

> **fessé:** frappé au derrière (aux fesses)
> **prévenir:** *ici*, empêcher
> **à petit feu:** par un feu lent et doux
> **convaincu:** *ici*, reconnu coupable

56 *un bel* auto-da-fé. En portugais, « acte de foi » ou « jugement arrêté sur la foi ». Il s'agissait d'une cérémonie de l'Inquisition. Vêtus de leurs costumes d'« infamie » (= les san-benito), les personnes accusées d'hérésie entendaient une messe sur la place avant de subir leur punition. Au XVIIIe siècle la peine de mort était rare, mais d'autres peines (flagellation, emprisonnement, etc.) étaient encore fréquentes. (À la suite du désastre de Lisbonne, les autorités portugaises ont tenu plusieurs autos-da-fé, mais on ne croit pas que ceux-ci aient dérivé de la catastrophe.)

57 *l'université de Coïmbre*. Université portugaise fondée en 1307 (et qui a été jusqu'en 1911 la seule au Portugal). Avec Lisbonne, Devoca et Goa, Coïmbre était une des quatre inquisitions du Portugal. La peine de mort par le feu était assez fréquente au XVe siècle.

58 *un Biscayen*. Habitant de la province de Biscaye, dans le nord-ouest du pays basque d'Espagne (capitale: Bilbao).

épousé sa commère,[59] et deux Portugais qui en mangeant un poulet
en avaient arraché le lard[60]: on vint lier° après le dîner le docteur
Pangloss et son disciple Candide, l'un pour avoir parlé, et l'autre
pour avoir écouté avec un air d'approbation: tous deux furent menés
séparément dans des appartements d'une extrême fraîcheur,° dans
lesquels on n'était jamais incommodé° du soleil; huit jours après
ils furent tous deux revêtus d'un *san-benito*,[61] et on orna leurs têtes
de mitres de papier[62]: la mitre et le san-benito de Candide étaient
peints de flammes renversées et de diables qui n'avaient ni queues ni
griffes; mais les diables de Pangloss portaient griffes et queues, et les
flammes étaient droites.[63] Ils marchèrent en procession ainsi vêtus,
et entendirent un sermon très pathétique, suivi d'une belle musique
en faux-bourdon.° Candide fut fessé en cadence,° pendant qu'on
chantait; le Biscayen et les deux hommes qui n'avaient point voulu
manger de lard furent brûlés, et Pangloss fut pendu,° quoique ce ne

lier: restreindre, arrêter	**faux-bourdon:** chant du chœur,
fraîcheur: *ici*, froid	plain-chant
incommodé: rendu inconfortable	**en cadence:** rythmiquement
	pendu: mis à mort avec une corde

59 *d'avoir épousé sa commère*. Il s'agit de la marraine (= la commère)
 d'un enfant dont le Biscayen était le parrain (= le compère). L'Église
 interdisait le mariage entre parrain et marraine d'un même enfant
 ainsi qu'entre parrain ou marraine et son filleul ou sa filleule. Voltaire
 a protesté plusieurs fois contre cette interdiction.

60 *deux Portugais... le lard*. On avait vu ces deux catholiques portugais
 observer une pratique de la loi hébraïque qui interdit de manger du
 lard (= du bacon). Ils étaient donc considérés comme des hérétiques.

61 *san-benito*. Vêtement ressemblant à la tunique portée par les moines
 de l'ordre de saint Benoît, dont on revêtait les condamnés lors d'un
 auto-da-fé. La couleur et les motifs symbolisaient les cas divers et leur
 gravité.

62 *mitres de papier*. Chapeau haut et pointu que l'Inquisition faisait
 porter à des personnes qu'elle voulait frapper d'infamie.

63 *et les flammes étaient droites*. La flamme droite indiquait la peine
 de mort, tandis que la flamme renversée indiquait la remise (= la
 réduction, le pardon) de cette peine.

soit pas la coutume.[64] Le même jour la terre trembla de nouveau[65] avec un fracas épouvantable.

Candide, épouvanté, interdit,° éperdu,° tout sanglant, tout palpitant, se disait à lui-même: « Si c'est ici le meilleur des mondes possibles, que sont donc les autres? Passe encore° si je n'étais que fessé, je l'ai été° chez les Bulgares. Mais, ô mon cher Pangloss! le plus grand des philosophes, faut-il vous avoir vu pendre sans que je sache pourquoi! Ô mon cher anabaptiste, le meilleur des hommes, faut-il que vous ayez été noyé dans le port! Ô Mlle Cunégonde! la perle des filles, faut-il qu'on vous ait fendu° le ventre! »

Il s'en retournait, se soutenant° à peine, prêché,° fessé, absous° et béni,[66] lorsqu'une vieille l'aborda° et lui dit: « Mon fils, prenez courage, suivez-moi. »

interdit: *ici*, stupéfait	**se soutenant:** se tenant debout
éperdu: violemment troublé	**prêché:** ayant subi les sermons
passe encore: j'aurais pu le supporter	**absous:** dont les fautes ont été pardonnées
je l'ai été: j'ai été fessé	**l'aborda:** s'approcha de lui
fendu: déchiré, ouvert	

64 *quoique ce ne soit pas la coutume.* Le bûcher, ou la mise à mort par le feu, était la peine de mort habituelle; la pendaison inhabituelle de Pangloss ne sera expliquée qu'au chapitre XXVIII.

65 *la terre trembla de nouveau.* À Lisbonne un (véritable) deuxième tremblement de terre a eu lieu plusieurs semaines après, malgré les précautions (fictionnelles) prises (dans *Candide*) par l'Inquisition.

66 *béni.* Les condamnés qui se seraient repentis recevaient la bénédiction et l'absolution du Grand Inquisiteur, chef suprême de l'Inquisition. Au Portugal, le Grand Inquisiteur, prêtre séculier, appartenait toujours à la famille royale. Nommé par le roi, et confirmé par le pape, il servait un terme de plusieurs années; son autorité s'étendait sur tous les royaumes du territoire.

CHAPITRE SEPTIÈME

COMMENT UNE VIEILLE PRIT SOIN
DE CANDIDE, ET COMMENT
IL RETROUVA CE QU'IL AIMAIT

Candide ne prit point courage, mais il suivit la vieille dans une masure°; elle lui donna un pot de pommade° pour se frotter, lui laissa à manger et à boire; elle lui montra un petit lit assez propre; il y avait auprès du lit un habit° complet. « Mangez, buvez, dormez, lui dit-elle, et que Notre-Dame d'Atocha,[67] Mgr saint Antoine de Padoue[68] et Mgr saint Jacques de Compostelle[69] prennent soin de vous: je reviendrai demain. » Candide, toujours étonné de tout ce qu'il avait vu, de tout ce qu'il avait souffert, et encore plus de la charité de la vieille, voulut lui baiser la main. « Ce n'est pas ma main qu'il faut baiser, dit la vieille; je reviendrai demain. Frottez-vous de pommade, mangez et dormez. »

Candide, malgré tant de malheurs, mangea et dormit. Le lendemain la vieille lui apporte à déjeuner, visite° son dos, le frotte elle-même d'une autre pommade; elle lui apporte ensuite à dîner; elle revient sur le soir, et apporte à souper. Le surlendemain elle fit encore les mêmes cérémonies. « Qui êtes-vous? lui disait toujours Candide; qui vous a inspiré tant de bonté? quelles grâces° puis-je vous rendre? » La bonne femme ne répondait jamais rien; elle revint sur le soir et n'apporta point à souper. « Venez avec moi, dit-elle, et ne dites mot.° » Elle le prend sous le bras, et marche avec lui dans

masure: maison misérable	**visite:** *ici*, soigne
pommade: crème guérisseuse	**grâces:** *ici*, remerciements, faveurs
habit: *ici*, costume et accessoires	**mot:** *ici*, rien

67 *Notre-Dame d'Atocha.* Statue de la Vierge enceinte, exposée à Madrid, qui constituait un lieu de pèlerinage pour de nombreuses femmes qui attendaient un enfant.

68 *Mgr saint Antoine de Padoue.* Saint Antoine est celui que l'on invoque pour retrouver quelque chose de perdu. Plus tard (chapitre XI) la vieille se révélera d'origine italienne.

69 *Mgr saint Jacques de Compostelle.* L'apôtre saint Jacques fait l'objet d'une grande vénération en Espagne et particulièrement à Compostelle (capitale de la Galice, nord-ouest d'Espagne), haut lieu de pèlerinage à partir du Moyen Âge.

la campagne environ un quart de mille°: ils arrivent à une maison
isolée, entourée de jardins et de canaux. La vieille frappe à une petite
porte. On ouvre; elle mène Candide, par un escalier dérobé,° dans
un cabinet° doré, le laisse sur un canapé de brocart,° referme la porte,
et s'en va. Candide croyait rêver, et regardait toute sa vie comme un
songe funeste,° et le moment présent comme un songe agréable.

La vieille reparut bientôt; elle soutenait avec peine une femme
tremblante, d'une taille majestueuse, brillante de pierreries° et
couverte d'un voile. « Ôtez ce voile », dit la vieille à Candide. Le
jeune homme approche; il lève le voile d'une main timide. Quel
moment! quelle surprise! il croit voir Mlle Cunégonde; il la voyait
en effet, c'était elle-même. La force lui manque, il ne peut proférer
une parole, il tombe à ses pieds. Cunégonde tombe sur le canapé. La
vieille les accable° d'eaux spiritueuses°; ils reprennent leurs sens, ils se
parlent: ce sont d'abord des mots entrecoupés, des demandes et des
réponses qui se croisent, des soupirs,° des larmes, des cris. La vieille
leur recommande de faire moins de bruit, et les laisse en liberté.
« Quoi! c'est vous, lui dit Candide, vous vivez! Je vous retrouve en
Portugal°! On ne vous a donc pas violée? On ne vous a point fendu le
ventre, comme le philosophe Pangloss me l'avait assuré? — Si fait,°
dit la belle Cunégonde; mais on ne meurt pas toujours de ces deux
accidents. — Mais votre père et votre mère ont-ils été tués? — Il
n'est que trop vrai, dit Cunégonde en pleurant. — Et votre frère?
— Mon frère a été tué aussi. — Et pourquoi êtes-vous en Portugal?
et comment avez-vous su que j'y étais? et par quelle étrange aventure°
m'avez-vous fait conduire dans cette maison? — Je vous dirai tout
cela, répliqua la dame; mais il faut auparavant que vous m'appreniez
tout ce qui vous est arrivé depuis le baiser innocent que vous me
donnâtes et les coups de pied que vous reçûtes. »

un quart de mille: ~400 mètres
dérobé: caché, dissimulé
cabinet: petite pièce cachée
brocart: étoffe brodée de fils
 précieux
funeste: tragique
pierreries: pierres précieuses,
 bijoux

accable: *ici*, surcharge, donne à
 excès
spiritueuses: alcoolisées
soupirs: *ici*, souffles bruyants
en Portugal: *aujourd'hui*, au
 Portugal
si fait: en effet, oui
aventure: *ici*, hasard

Candide lui obéit avec un profond respect; et quoiqu'il fût interdit, quoique sa voix fût faible et tremblante, quoique l'échine° lui fît encore un peu mal, il lui raconta de la manière la plus naïve tout ce qu'il avait éprouvé° depuis le moment de leur séparation. Cunégonde levait les yeux au ciel; elle donna des larmes à la mort du bon anabaptiste et de Pangloss; après quoi elle parla en ces termes à Candide, qui ne perdait pas une parole, et qui la dévorait des yeux.

CHAPITRE HUITIÈME

HISTOIRE DE CUNÉGONDE

« J'étais dans mon lit et je dormais profondément, quand il plut au ciel d'envoyer les Bulgares dans notre beau château de Thunder-ten-tronckh; ils égorgèrent mon père et mon frère, et coupèrent ma mère par morceaux. Un grand Bulgare, haut de six pieds, voyant qu'à ce spectacle j'avais perdu connaissance, se mit à me violer; cela me fit revenir, je repris mes sens, je criai, je me débattis,° je mordis,° j'égratignai,° je voulais arracher les yeux à ce grand Bulgare, ne sachant pas que tout ce qui arrivait dans le château de mon père était une chose d'usage°: le brutal me donna un coup de couteau dans le flanc gauche dont je porte encore la marque. — Hélas! j'espère bien la voir, dit le naïf Candide. — Vous la verrez, dit Cunégonde; mais continuons. — Continuez », dit Candide.

Elle reprit ainsi le fil de son histoire: « Un capitaine bulgare entra, il me vit toute sanglante, et le soldat ne se dérangeait pas.° Le capitaine se mit en colère du peu de respect que lui témoignait° ce brutal, et le tua sur mon corps. Ensuite il me fit panser,° et m'emmena prisonnière de guerre dans son quartier.° Je blanchissais° le peu de chemises qu'il avait, je faisais sa cuisine; il me trouvait fort jolie, il faut l'avouer; et je ne nierai pas qu'il ne fût très bien fait,° et qu'il n'eût

échine: colonne vertébrale
éprouvé: *ici*, vécu, souffert
me débattis: luttai, résistai
mordis: blessai avec les dents
égratignai: blessai, griffai la peau
 (avec les ongles)
d'usage: normal, ordinaire
ne se dérangeait pas: n'arrêtait pas

son activité
témoignait: démontrait,
 manifestait
panser: appliquer un bandage
quartier: *ici*, cantonnement
 militaire
blanchissais: lavais, nettoyais
bien fait: *ici*, beau

la peau blanche et douce; d'ailleurs peu d'esprit,° peu de philosophie: on voyait bien qu'il n'avait pas été élevé par le docteur Pangloss. Au bout de trois mois, ayant perdu tout son argent et s'étant dégoûté de moi, il me vendit à un Juif nommé don Issacar,[70] qui trafiquait en Hollande et en Portugal, et qui aimait passionnément les femmes. Ce Juif s'attacha beaucoup à ma personne, mais il ne pouvait en triompher; je lui ai mieux résisté qu'au soldat bulgare. Une personne d'honneur peut être violée une fois, mais sa vertu s'en affermit.° Le Juif, pour m'apprivoiser,° me mena dans cette maison de campagne que vous voyez. J'avais cru jusque-là qu'il n'y avait rien sur la terre de si beau que le château de Thunder-ten-tronckh; j'ai été détrompée.°

« Le grand inquisiteur[71] m'aperçut un jour à la messe, il me lorgna° beaucoup, et me fit dire qu'il avait à me parler pour des affaires secrètes. Je fus conduite à son palais; je lui appris ma naissance°; il me représenta combien il était au-dessous de mon rang d'appartenir à un Israélite. On proposa de sa part à don Issacar de me céder à monseigneur. Don Issacar, qui est le banquier de la cour[72] et homme de crédit,° n'en voulut rien faire. L'inquisiteur le menaça d'un auto-da-fé. Enfin mon Juif, intimidé, conclut un marché,° par lequel la maison et moi leur appartiendraient à tous deux en commun: que le Juif aurait pour lui les lundis, mercredis et le jour du sabbat,[73] et que l'inquisiteur aurait les autres jours de la semaine. Il y a six mois que cette convention subsiste.

esprit: *ici*, intelligence	**lorgna:** regarda avec insistance
s'en affermit: se renforça	**naissance:** *ici*, origines
apprivoiser: rendre plus docile	**homme de crédit:** qui a une
ai été détrompée: suis revenue de	grande influence
mon erreur	**marché:** *ici*, accord

70 *un Juif nommé don Issacar.* Ce nom est tiré des généalogies bibliques (*Genèse*, chapitre XXX); c'est le cinquième fils de Jacob et de Léa, ainsi le nom d'une des tribus d'Israël. Le personnage porte un titre de noblesse à l'espagnole (*don*).

71 *Le grand inquisiteur. Voir* ci-dessus note 66.

72 *le banquier de la cour.* Remarquez qu'Issacar a, extraordinairement, le droit d'exercer le judaïsme sans persécution. Les banquiers et financiers juifs se trouvaient souvent dans les cours royales européennes. (Notez que Voltaire était aussi banquier. Déjà riche de ses investissements, il gagnait sa vie en prêtant des sommes importantes aux rois et nobles européens.)

73 *le jour du sabbat.* Le samedi, jour de repos et de prière dans la religion juive.

Ce n'a pas été sans querelles; car souvent il a été indécis si la nuit du samedi au dimanche appartenait à l'ancienne loi ou à la nouvelle.[74] Pour moi, j'ai résisté jusqu'à présent à toutes les deux, et je crois que c'est pour cette raison que j'ai toujours été aimée.

« Enfin, pour détourner le fléau° des tremblements de terre, et pour intimider don Issacar, il plut à monseigneur l'inquisiteur de célébrer un auto-da-fé. Il me fit l'honneur de m'y inviter. Je fus très bien placée; on servit aux dames des rafraîchissements entre la messe et l'exécution. Je fus, à la vérité, saisie d'horreur en voyant brûler ces deux Juifs et cet honnête Biscayen qui avait épousé sa commère; mais quelle fut ma surprise, mon effroi,° mon trouble, quand je vis, dans un san-benito et sous une mitre, une figure qui ressemblait à celle de Pangloss! Je me frottai les yeux, je regardai attentivement, je le vis pendre; je tombai en faiblesse. À peine reprenais-je mes sens que je vous vis dépouillé° tout nu: ce fut là le comble° de l'horreur, de la consternation, de la douleur, du désespoir. Je vous dirai, avec vérité, que votre peau est encore plus blanche et d'un incarnat° plus parfait que celle de mon capitaine des Bulgares. Cette vue redoubla tous les sentiments qui m'accablaient,° qui me dévoraient. Je m'écriai, je voulus dire: «Arrêtez, barbares!» mais la voix me manqua, et mes cris auraient été inutiles. Quand vous eûtes été bien fessé: «Comment se peut-il faire, disais-je, que l'aimable Candide et le sage Pangloss se trouvent à Lisbonne, l'un pour recevoir cent coups de fouet,° et l'autre pour être pendu par l'ordre de monseigneur l'inquisiteur dont je suis la bien-aimée? Pangloss m'a donc bien cruellement trompée quand il me disait que tout va le mieux du monde.»

« Agitée, éperdue, tantôt hors de moi-même, et tantôt prête de° mourir de faiblesse, j'avais la tête remplie du massacre de mon père, de ma mère, de mon frère, de l'insolence de mon vilain soldat bulgare,

fléau: *ici*, calamité	**accablaient:** écrasaient, abattaient
effroi: terreur	**fouet:** corde en cuir
dépouillé: déshabillé	**prêt(e) de:** (vieilli) sur le point de,
comble: *ici*, maximum	près de
incarnat: rouge clair	

74 *à l'ancienne loi ou à la nouvelle.* Soit la loi de l'Ancien Testament soit celle du Nouveau Testament. La nuit du samedi au dimanche relevait-elle de la loi juive ou de la loi chrétienne, de don Issacar ou du Grand Inquisiteur?

du coup de couteau qu'il me donna, de ma servitude, de mon métier de cuisinière, de mon capitaine bulgare, de mon vilain don Issacar, de mon abominable inquisiteur, de la pendaison° du docteur Pangloss, de ce grand *miserere*[75] en faux-bourdon pendant lequel on vous fessait, et surtout du baiser que je vous avais donné derrière un paravent, le jour que je vous avais vu pour la dernière fois. Je louai Dieu qui vous ramenait à moi par tant d'épreuves.° Je recommandai à ma vieille d'avoir soin de vous, et de vous amener ici dès qu'elle le pourrait. Elle a très bien exécuté ma commission°; j'ai goûté le plaisir inexprimable de vous revoir, de vous entendre, de vous parler. Vous devez avoir une faim dévorante; j'ai grand appétit; commençons par souper. »

Les voilà qui se mettent tous deux à table; et après le souper, ils se replacent sur ce beau canapé dont on a déjà parlé; ils y étaient quand le signor don Issacar, l'un des maîtres de la maison, arriva. C'était le jour du sabbat. Il venait jouir de° ses droits, et expliquer son tendre amour.

CHAPITRE NEUVIÈME

CE QUI ADVINT DE CUNÉGONDE, DE CANDIDE, DU GRAND INQUISITEUR ET D'UN JUIF

Cet Issacar était le plus colérique° Hébreu qu'on eût vu dans Israël depuis la captivité en Babylone.[76] « Quoi! dit-il, chienne de Galiléenne,° ce n'est pas assez de monsieur l'inquisiteur? Il faut que ce coquin partage aussi avec moi? » En disant cela il tire un long

pendaison: mise à mort avec une corde	**jouir de:** profiter de
épreuves: *ici*, malheurs, adversités	**colérique:** qui se fâche vite
commission: *ici*, charge, mandat	**Galiléenne:** *ici*, chrétienne de Galilée

75 *miserere*. Musique chantée, composée sur les paroles d'un psaume qui commence par le mot *miserere*. Le discours de Cunégonde révèle, comme ailleurs dans *Candide*, le rapport entre la religion et l'amour.

76 *depuis la captivité en Babylone*. En 587 avant notre ère, suite à la prise de Jérusalem par les Chaldéens, le roi Nabuchodonosor a fait déporter une partie de la population juive en Babylone, sur les bords de l'Euphrate (*aujourd'hui*, en Irak).

poignard° dont il était toujours pourvu,° et ne croyant pas que son adverse partie° eût des armes, il se jette sur Candide; mais notre bon Westphalien avait reçu une belle épée de la vieille avec l'habit complet. Il tire son épée, quoiqu'il eût les mœurs fort douces, et vous étend° l'Israélite roide mort° sur le carreau,° aux pieds de la belle Cunégonde.

« Sainte Vierge! s'écria-t-elle, qu'allons-nous devenir? Un homme tué chez moi! si la justice° vient, nous sommes perdus. — Si Pangloss n'avait pas été pendu, dit Candide, il nous donnerait un bon conseil dans cette extrémité,° car c'était un grand philosophe. À son défaut° consultons la vieille. » Elle était fort prudente, et commençait à dire son avis, quand une autre petite porte s'ouvrit. Il était une heure après minuit, c'était le commencement du dimanche. Ce jour appartenait à monseigneur l'inquisiteur. Il entre et voit le fessé Candide l'épée à la main, un mort étendu par terre, Cunégonde effarée,° et la vieille donnant des conseils.

Voici dans ce moment ce qui se passa dans l'âme de Candide, et comment il raisonna: « Si ce saint homme appelle du secours, il me fera infailliblement° brûler; il pourra en faire autant de Cunégonde; il m'a fait fouetter impitoyablement; il est mon rival; je suis en train de tuer, il n'y a pas à balancer.° » Ce raisonnement fut net et rapide, et sans donner le temps à l'inquisiteur de revenir de sa surprise, il le perce d'outre en outre,° et le jette à côté du Juif. « En voici bien d'une autre,° dit Cunégonde; il n'y a plus de rémission°; nous sommes excommuniés,° notre dernière heure est venue. Comment avez-vous fait, vous qui êtes né si doux, pour tuer en deux minutes un Juif et un prélat°? — Ma belle demoiselle, répondit Candide, quand on

poignard: couteau à lame courte
pourvu: équipé, muni
adverse partie: ennemi
vous étend: met par terre
roide mort: (vieilli) raide mort (d'une mort soudaine)
sur le carreau: par terre, sur les dalles
justice: *ici*, police, autorités
extrémité: situation critique
à son défaut: en son absence
effarée: ayant très peur

infailliblement: certainement
il n'y a pas à balancer: il ne faut pas hésiter
d'outre en outre: (vieilli) de part en part
en voici bien d'une autre: voici quelque chose de nouveau
rémission: *ici*, pardon (chrétien)
excommuniés: chassés de l'église catholique
prélat: prêtre de haut rang

est amoureux, jaloux et fouetté par l'Inquisition, on ne se connaît plus. »

La vieille prit alors la parole et dit: « Il y a trois chevaux andalous[77] dans l'écurie,° avec leurs selles° et leurs brides: que le brave Candide les prépare; madame a des moyadors° et des diamants: montons vite à cheval, quoique je ne puisse me tenir que sur une fesse,[78] et allons à Cadix[79]; il fait le plus beau temps du monde, et c'est un grand plaisir de voyager pendant la fraîcheur de la nuit. »

Aussitôt Candide selle les trois chevaux. Cunégonde, la vieille et lui font trente milles d'une traite.° Pendant qu'ils s'éloignaient, la Sainte-Hermandad[80] arrive dans la maison; on enterre monseigneur dans une belle église, et on jette Issacar à la voirie.[81]

Candide, Cunégonde et la vieille étaient déjà dans la petite ville d'Avacéna, au milieu des montagnes de la Sierra-Morena[82]; et ils parlaient ainsi dans un cabaret.

écurie: étable	**moyadors:** monnaie portugaise
selles: sièges pour monter à cheval	**d'une traite:** sans s'arrêter

77 *trois chevaux andalous.* Les chevaux d'Espagne et surtout ceux d'Andalousie (province du sud, capitale: Séville), étaient réputés les meilleurs chevaux de guerre.

78 *je ne puisse me tenir que sur une fesse.* Ce détail sera expliqué au chapitre XI.

79 *à Cadix.* Ville espagnole d'Andalousie (*Voir* note 77) sur le golfe de Cadix.

80 *la Sainte-Hermandad.* Ligue espagnole formée au XVe siècle pour lutter contre la criminalité. Au XVIIIe siècle elle servait encore de police régionale.

81 *on jette Issacar à la voirie.* Lieu où on déposait les ordures et d'autres débris. Le corps du juif don Issacar n'a pas le droit de reposer dans un cimetière chrétien (et il n'existait plus de communauté juive pour le recueillir). *Voir aussi* notes 196 et 224.

82 *Avacéna... la Sierra-Morena.* La *Sierra-Morena* est un massif montagneux du sud de l'Espagne; *Avacéna* serait un nom de village inventé par Voltaire.

CHAPITRE DIXIÈME

DANS QUELLE DÉTRESSE
CANDIDE, CUNÉGONDE ET LA VIEILLE
ARRIVENT À CADIX,
ET DE LEUR EMBARQUEMENT

« Qui a donc pu me voler mes pistoles° et mes diamants? disait en pleurant Cunégonde; de quoi vivrons-nous? comment ferons-nous? où trouver des inquisiteurs et des Juifs qui m'en donnent d'autres? — Hélas! dit la vieille, je soupçonne fort un révérend père cordelier[83] qui coucha hier dans la même auberge que nous à Badajoz[84]; Dieu me garde de faire un jugement téméraire°! mais il entra deux fois dans notre chambre, et il partit longtemps avant nous. — Hélas! dit Candide, le bon Pangloss m'avait souvent prouvé que les biens de la terre sont communs à tous les hommes, que chacun y a un droit égal. Ce cordelier devait bien, suivant ces principes, nous laisser de quoi achever notre voyage. Il ne vous reste donc rien du tout, ma belle Cunégonde — Pas un maravédis,° dit-elle. — Quel parti prendre? dit Candide. — Vendons un des chevaux, dit la vieille; je monterai en croupe° derrière mademoiselle, quoique je ne puisse me tenir que sur une fesse, et nous arriverons à Cadix. »

Il y avait dans la même hôtellerie un prieur° de bénédictins[85]; il acheta le cheval bon marché. Candide, Cunégonde et la vieille passèrent par Lucena, par Chillas, par Lebrixa,[86] et arrivèrent enfin

pistoles: *escudos* espagnols, de haute valeur	**maravédis:** monnaie espagnole de faible valeur
téméraire: *ici*, sans preuves suffisantes	**en croupe:** derrière la selle
	prieur: supérieur (monastère)

83 *un révérend père cordelier.* Plus tard, « un cordelier à la grande manche ». Religieux (moine) de l'ordre de saint François dont l'habit a des manches volumineuses.

84 *à Badajoz.* Ville espagnole située près de la frontière portugaise, sur le fleuve Guadiana, à l'est de Lisbonne. Ce nom de ville montre que la route des fuyants n'est pas vraisemblable.

85 *un prieur des bénédictins.* Religieux appartenant à l'ordre de saint Benoît de Nursie, établi au Mont-Cassin en Italie.

86 *Lucena, Chillas, Lebrixa.* Noms de villes espagnoles, mais qui ne se trouvent pas sur la route conduisant à Cadix. Lebrixa est pourtant voisine de Cadix.

à Cadix. On y équipait une flotte,° et on y assemblait des troupes pour mettre à la raison° les révérends pères jésuites du Paraguay,[87] qu'on accusait d'avoir fait révolter une de leurs hordes° contre les rois d'Espagne et de Portugal, auprès de la ville du Saint-Sacrement.[88] Candide, ayant servi chez les Bulgares, fit l'exercice bulgarien[89] devant le général de la petite armée avec tant de grâce, de célérité,° d'adresse,° de fierté, d'agilité, qu'on lui donna une compagnie d'infanterie à commander. Le voilà capitaine; il s'embarque avec Mlle Cunégonde, la vieille, deux valets et les deux chevaux andalous qui avaient appartenu à M. le grand inquisiteur de Portugal.

Pendant toute la traversée ils raisonnèrent beaucoup sur la philosophie du pauvre Pangloss. « Nous allons dans un autre univers, disait Candide; c'est dans celui-là sans doute que tout est bien. Car il faut avouer qu'on pourrait gémir° un peu de ce qui se passe dans le nôtre en physique et en morale.[90] — Je vous aime de tout mon cœur, disait Cunégonde; mais j'ai encore l'âme tout effarouchée° de ce que j'ai vu, de ce que j'ai éprouvé. — Tout ira bien, répliquait Candide;

flotte: assemblage de bateaux	**célérité:** rapidité
mettre à la raison: réduire par la force	**adresse:** *ici*, habilité
horde: tribu errante	**gémir:** se plaindre, se lamenter
	effarouchée: troublée, effrayée

87 *les révérends pères jésuites du Paraguay.* De 1755 à 1758 les rois portugais et espagnols ont livré bataille au Paraguay contre les jésuites et les indigènes qui les accompagnaient. Les confréries des jésuites occupaient le Paraguay déjà depuis plus de 150 ans. En 1755, suivant un accord conclu avec le Portugal, l'Espagne a voulu rétablir les frontières au Paraguay. (Notez que Voltaire avait engagé des fonds sur les profits d'un vaisseau espagnol qui transportait des troupes en 1756.) *Voir aussi* notes 88, 134 et 136.

88 *Saint-Sacrement.* Ville des missions jésuites du Paraguay qui devait être cédée au Portugal. Les jésuites, qui n'acceptaient pas ce transfert, ont été accusés d'avoir encouragé la rébellion des Indiens (la guerre Guarani), ce qui a mené à l'expédition espagnole de 1755. *Voir aussi* notes 87, 134 et 136.

89 *fit l'exercice bulgarien.* Il s'agit de la discipline militaire pratiquée par Candide dans l'armée « bulgare ». *Voir* note 22.

90 *en physique et en morale.* Une autre allusion à la philosophie de Leibniz: « le mal en physique », c'est la souffrance qui relève des désastres naturels; « le mal en morale » comprend les crimes et les fautes inhérents aux relations humaines.

la mer de ce nouveau monde vaut déjà mieux que les mers de notre Europe; elle est plus calme, les vents plus constants. C'est certainement le nouveau monde qui est le meilleur des univers possibles. — Dieu le veuille! disait Cunégonde; mais j'ai été si horriblement malheureuse dans le mien que mon cœur est presque fermé à l'espérance. — Vous vous plaignez,° leur dit la vieille; hélas! vous n'avez pas éprouvé des infortunes telles que les miennes. » Cunégonde se mit presque à rire, et trouva cette bonne femme fort plaisante° de prétendre être plus malheureuse qu'elle. « Hélas! lui dit-elle, ma bonne, à moins que vous n'ayez été violée par deux Bulgares, que vous n'ayez reçu deux coups de couteau dans le ventre, qu'on n'ait démoli deux de vos châteaux, qu'on n'ait égorgé à vos yeux deux mères et deux pères, et que vous n'ayez vu deux de vos amants fouettés dans un auto-da-fé, je ne vois pas que vous puissiez l'emporter sur° moi; ajoutez que je suis née baronne avec soixante et douze quartiers,[91] et que j'ai été cuisinière. — Mademoiselle, répondit la vieille, vous ne savez pas quelle est ma naissance; et si je vous montrais mon derrière, vous ne parleriez pas comme vous faites, et vous suspendriez votre jugement. » Ce discours fit naître une extrême curiosité dans l'esprit de Cunégonde et de Candide. La vieille leur parla en ces termes.

CHAPITRE ONZIÈME

HISTOIRE DE LA VIEILLE

« Je n'ai pas eu toujours les yeux éraillés° et bordés d'écarlate°; mon nez n'a pas toujours touché à mon menton, et je n'ai pas toujours été servante. Je suis la fille du pape Urbain X,[92] et de la princesse de Palestrine.[93] On m'éleva jusqu'à quatorze ans dans un

vous vous plaignez: vous vous lamentez
plaisante: *ici*, amusante

l'emporter sur: triompher de
éraillés: injectés de sang
écarlate: rouge éclatant

91 soixante et douze quartiers. *Voir* note 7.
92 *Urbain X.* Ce nom de pape a été inventé par Voltaire.
93 *Palestrine.* Palestrina, petite ville près de Rome. Au XVIIe siècle cette ville appartenait à la famille Barberini. Un fils de cette famille est devenu pape sous le nom d'Urbain VIII (1623-1644).

palais auquel tous les châteaux de vos barons allemands n'auraient pas servi d'écurie; et une de mes robes valait mieux que toutes les magnificences de la Westphalie. Je croissais° en beauté, en grâces, en talents, au milieu des plaisirs, des respects et des espérances. J'inspirais déjà de l'amour, ma gorge° se formait; et quelle gorge! blanche, ferme, taillée comme celle de la Vénus de Médicis[94]; et quels yeux! quelles paupières! quels sourcils noirs! quelles flammes brillaient dans mes deux prunelles,° et effaçaient° la scintillation des étoiles, comme me disaient les poètes du quartier. Les femmes qui m'habillaient et qui me déshabillaient tombaient en extase en me regardant par-devant et par-derrière, et tous les hommes auraient voulu être à leur place.

« Je fus fiancée à un prince souverain de Massa-Carrara.[95] Quel prince! aussi beau que moi, pétri de° douceur et d'agréments,° brillant d'esprit et brûlant d'amour. Je l'aimais comme on aime pour la première fois, avec idolâtrie, avec emportement.° Les noces furent préparées. C'était une pompe, une magnificence inouïe°; c'étaient des fêtes, des carrousels,° des opera-buffa° continuels; et toute l'Italie fit pour moi des sonnets dont il n'y eut pas un seul de passable.° Je touchais au moment de mon bonheur, quand une vieille marquise qui avait été maîtresse de mon prince l'invita à prendre du chocolat chez elle. Il mourut en moins de deux heures avec des convulsions épouvantables. Mais ce n'est qu'une bagatelle.° Ma mère, au désespoir, et bien moins affligée° que moi, voulut s'arracher° pour quelque temps à un séjour° si funeste. Elle avait une très belle terre auprès de Gaète.[96] Nous nous

croissais: grandissais (*croître*)	**carrousels:** *ici*, parades équestres
gorge: *ici*, poitrine, seins	**opera-buffa:** opéras-bouffes
prunelles: pupilles de l'œil	(opéras comiques)
effaçaient: éclipsaient	**passable:** acceptable, supportable
pétri de: plein de	**bagatelle:** chose sans importance
agréments: grâces, charmes	**affligée:** attristée
emportement: *ici*, enthousiasme	**s'arracher:** *ici*, quitter
inouïe: extraordinaire, incroyable	**séjour:** *ici*, lieu

94 *Vénus de Médicis*. Statue greco-romaine en marbre, datant du Ier-IIe siècle de notre ère, qui a fixé le canon de la beauté féminine classique. Elle avait été en possession de la famille des Médicis et, depuis la fin du XVIIe siècle, se trouve au musée des Offices (Uffizi) à Florence.

95 *Massa-Carrara*. Un duché italien de l'époque, situé au nord de la Toscane.

96 *Gaète*. Gaeta, ville et port italien entre Rome et Naples.

embarquâmes sur une galère° du pays, dorée comme l'autel° de Saint-Pierre de Rome.[97] Voilà qu'un corsaire° de Salé[98] fond sur° nous et nous aborde. Nos soldats se défendirent comme des soldats du pape[99]: ils se mirent tous à genoux en jetant leurs armes, et en demandant au corsaire une absolution° *in articulo mortis.*°

« Aussitôt on les dépouilla nus comme des singes,° et ma mère aussi, nos filles d'honneur aussi, et moi aussi. C'est une chose admirable que la diligence avec laquelle ces messieurs déshabillent le monde. Mais ce qui me surprit davantage, c'est qu'ils nous mirent à tous le doigt dans un endroit où nous autres femmes nous ne nous laissons mettre d'ordinaire que des canules.° Cette cérémonie me paraissait bien étrange: voilà comme on juge de tout quand on n'est pas sorti de son pays. J'appris bientôt que c'était pour voir si nous n'avions pas caché là quelques diamants: c'est un usage° établi de temps immémorial parmi les nations policées° qui courent sur mer.° J'ai su que MM. les religieux chevaliers de Malte[100] n'y manquent jamais quand ils prennent des Turcs et des Turques; c'est une loi du droit des gens[101] à laquelle on n'a jamais dérogé.°

galère: bateau ramé par des prisonniers (galériens)	***in articulo mortis:*** au moment de mourir (latin)
autel: table où se dit la messe catholique	**singes:** primates
corsaire: navire de pirates	**canules:** tuyaux pour le lavement rectal
fond sur: s'abat sur (*fondre*)	**usage:** coutume, habitude
absolution: pardon, grâce (accordé par l'Église)	**policées:** *ici,* civilisées
	courent sur mer: pratiquent la piraterie
	dérogé: fait d'exception

97 *Saint-Pierre de Rome.* La plus grande basilique catholique, au Vatican. Le pape Urbain VIII de Palestrine a fait construire son magnifique autel principal par Bernini.

98 *Salé.* Port du Maroc et importante base de corsaires (= pirates) aux XVIIe et XVIIIe siècles.

99 *comme des soldats du pape.* Le pape disposait de troupes de soldats, mais à l'époque elles ne jouaient plus qu'un rôle honorifique.

100 *les religieux chevaliers de Malte.* Religieux militaires qui ont reçu l'île méditerranéenne de Malte du roi Charles V en 1530, en échange de la défense contre les musulmans. (L'ordre, qui existe encore à Rome, est resté dans l'île jusqu'à sa prise par Napoléon Bonaparte en 1798.)

101 *une loi du droit des gens. Voir aussi* note 29.

« Je ne vous dirai point combien il est dur pour une jeune princesse d'être menée esclave à Maroc° avec sa mère. Vous concevez assez tout ce que nous eûmes à souffrir dans le vaisseau corsaire. Ma mère était encore très belle; nos filles d'honneur, nos simples femmes de chambre, avaient plus de charmes qu'on n'en peut trouver dans toute l'Afrique. Pour moi, j'étais ravissante, j'étais la beauté, la grâce même, et j'étais pucelle°; je ne le fus pas longtemps: cette fleur qui avait été réservée pour le beau prince de Massa-Carrara me fut ravie par le capitaine corsaire; c'était un nègre abominable,° qui croyait encore me faire beaucoup d'honneur. Certes, il fallait que Mme la princesse de Palestrine° et moi fussions bien fortes pour résister à tout ce que nous éprouvâmes jusqu'à notre arrivée à Maroc. Mais passons; ce sont des choses si communes qu'elles ne valent pas la peine qu'on en parle.

« Maroc nageait dans le sang quand nous arrivâmes. Cinquante fils de l'empereur Muley-Ismaël[102] avaient chacun leur parti°: ce qui produisait en effet cinquante guerres civiles, de noirs contre noirs, de noirs contre basanés,° de basanés contre basanés, de mulâtres° contre mulâtres. C'était un carnage continuel dans toute l'étendue de l'empire.°

« À peine fûmes-nous débarqués que des noirs d'une faction ennemie de celle de mon corsaire se présentèrent pour lui enlever son butin.° Nous étions, après les diamants et l'or, ce qu'il avait de plus précieux. Je fus témoin d'un combat tel que vous n'en voyez jamais dans vos climats d'Europe. Les peuples septentrionaux° n'ont pas le sang assez ardent.[103] Ils n'ont pas la rage des femmes au point où elle

à Maroc: *aujourd'hui*, au Maroc (Afrique du Nord)	**basanés:** à la peau brunie; se dit des originaires du bassin méditerranéen
pucelle: vierge	
abominable: *ici*, très laid	**mulâtres:** de race mixte (noire et blanche)
la princesse de Palestrine: la mère de la vieille	**l'empire:** *ici*, l'empire du Maroc
parti: *ici*, parti politique, faction	**butin:** trésor enlevé à l'ennemi
	septentrionaux: du Nord

102 *l'empereur Muley-Ismaël.* Sultan brutal qui a régné au Maroc de 1672 à 1727.

103 *Les peuples… assez ardent.* La théorie de l'action du climat sur le caractère et les mœurs occupait une place importante dans les débats intellectuels. Dans *De l'esprit des lois* (1748), Montesquieu (1689-1755) décrit sa forte influence sur les lois de la nation.

est commune en Afrique. Il semble que vos Européens aient du lait dans les veines; c'est du vitriol,° c'est du feu qui coule dans celles des habitants du mont Atlas[104] et des pays voisins. On combattit avec la fureur des lions, des tigres et des serpents de la contrée,° pour savoir à qui nous aurait. Un Maure[105] saisit ma mère par le bras droit, le lieutenant de mon capitaine la retint par le bras gauche; un soldat maure la prit par une jambe, un de nos pirates la tenait par l'autre. Nos filles se trouvèrent presque toutes en un moment tirées ainsi à quatre soldats. Mon capitaine me tenait cachée derrière lui. Il avait le cimeterre° au poing, et tuait tout ce qui s'opposait à sa rage. Enfin, je vis toutes nos Italiennes et ma mère déchirées, coupées, massacrées par les monstres qui se les disputaient. Les captifs, mes compagnons, ceux qui les avaient pris, soldats, matelots, noirs, basanés, blancs, mulâtres, et enfin mon capitaine, tout fut tué; et je demeurai mourante sur un tas de morts. Des scènes pareilles se passaient, comme on sait, dans l'étendue de plus de trois cents lieues,° sans qu'on manquât aux cinq prières par jour ordonnées par Mahomet.[106]

« Je me débarrassai avec beaucoup de peine de la foule de tant de cadavres sanglants entassés, et je me traînai sous un grand oranger au bord d'un ruisseau° voisin; j'y tombai d'effroi, de lassitude, d'horreur, de désespoir et de faim. Bientôt après, mes sens accablés se livrèrent° à un sommeil qui tenait plus de l'évanouissement que du repos. J'étais dans cet état de faiblesse et d'insensibilité,° entre la mort et la vie, quand je me sentis pressée de quelque chose qui

vitriol: acide sulfurique
la contrée: le pays (pris dans son ensemble)
cimeterre: sabre oriental

trois cents lieues : environ 1.500 km
ruisseau: petite rivière
se livrèrent: s'abandonnèrent
insensibilité: torpeur, léthargie

104 *mont Atlas.* Chaîne montagneuse de l'Afrique du Nord qui s'étend du Maroc jusqu'en Tunisie.

105 *Un Maure. Ici*, habitant de l'ancienne Mauretania, région de l'Afrique du Nord.

106 *cinq prières par jour ordonnées par Mahomet.* Prier cinq fois par jour est une des obligations principales de l'Islam. Ici, comme ailleurs, Voltaire rapproche le thème de la religion de celui des atrocités de la guerre.

s'agitait sur mon corps. J'ouvris les yeux, je vis un homme blanc et de bonne mine qui soupirait, et qui disait entre ses dents: *O che sciagura d'essere senza c...!*[107]

CHAPITRE DOUZIÈME

SUITE DES MALHEURS DE LA VIEILLE

« Étonnée et ravie d'entendre la langue de ma patrie,° et non moins surprise des paroles que proférait cet homme, je lui répondis qu'il y avait de plus grands malheurs que celui dont il se plaignait. Je l'instruisis en peu de mots des horreurs que j'avais essuyées, et je retombai en faiblesse. Il m'emporta dans une maison voisine, me fit mettre au lit, me fit donner à manger, me servit, me consola, me flatta, me dit qu'il n'avait rien vu de si beau que moi, et que jamais il n'avait tant regretté ce que personne ne pouvait lui rendre. « Je suis né à Naples,[108] me dit-il, on y chaponne° deux ou trois mille enfants tous les ans[109]; les uns en meurent, les autres acquièrent une voix plus belle que celle des femmes, les autres vont gouverner les États.[110] On me fit cette opération avec un très grand succès, et j'ai été musicien° de la chapelle de Mme la princesse de Palestrine. — De ma mère!

patrie: pays d'origine
chaponne: châtre (chapon = coq
châtré)
musicien: *ici,* chanteur

107 *O che sciagura d'essere senza c(oglioni)!* Exclamation italienne. En français: « Oh! quel malheur d'être sans c(ouilles)! ». L'homme qui prononce cette phrase est un castrat. Ici, Voltaire semble vouloir adoucir les « indécences » de son expression, mais c'est de l'ironie.

108 *Naples.* Importante ville italienne sur la côte ouest (golfe de la mer Tyrrhénienne). Son théâtre lyrique (= opéra) est encore célèbre.

109 *on y chaponne... tous les ans.* Voltaire en exagère le chiffre, mais à l'époque, certains garçons étaient châtrés pour que leur voix ne mue pas au moment de la puberté. Les castrats à la voix de soprano ont connu un grand succès en Europe aux XVIIe et XVIIIe siècles.

110 *les autres vont gouverner les États.* Voltaire rappelle le célèbre castrat italien Farinelli (Carlo Broschi, 1705-1782) qui, à trente-deux ans, a abandonné une illustre carrière de chanteur pour aller vivre à la cour espagnole (sous le roi Philippe V, puis de Ferdinand VI). Directeur artistique et musical, il a fini par servir ces rois comme conseiller et même ambassadeur à l'étranger.

m'écriai-je. — De votre mère! s'écria-t-il en pleurant. Quoi! vous seriez cette jeune princesse que j'ai élevée jusqu'à l'âge de six ans, et qui promettait déjà d'être aussi belle que vous êtes? — C'est moi-même; ma mère est à quatre cents pas d'ici, coupée en quartiers sous un tas de morts... »

« Je lui contai tout ce qui m'était arrivé; il me conta aussi ses aventures, et m'apprit comment il avait été envoyé chez le roi de Maroc par une puissance chrétienne, pour conclure avec ce monarque un traité, par lequel on lui fournirait de la poudre,° des canons et des vaisseaux, pour l'aider à exterminer le commerce des autres chrétiens.[111] «Ma mission est faite, me dit cet honnête eunuque°; je vais m'embarquer à Ceuta,[112] et je vous ramènerai en Italie. *Ma che sciagura d'essere senza c...!*»

« Je le remerciai avec des larmes d'attendrissement; et au lieu de me mener en Italie, il me conduisit à Alger,[113] et me vendit au dey° de cette province. À peine fus-je vendue que cette peste° qui a fait le tour de l'Afrique, de l'Asie et de l'Europe, se déclara dans Alger avec fureur.[114] Vous avez vu des tremblements de terre; mais, mademoiselle, avez-vous jamais eu la peste? — Jamais, répondit la baronne.

— Si vous l'aviez eue, reprit la vieille, vous avoueriez qu'elle est bien au-dessus d'un tremblement de terre. Elle est fort commune en Afrique; j'en fus attaquée. Figurez-vous quelle situation pour la

poudre: mélange inflammable pour les armes à feu	**dey:** chef de la province d'Alger (époque ottomane)
eunuque: homme châtré	**peste:** maladie épidémique

111 *exterminer le commerce des autres chrétiens.* Vers 1701, au début de la guerre de succession d'Espagne, certains pays (l'Angleterre, le Pays-Bas, l'Allemagne) ont demandé de l'aide au Maroc contre la France et ses alliés. Le traité d'Utrecht (1713), qui a réaffirmé la place de Philippe V (petit-fils de Louis XIV) sur le trône d'Espagne, a marqué la fin de cette guerre.

112 *Ceuta.* Port et ville de l'Afrique du Nord, en face de Gibraltar; Ceuta est encore aujourd'hui une possession espagnole.

113 *Alger.* Capitale de l'Algérie; ici, elle est sous la domination ottomane (= turque) (1299-1922).

114 *cette peste... se déclara dans Alger avec fureur.* Il s'agit de l'épidémie dite « de Marseille » (1720-1721) qui a ravagé le bassin méditerranéen et a tué jusqu'à 30.000 habitants d'Alger.

fille d'un pape, âgée de quinze ans, qui en trois mois de temps avait éprouvé la pauvreté, l'esclavage, avait été violée presque tous les jours, avait vu couper sa mère en quatre, avait essuyé la faim et la guerre, et mourait pestiférée° dans Alger. Je n'en mourus pourtant pas. Mais mon eunuque et le dey, et presque tout le sérail° d'Alger, périrent.

« Quand les premiers ravages de cette épouvantable peste furent passés, on vendit les esclaves du dey. Un marchand m'acheta et me mena à Tunis,[115] il me vendit à un autre marchand, qui me revendit à Tripoli[116]; de Tripoli je fus revendue à Alexandrie,[117] d'Alexandrie revendue à Smyrne,[118] de Smyrne à Constantinople.[119] J'appartins enfin à un aga des janissaires,[120] qui fut bientôt commandé pour aller défendre Azof[121] contre les Russes qui l'assiégeaient.

« L'aga, qui était un très galant homme, mena avec lui tout son sérail, et nous logea dans un petit fort sur les Palus-Méotides,[122] gardé par deux eunuques noirs et vingt soldats. On tua prodigieusement de Russes, mais ils nous le rendirent bien.° Azof fut mis à feu et à sang, et on ne pardonna ni au sexe ni à l'âge; il ne resta que notre petit fort; les ennemis voulurent nous prendre par famine. Les vingt janissaires

pestiférée: malade de la peste **sérail:** harem	**nous le rendirent bien:** nous rendirent au moins l'équivalent de ce que l'on a fait

115 *Tunis.* Capitale de la Tunisie (golfe méditerranéen de Tunis), pays de l'Afrique du Nord.

116 *Tripoli.* Capitale de la Libye (Afrique du Nord), sur la Méditerranée. (Notez qu'il y a une ville du même nom au Liban.)

117 *Alexandrie.* Importante ville et port d'Égypte à l'extrémité du delta du Nil.

118 *Smyrne.* Ancien nom d'Izmir, ville et port de Turquie, située sur la mer Égée.

119 *Constantinople. Aujourd'hui*, Istanbul (Turquie). Toutes les villes mentionnées ont renfermé des marchés d'esclaves.

120 *un aga des janissaires.* Commandant de soldats d'élite de l'infanterie turque sous l'empire ottoman.

121 *Azof.* Conquis par les Turcs en 1471, ce port et ville forte de la mer Noire (*aujourd'hui*, en Russie) a été assiégé et vaincu par le tsar Pierre Ier le Grand (1672-1725) en 1696; Azof a été rendu aux Turcs en 1711.

122 *les Palus-Méotides.* Nom latin (romain) de la mer d'Azof. *Voir* note 121.

avaient juré de ne se jamais rendre.° Les extrémités de la faim où ils furent réduits les contraignirent à manger nos deux eunuques, de peur de violer leur serment.° Au bout de quelques jours, ils résolurent de manger les femmes.

« Nous avions un iman° très pieux et très compatissant,° qui leur fit un beau sermon par lequel il leur persuada de ne nous pas tuer tout à fait. « Coupez, dit-il, seulement une fesse à chacune de ces dames, vous ferez très bonne chère° [123]; s'il faut y revenir, vous en aurez encore autant dans quelques jours; le ciel vous saura gré° d'une action si charitable, et vous serez secourus. »

« Il avait beaucoup d'éloquence; il les persuada. On nous fit cette horrible opération. L'iman nous appliqua le même baume° qu'on met aux enfants qu'on vient de circoncire.[124] Nous étions toutes à la mort.°

« À peine les janissaires eurent-ils fait le repas que nous leur avions fourni que les Russes arrivent sur des bateaux plats; il ne réchappa pas un janissaire. Les Russes ne firent aucune attention à l'état où nous étions. Il y a partout des chirurgiens français: un d'eux, qui était fort adroit, prit soin de nous; il nous guérit,° et je me souviendrai toute ma vie que, quand les plaies° furent bien fermées, il me fit des propositions. Au reste, il nous dit à toutes de nous consoler; il nous assura que dans plusieurs sièges pareille chose était arrivée, et que c'était la loi de la guerre.

de ne se jamais rendre: *aujourd'hui*, de ne jamais se rendre	bien
	le ciel vous saura gré: Dieu sera reconnaissant
serment: promesse sacrée	**baume:** calmant, remède
iman: ou *imam*, prêtre musulman	**à la mort:** près de mourir
compatissant: charitable	**guérit:** fit recouvrir la santé
ferez très bonne chère: mangerez	**plaies:** blessures ouvertes

123 *vous ferez très bonne chère.* Selon Voltaire, citant Saint-Jérôme (Voltaire, « Anthropophages », Sec. III, *Dictionnaire philosophique*), cette coutume cannibale aurait en effet existé anciennement dans certaines tribus de Bretons établies en Gaule. (Menant, Mason)

124 *qu'on vient de circoncire.* La circoncision des garçons est bien établie chez les musulmans. (Selon la tradition, elle se fait à l'âge de sept à douze ans, mais souvent de nos jours, peu après la naissance de l'enfant.)

« Dès que mes compagnes purent marcher, on les fit aller à Moscou. J'échus en partage° à un boyard° qui me fit sa jardinière, et qui me donnait vingt coups de fouet par jour. Mais ce seigneur ayant été roué[125] au bout de deux ans avec une trentaine de boyards pour quelque tracasserie° de cour, je profitai de cette aventure; je m'enfuis; je traversai toute la Russie; je fus longtemps servante de cabaret à Riga, puis à Rostock, à Vismar, à Leipsick, à Cassel, à Utrecht, à Leyde, à La Haye, à Rotterdam[126]: j'ai vieilli dans la misère et dans l'opprobre,° n'ayant que la moitié d'un derrière, me souvenant toujours que j'étais fille d'un pape; je voulus cent fois me tuer, mais j'aimais encore la vie. Cette faiblesse ridicule est peut-être un de nos penchants les plus funestes; car y a-t-il rien de plus sot que de vouloir porter continuellement un fardeau° qu'on veut toujours jeter par terre? d'avoir son être en horreur, et de tenir à son être? enfin de caresser le serpent qui nous dévore, jusqu'à ce qu'il nous ait mangé le cœur[127]?

« J'ai vu dans les pays que le sort m'a fait parcourir, et dans les cabarets où j'ai servi, un nombre prodigieux de personnes qui avaient leur existence en exécration°; mais je n'en ai vu que douze qui aient

échus en partage: fus donnée (*échoir*)	**opprobre:** déshonneur
boyard: de la vieille noblesse russe	**fardeau:** chose lourde et pénible
tracasserie: ennui, difficulté	**exécration:** horreur

125 *ce seigneur ayant été roué.* Condamné au supplice de la *roue* — qui tuait la plupart des suppliciés. Vers la fin du XVIIe siècle il y a eu une révolte des nobles russes contre Pierre le Grand. (Remarquez que Voltaire s'est débattu longtemps en faveur des accusés condamnés sans justification, et pour des réformes judiciaires qui diminueraient la cruauté des peines. Son cas le plus célèbre était celui de Jean Calas, faussement accusé à Toulouse en 1761 d'avoir assassiné son propre fils.)

126 *à Riga... à Rotterdam. Riga*: ville portuaire sur la Baltique annexée par la Russie en 1710 (*aujourd'hui*, capitale de la Lettonie). *Rostock, Vismar*: ports allemands. *Leipsick*: ville de l'Allemagne orientale. *Cassel*: ville allemande de la Hesse. *Utrecht, Leyde, La Haye, Rotterdam*: villes hollandaises.

127 *jusqu'à ce qu'il nous ait mangé le cœur?* Allusion à la fable d'Ésope, reprise par La Fontaine (1621-1695). C'est l'histoire du paysan qui a ramassé et a soigné dans son sein une vipère mourant de froid. Une fois rétablie, le serpent essaie de tuer son bienfaiteur.

mis volontairement fin à leur misère: trois nègres, quatre Anglais, quatre Genevois° et un professeur allemand nommé Robeck.[128] J'ai fini par être servante chez le Juif don Issacar; il me mit auprès de vous, ma belle demoiselle; je me suis attachée à votre destinée, et j'ai été plus occupée de vos aventures que des miennes. Je ne vous aurais même jamais parlé de mes malheurs, si vous ne m'aviez pas un peu piquée,° et s'il n'était d'usage dans un vaisseau de conter des histoires pour se désennuyer.° Enfin, mademoiselle, j'ai de l'expérience, je connais le monde; donnez-vous un plaisir, engagez chaque passager à vous conter son histoire[129]; et s'il s'en trouve un seul qui n'ait souvent maudit° sa vie, qui ne se soit souvent dit à lui-même qu'il était le plus malheureux des hommes, jetez-moi dans la mer la tête la première. »

CHAPITRE TREIZIÈME

COMMENT CANDIDE FUT OBLIGÉ DE SE SÉPARER DE LA BELLE CUNÉGONDE ET DE LA VIEILLE

La belle Cunégonde, ayant entendu l'histoire de la vieille, lui fit toutes les politesses qu'on devait à une personne de son rang et de son mérite. Elle accepta la proposition; elle engagea tous les passagers l'un après l'autre à lui conter leurs aventures. Candide et elle avouèrent que la vieille avait raison. « C'est bien dommage, disait Candide, que le sage Pangloss ait été pendu contre la coutume dans un auto-da-fé; il nous dirait des choses admirables sur le mal physique et sur le mal

Genevois: de Genève (Suisse) **n'ait... maudit:** ne se soit...
piquée: *ici*, irritée emporté contre
se désennuyer: ôter l'ennui

128 *Robeck.* La question du suicide a été beaucoup discutée par Voltaire et les philosophes du XVIIIe siècle. *Jean Robeck*: Né en 1672 en Suède, il a écrit une apologie du suicide en 1736 et s'est noyé volontairement en 1739, près de Bremen (Allemagne).

129 *à vous conter son histoire.* Dans ce chapitre, nous n'aurons lu que l'histoire de la vieille intercalée dans celle de Candide. Remarquez le procédé romanesque traditionnel qui consiste à introduire les aventures d'autres personnages dans l'histoire principale. On le trouve dans *Les Mille et Une Nuits*, les *Canterbury Tales*, *Don Quichotte*, etc.

moral qui couvrent la terre et la mer et je me sentirais assez de force pour oser lui faire respectueusement quelques objections. »

À mesure que chacun racontait son histoire, le vaisseau avançait. On aborda dans Buenos-Ayres.[130] Cunégonde, le capitaine Candide et la vieille allèrent chez le gouverneur Don Fernando d'Ibaraa, y Figueora, y Mascarenes, y Lampourdos, y Souza.[131] Ce seigneur avait une fierté convenable à un homme qui portait tant de noms. Il parlait aux hommes avec le dédain le plus noble, portant le nez si haut, élevant si impitoyablement la voix, prenant un ton si imposant, affectant une démarche si altière,° que tous ceux qui le saluaient étaient tentés de le battre. Il aimait les femmes à la fureur. Cunégonde lui parut ce qu'il avait jamais vu de plus beau. La première chose qu'il fit fut de demander si elle n'était point la femme du capitaine.° L'air dont il fit cette question alarma Candide: il n'osa pas dire qu'elle était sa femme, parce qu'en effet elle ne l'était point; il n'osait pas dire que c'était sa sœur, parce qu'elle ne l'était pas non plus; et quoique ce mensonge officieux° eût été autrefois très à la mode chez les anciens,[132] et qu'il pût être utile aux modernes, son âme était trop pure pour trahir la vérité. « Mlle Cunégonde, dit-il, doit me faire l'honneur de m'épouser, et nous supplions Votre Excellence de daigner faire notre noce. »

Don Fernando d'Ibaraa, y Figueora, y Mascarenes, y Lampourdos, y Souza, relevant sa moustache, sourit amèrement, et ordonna au capitaine Candide d'aller faire la revue de sa compagnie.

altière: fière, hautaine	Candide
du capitaine: *c'est-à-dire*, de	**officieux:** *ici*, utile

130 *Buenos-Ayres. Aujourd'hui*, capitale de l'Argentine, c'était au XVIIIe siècle un port de transit vers les territoires de la Bolivie, du Paraguay, du Brésil et de l'Uruguay actuels. En 1776, Buenos Aires deviendra la capitale officielle de la vice-royauté du Rio de la Plata, colonie espagnole.

131 *Fernando... y Souza*. Ce nom de personnage orgueilleux est évidemment caricatural.

132 *Et quoique... chez les anciens*. Allusion ironique à un passage de l'Ancien Testament (*Genèse*, chapitre XI, 11-20) où Abraham fait passer sa femme Sara pour sa sœur, la livrant ainsi au concubinage avec le pharaon. Candide serait donc d'une nature plus honnête qu'Abraham.

Candide obéit; le gouverneur demeura avec Mlle Cunégonde. Il lui déclara sa passion, lui protesta° que le lendemain il l'épouserait à la face de l'Église, ou autrement,[133] ainsi qu'il plairait à ses charmes.° Cunégonde lui demanda un quart d'heure pour se recueillir,° pour consulter la vieille et pour se déterminer.

La vieille dit à Cunégonde: « Mademoiselle, vous avez soixante et douze quartiers, et pas une obole°; il ne tient qu'à vous° d'être la femme du plus grand seigneur de l'Amérique méridionale,° qui a une très belle moustache; est-ce à vous de vous piquer° d'une fidélité à toute épreuve°? Vous avez été violée par les Bulgares; un Juif et un inquisiteur ont eu vos bonnes grâces: les malheurs donnent des droits. J'avoue que, si j'étais à votre place, je ne ferais aucun scrupule d'épouser monsieur le gouverneur et de faire la fortune de M. le capitaine Candide. » Tandis que la vieille parlait avec toute la prudence que l'âge et l'expérience donnent, on vit entrer dans le port un petit vaisseau; il portait un alcade° et des alguazils,° et voici ce qui était arrivé.

La vieille avait très bien deviné que ce fut un cordelier à la grande manche qui vola l'argent et les bijoux de Cunégonde dans la ville de Badajoz, lorsqu'elle fuyait en hâte avec Candide. Ce moine° voulut vendre quelques-unes des pierreries à un joaillier. Le marchand les reconnut pour celles du grand inquisiteur. Le cordelier, avant d'être pendu, avoua qu'il les avait volées; il indiqua les personnes et la route qu'elles prenaient. La fuite de Cunégonde et de Candide était déjà connue. On les suivit à Cadix; on envoya sans perdre temps un vaisseau à leur poursuite. Le vaisseau était déjà dans le port de Buenos-Ayres. Le bruit se répandit qu'un alcade allait débarquer, et

protesta: *ici*, promit, assura
à ses charmes: à sa charmante personne
se recueillir: réfléchir
une obole: ancienne monnaie grecque
il ne tient qu'à vous: c'est votre choix
méridionale: du Sud

vous piquer: *ici*, vous engager à respecter
à toute épreuve: parfaitement résistante
alcade: fonctionnaire de justice espagnol
alguazils: policiers de l'alcade
moine: religieux qui vit dans un cloître

133 *à la face de l'Église, ou autrement.* Cela lui est égal: don Fernando accepterait le mariage même hors de l'Église.

qu'on poursuivait les meurtriers de monseigneur le grand inquisiteur. La prudente vieille vit dans l'instant tout ce qui était à faire. « Vous ne pouvez fuir, dit-elle à Cunégonde, et vous n'avez rien à craindre; ce n'est pas vous qui avez tué monseigneur; et d'ailleurs le gouverneur, qui vous aime, ne souffrira° pas qu'on vous maltraite; demeurez. » Elle court sur-le-champ à Candide: « Fuyez, dit-elle, ou dans une heure vous allez être brûlé. » Il n'y avait pas un moment à perdre; mais comment se séparer de Cunégonde, et où se réfugier?

CHAPITRE QUATORZIÈME

COMMENT CANDIDE ET CACAMBO FURENT REÇUS CHEZ LES JÉSUITES DU PARAGUAY[134]

Candide avait amené de Cadix un valet tel qu'on en trouve beaucoup sur les côtes d'Espagne et dans les colonies. C'était un quart d'Espagnol, né d'un métis° dans le Tucuman[135]; il avait été enfant de chœur,° sacristain,° matelot, moine, facteur,° soldat, laquais.° Il s'appelait Cacambo, et aimait fort son maître parce que son maître était un fort bon homme. Il sella au plus vite les deux chevaux andalous. « Allons, mon maître, suivons le conseil de la vieille; partons, et courons sans regarder derrière nous. » Candide versa des larmes. « Ô ma chère Cunégonde! faut-il vous abandonner dans le temps que monsieur le gouverneur va faire nos noces! Cunégonde amenée de si loin, que deviendrez-vous? — Elle deviendra ce qu'elle pourra, dit Cacambo; les femmes ne sont

souffrira: *ici*, permettra, tolérera	**sacristain:** qui s'occupe des ornements de l'église
métis: de races différentes	
enfant de chœur: qui sert le prêtre (à la messe)	**facteur:** *ici*, agent d'un commerçant
	laquais: valet

134 *Paraguay.* Nom donné aux territoires de l'Amérique du Sud, alors divisés en quatre gouvernements et situés entre le Brésil, le Chili et le Pérou actuels. *Voir aussi* notes 87, 88 et 136.

135 *le Tucuman.* Province au nord-ouest de Buenos Aires (*aujourd'hui*, une ville argentine), fondée en 1563 par les Espagnols, et faisant partie de la Confédération de la Plata.

jamais embarrassées° d'elles; Dieu y pourvoit°; courons. — Où me
mènes-tu? où allons-nous? que ferons-nous sans Cunégonde? disait
Candide. — Par saint Jacques de Compostelle, dit Cacambo, vous
alliez faire la guerre aux jésuites; allons la faire pour eux: je sais assez
les chemins, je vous mènerai dans leur royaume,[136] ils seront charmés
d'avoir un capitaine qui fasse l'exercice à la bulgare; vous ferez une
fortune prodigieuse; quand on n'a pas son compte° dans un monde,
on le trouve dans un autre. C'est un très grand plaisir de voir et de
faire des choses nouvelles.

 — Tu as donc été déjà dans le Paraguay? dit Candide. — Eh
vraiment oui! dit Cacambo; j'ai été cuistre° dans le collège de
l'Assomption,[137] et je connais le gouvernement de Los Padres[138]
comme je connais les rues de Cadix. C'est une chose admirable que
ce gouvernement. Le royaume a déjà plus de trois cents lieues de
diamètre; il est divisé en trente provinces. Los Padres y ont tout, et
les peuples rien; c'est le chef-d'œuvre de la raison et de la justice. Pour
moi, je ne vois rien de si divin que Los Padres, qui font ici la guerre
au roi d'Espagne et au roi de Portugal, et qui en Europe confessent
ces rois; qui tuent ici des Espagnols, et qui à Madrid les envoient au
ciel[139]: cela me ravit°; avançons; vous allez être le plus heureux de
tous les hommes. Quel plaisir auront Los Padres quand ils sauront
qu'il leur vient un capitaine qui sait l'exercice bulgare! »

embarrassées: *ici,* incertaines, hésitantes	**compte:** *ici,* intérêt
y pourvoit: fournit le nécessaire	**cuistre:** valet de collège
	me ravit: me plaît beaucoup

136 *dans leur royaume.* En possession d'une région du Paraguay dès 1610,
 les jésuites ont réuni les Indiens en « réductions ». Ces « réductions »,
 organisées contre les Portugais venus du Brésil, ont conservé leur
 indépendance jusqu'en 1767, quand les jésuites ont été expulsés par les
 colons espagnols. *Voir aussi* notes 87, 88 et 134.

137 *Assomption.* Asunción, ville fondée en 1537 par les Espagnols et
 capitale actuelle du Paraguay. Les jésuites y tenaient leur collège
 (= siège) principal.

138 *Los Padres.* Les pères jésuites qui gouvernaient les territoires du
 Paraguay.

139 *confessent ces rois... envoient au ciel.* Allusion aux divers rôles des
 jésuites: ce sont les confesseurs qui donnent les derniers sacrements
 aux rois d'Europe; en Amérique du Sud ils livrent bataille aux mêmes
 rois.

Dès qu'ils furent arrivés à la première barrière, Cacambo dit à la garde avancée° qu'un capitaine demandait à parler à monseigneur le commandant. On alla avertir la grande garde.° Un officier paraguain° courut aux pieds du commandant lui donner part° de la nouvelle. Candide et Cacambo furent d'abord désarmés; on se saisit de leurs deux chevaux andalous. Les deux étrangers sont introduits au milieu de deux files de soldats; le commandant était au bout, le bonnet à trois cornes° en tête, la robe retroussée,° l'épée au côté, l'esponton° à la main.¹⁴⁰ Il fit un signe; aussitôt vingt-quatre soldats entourent les deux nouveaux venus. Un sergent leur dit qu'il faut attendre, que le commandant ne peut leur parler, que le révérend père provincial° ne permet pas qu'aucun Espagnol ouvre la bouche qu'en sa présence, et demeure plus de trois heures dans le pays.¹⁴¹ « Et où est le révérend père provincial? dit Cacambo. — Il est à la parade° après avoir dit sa messe, répondit le sergent; et vous ne pourrez baiser ses éperons° que dans trois heures. — Mais, dit Cacambo, monsieur le capitaine, qui meurt de faim comme moi, n'est point espagnol, il est allemand; ne pourrions-nous point déjeuner en attendant Sa Révérence? »

Le sergent alla sur-le-champ rendre compte de ce discours au commandant. « Dieu soit béni! dit ce seigneur; puisqu'il est allemand, je peux lui parler; qu'on le mène dans ma feuillée.° » Aussitôt on conduit Candide dans un cabinet de verdure° orné d'une très jolie colonnade de marbre vert et or, et de treillages° qui renfermaient des perroquets, des colibris,° des oiseaux-mouches, des pintades,° et tous

avancée: *ici*, en avant-poste	**père provincial:** père supérieur d'une province
grande garde: corps de garde principal	**parade:** *ici*, revue des troupes
paraguain: *aujourd'hui*, paraguayen	**éperons:** qui piquent les flancs du cheval
donner part: informer	**feuillée:** pavillon orné de plantes
bonnet à trois cornes: chapeau des jésuites	**verdure:** plantes
retroussée: relevée vers le haut	**treillage:** cage faite de lattes croisées
esponton: arme de l'infanterie, demi-pique	**colibris:** tout petits oiseaux, oiseaux-mouches
	pintades: poules exotiques

140 *l'esponton à la main.* Voir dans cette description les aspects religieux à côté des aspects guerriers du personnage.

141 *plus de trois heures dans le pays.* Au Paraguay, dans leur « royaume » les jésuites imposaient aux Espagnols de strictes interdictions: ceux-ci ne pouvaient en effet y rester plus de trois jours ni parler avec les Indiens.

les oiseaux les plus rares. Un excellent déjeuner était préparé dans des vases° d'or; et tandis que les Paraguains mangèrent du maïs dans des écuelles° de bois, en plein champ, à l'ardeur du soleil, le révérend père commandant entra dans la feuillée.

C'était un très beau jeune homme, le visage plein, assez blanc, haut en couleur, le sourcil relevé, l'œil vif, l'oreille rouge, les lèvres vermeilles,° l'air fier, mais d'une fierté qui n'était ni celle d'un Espagnol ni celle d'un jésuite. On rendit à Candide et à Cacambo leurs armes, qu'on leur avait saisies, ainsi que les deux chevaux andalous; Cacambo leur fit manger l'avoine° auprès de la feuillée, ayant toujours l'œil sur eux, crainte de surprise.°

Candide baisa d'abord le bas de la robe du commandant, ensuite ils se mirent à table. « Vous êtes donc allemand? lui dit le jésuite en cette langue. — Oui, mon Révérend Père », dit Candide. L'un et l'autre, en prononçant ces paroles, se regardaient avec une extrême surprise et une émotion dont ils n'étaient pas les maîtres. « Et de quel pays d'Allemagne êtes-vous? dit le jésuite. — De la sale° province de Westphalie, dit Candide: je suis né dans le château de Thunder-ten-tronckh. — Ô ciel! est-il possible? s'écria le commandant. — Quel miracle! s'écria Candide. — Serait-ce vous? dit le commandant. — Cela n'est pas possible », dit Candide. Ils se laissent tomber tous deux à la renverse,° ils s'embrassent, ils versent des ruisseaux de larmes. « Quoi! serait-ce vous, mon Révérend Père? vous, le frère de la belle Cunégonde! vous, qui fûtes tué par les Bulgares! vous, le fils de monsieur le baron! vous, jésuite au Paraguay! Il faut avouer que ce monde est une étrange chose. Ô Pangloss! Pangloss! que vous seriez aise° si vous n'aviez pas été pendu! »

Le commandant fit retirer les esclaves nègres[142] et les Paraguains qui servaient à boire dans des gobelets de cristal de roche. Il remercia

vases: *ici,* vaisselle
écuelles: assiettes en bois
vermeilles: d'un rouge vif
avoine: céréale dont on nourrit les chevaux

crainte de surprise: ayant peur d'une attaque
sale: (péjoratif) malpropre, souillée
à la renverse: sur le dos
aise: *ici,* content, satisfait

142 *les esclaves nègres.* Les missionnaires de l'Amérique du Sud possédaient des esclaves africains; le marché aux esclaves du Paraguay se tenait à Buenos Aires.

Dieu et saint Ignace[143] mille fois; il serrait Candide entre ses bras; leurs visages étaient baignés de pleurs. « Vous seriez bien plus étonné, plus attendri,° plus hors de vous-même, dit Candide, si je vous disais que Mlle Cunégonde, votre sœur, que vous avez crue éventrée, est pleine de santé. — Où? — Dans votre voisinage, chez M. le gouverneur de Buenos-Ayres; et je venais pour vous faire la guerre. » Chaque mot qu'ils prononcèrent dans cette longue conversation accumulait prodige° sur prodige. Leur âme tout entière volait sur leur langue, était attentive dans leurs oreilles et étincelante dans leurs yeux. Comme ils étaient allemands, ils tinrent table longtemps, en attendant le révérend père provincial; et le commandant parla ainsi à son cher Candide.

CHAPITRE QUINZIÈME

COMMENT CANDIDE TUA LE FRÈRE
DE SA CHÈRE CUNÉGONDE

« J'aurai toute ma vie présent à la mémoire le jour horrible où je vis tuer mon père et ma mère, et violer ma sœur. Quand les Bulgares furent retirés, on ne trouva point cette sœur adorable, et on mit dans une charrette° ma mère, mon père et moi, deux servantes et trois petits garçons égorgés, pour nous aller enterrer dans une chapelle de jésuites, à deux lieues du château de mes pères. Un jésuite nous jeta de l'eau bénite°; elle était horriblement salée; il en entra quelques gouttes dans mes yeux; le père s'aperçut que ma paupière faisait un petit mouvement: il mit la main sur mon cœur et le sentit palpiter; je fus secouru, et, au bout de trois semaines, il n'y paraissait pas.° Vous savez, mon cher Candide, que j'étais fort joli, je le devins encore davantage; aussi le révérend père Croust,[144] supérieur de la maison,

attendri: ému, touché	**bénite:** consacrée
prodige: *ici*, miracle	**il n'y paraissait pas:** mes blessures
charrette: voiture à deux roues	étaient invisibles

143 *saint Ignace.* Saint Ignace de Loyola (1491-1556), d'origine basque, fondateur en 1534 de la Compagnie de Jésus (= l'ordre des jésuites).

144 *le révérend père Croust.* Le père Croust, jésuite et recteur du collège de Colmar (Alsace-Lorraine), a mené les attaques contre Voltaire séjournant à Colmar en octobre 1754, comme il rentrait de Prusse.

prit pour moi la plus tendre amitié[145]; il me donna l'habit de novice; quelque temps après je fus envoyé à Rome. Le père général avait besoin d'une recrue° de jeunes jésuites allemands. Les souverains du Paraguay reçoivent le moins qu'ils peuvent de jésuites espagnols; ils aiment mieux les étrangers, dont ils se croient plus maîtres. Je fus jugé propre par le révérend père général pour aller travailler dans cette vigne.[146] Nous partîmes, un Polonais, un Tyrolien° et moi. Je fus honoré, en arrivant, du sous-diaconat° et d'une lieutenance°; je suis aujourd'hui colonel et prêtre. Nous recevrons vigoureusement les troupes du roi d'Espagne; je vous réponds qu'elles seront excommuniées et battues. La Providence° vous envoie ici pour nous seconder.° Mais est-il bien vrai que ma chère sœur Cunégonde soit dans le voisinage, chez le gouverneur de Buenos-Ayres? » Candide l'assura par serment que rien n'était plus vrai. Leurs larmes recommencèrent à couler.

Le baron ne pouvait se lasser° d'embrasser Candide, il l'appelait son frère, son sauveur. « Ah! peut-être, lui dit-il, nous pourrons ensemble, mon cher Candide, entrer en vainqueurs dans la ville, et reprendre ma sœur Cunégonde. — C'est tout ce que je souhaite, dit Candide; car je comptais l'épouser, et je l'espère encore. — Vous, insolent! répondit le baron, vous auriez l'impudence d'épouser ma sœur qui a soixante et douze quartiers! Je vous trouve bien effronté° d'oser me parler d'un dessein° si téméraire°! » Candide, pétrifié d'un tel discours, lui répondit: « Mon Révérend Père, tous les quartiers du monde n'y font rien; j'ai tiré votre sœur des bras d'un Juif et d'un inquisiteur; elle m'a assez d'obligations, elle veut m'épouser. Maître Pangloss m'a toujours dit que les hommes sont égaux, et assurément je l'épouserai. — C'est ce que nous verrons, coquin! » dit le jésuite

recrue: groupe de nouveaux soldats	**seconder:** aider
Tyrolien: du Tyrol (Autriche/Italie)	**se lasser:** se fatiguer, s'arrêter
sous-diaconat: poste de prêtre adjoint	**effronté:** insolent
	dessein: projet
lieutenance: grade militaire	**téméraire:** *ici*, insolent, impudent
Providence: sagesse divine	

145 *tendre amitié.* Encore une allusion à l'homosexualité réputée des membres de l'ordre jésuite. *Voir aussi* note 39.

146 *dans cette vigne.* Expression métaphorique empruntée à la Bible pour désigner la mission évangélique du jeune jésuite.

baron de Thunder-ten-tronckh, et en même temps il lui donna un grand coup du plat de son épée sur le visage. Candide dans l'instant tire la sienne et l'enfonce jusqu'à la garde° dans le ventre du baron jésuite; mais, en la retirant toute fumante, il se mit à pleurer: « Hélas! mon Dieu, dit-il, j'ai tué mon ancien maître, mon ami, mon beau-frère; je suis le meilleur homme du monde, et voilà déjà trois hommes que je tue; et dans ces trois il y a deux prêtres. »

Cacambo, qui faisait sentinelle à la porte de la feuillée, accourut. « Il ne nous reste qu'à vendre cher notre vie, lui dit son maître: on va sans doute entrer dans la feuillée, il faut mourir les armes à la main. » Cacambo, qui en avait vu bien d'autres, ne perdit point la tête; il prit la robe de jésuite que portait le baron, la mit sur le corps de Candide, lui donna le bonnet carré du mort, et le fit monter à cheval. Tout cela se fit en un clin d'œil. « Galopons, mon maître; tout le monde vous prendra pour un jésuite qui va donner des ordres; et nous aurons passé les frontières avant qu'on puisse courir après nous. » Il volait déjà en prononçant ces paroles, et en criant en espagnol: « Place, place pour le révérend père colonel. »

CHAPITRE SEIZIÈME

CE QUI ADVINT AUX DEUX VOYAGEURS AVEC DEUX FILLES, DEUX SINGES ET LES SAUVAGES NOMMÉS OREILLONS

Candide et son valet furent au-delà des barrières, et personne ne savait encore dans le camp la mort du jésuite allemand. Le vigilant Cacambo avait eu soin de remplir sa valise° de pain, de chocolat, de jambon, de fruits et de quelques mesures de vin. Ils s'enfoncèrent avec leurs chevaux andalous dans un pays inconnu, où ils ne découvrirent aucune route. Enfin une belle prairie entrecoupée de ruisseaux se présenta devant eux. Nos deux voyageurs font repaître° leurs montures.° Cacambo propose à son maître de manger, et lui en donne l'exemple. « Comment veux-tu, disait Candide, que je mange du jambon, quand j'ai tué le fils de monsieur le baron, et que je me

garde: *ici*, partie de l'épée entre la lame et la poignée	**repaître:** nourrir
valise: *ici*, sac porté par un cheval	**montures:** chevaux

vois condamné à ne revoir la belle Cunégonde de ma vie? à quoi me servira de prolonger mes misérables jours, puisque je dois les traîner loin d'elle dans les remords et dans le désespoir? et que dira le journal de Trévoux[147]? »

En parlant ainsi, il ne laissait pas° de manger. Le soleil se couchait. Les deux égarés° entendirent quelques petits cris qui paraissaient poussés par des femmes. Ils ne savaient si ces cris étaient de douleur ou de joie; mais ils se levèrent précipitamment avec cette inquiétude et cette alarme que tout inspire dans un pays inconnu. Ces clameurs partaient de deux filles toutes nues qui couraient légèrement au bord de la prairie, tandis que deux singes les suivaient en leur mordant les fesses. Candide fut touché de pitié; il avait appris à tirer chez les Bulgares, et il aurait abattu une noisette° dans un buisson° sans toucher aux feuilles. Il prend son fusil espagnol à deux coups, tire, et tue les deux singes. « Dieu soit loué, mon cher Cacambo! j'ai délivré d'un grand péril ces deux pauvres créatures; si j'ai commis un péché° en tuant un inquisiteur et un jésuite, je l'ai bien réparé en sauvant la vie à deux filles. Ce sont peut-être deux demoiselles de condition,° et cette aventure nous peut procurer de très grands avantages dans le pays. »

Il allait continuer, mais sa langue devint percluse° quand il vit ces deux filles embrasser tendrement les deux singes, fondre en larmes sur leurs corps et remplir l'air des cris les plus douloureux. « Je ne m'attendais pas à tant de bonté d'âme », dit-il enfin à Cacambo; lequel lui répliqua: « Vous avez fait là un beau chef-d'œuvre, mon maître; vous avez tué les deux amants de ces demoiselles. — Leurs amants! serait-il possible? vous vous moquez de moi, Cacambo; le moyen de° vous croire? — Mon cher maître, reprit Cacambo, vous êtes toujours étonné de tout; pourquoi trouvez-vous si étrange que dans quelques pays il y ait des singes qui obtiennent les bonnes grâces des dames? Ils sont des quarts d'hommes, comme je suis un

ne laissait pas: *ici*, n'arrêtait pas	**péché:** transgression
égarés: *ici*, gens perdus	**de condition:** noble
noisette: petite noix	**percluse:** immobile
buisson: arbuste, petits arbres	**le moyen de:** comment

147 *le journal de Trévoux*. Périodique jésuite fondé en 1701 et imprimé à Trévoux, près de Lyon. Vers 1750 ce journal a commencé à attaquer Voltaire et les Encyclopédistes (*Voir* Introduction) comme symboles du nouvel esprit dangereux.

quart d'Espagnol. — Hélas! reprit Candide, je me souviens d'avoir entendu dire à maître Pangloss qu'autrefois pareils accidents étaient arrivés, et que ces mélanges avaient produit des égipans, des faunes, des satyres[148]; que plusieurs grands personnages de l'antiquité en avaient vu; mais je prenais cela pour des fables. — Vous devez être convaincu à présent, dit Cacambo, que c'est une vérité, et vous voyez comment en usent° les personnes qui n'ont pas reçu une certaine éducation; tout ce que je crains, c'est que ces dames ne nous fassent quelque méchante affaire. »

Ces réflexions solides engagèrent Candide à quitter la prairie et à s'enfoncer dans un bois. Il y soupa avec Cacambo; et tous deux, après avoir maudit l'inquisiteur de Portugal, le gouverneur de Buenos-Ayres et le baron, s'endormirent sur de la mousse.° À leur réveil, ils sentirent qu'ils ne pouvaient remuer; la raison en était que pendant la nuit les Oreillons,[149] habitants du pays, à qui les deux dames les avaient dénoncés, les avaient garrottés° avec des cordes d'écorce° d'arbre. Ils étaient entourés d'une cinquantaine d'Oreillons tout nus, armés de flèches,° de massues° et de haches° de caillou°: les uns faisaient bouillir une grande chaudière°; les autres préparaient des broches,° et tous criaient: « C'est un jésuite, c'est un jésuite! nous serons vengés, et nous ferons bonne chère; mangeons du jésuite, mangeons du jésuite! »

« Je vous l'avais bien dit, mon cher maître, s'écria tristement Cacambo, que ces deux filles nous joueraient d'un mauvais tour.° » Candide, apercevant la chaudière et les broches, s'écria: « Nous allons

en usent: *ici*, se comportent	**haches:** instruments à lame tranchante
de la mousse: *ici*, tout petites plantes	**caillou:** petite pierre
garrottés: attachés	**chaudière:** grande casserole
écorce: partie extérieure du tronc	**broches:** tiges de fer pour faire rôtir de la viande
flèches: pointes à projeter	**mauvais tour:** action malveillante
massues: bâtons à grosse tête	

148 *des égipans, des faunes, des satyres.* Divinités secondaires mythologiques — moitié homme, moitié chèvre — présentant des caractéristiques physiques à la fois humaines et animales.

149 *Oreillons.* Dans ses *Commentaires royaux* (*Histoire des Incas rois du Pérou*, 1609), El Inca, Garcilaso de La Vega, parle des tribus d'« Orejones ou Indiens à grandes oreilles » dont les oreilles ont été déformées par leurs lourdes boucles d'oreilles.

certainement être rôtis ou bouillis. Ah! que dirait maître Pangloss, s'il voyait comme la pure nature est faite[150]? Tout est bien; soit,° mais j'avoue qu'il est bien cruel d'avoir perdu Mlle Cunégonde et d'être mis à la broche par des Oreillons » Cacambo ne perdait jamais la tête. « Ne désespérez de rien, dit-il au désolé Candide; j'entends un peu le jargon° de ces peuples, je vais leur parler. — Ne manquez pas, dit Candide, de leur représenter quelle est l'inhumanité affreuse de faire cuire des hommes, et combien cela est peu chrétien. »

« Messieurs, dit Cacambo, vous comptez donc manger aujourd'hui un jésuite: c'est très bien fait; rien n'est plus juste que de traiter ainsi ses ennemis. En effet le droit naturel nous enseigne à tuer notre prochain, et c'est ainsi qu'on en agit dans toute la terre. Si nous n'usons pas du droit de le manger, c'est que nous avons d'ailleurs de quoi faire bonne chère; mais vous n'avez pas les mêmes ressources que nous; certainement il vaut mieux manger ses ennemis que d'abandonner aux corbeaux et aux corneilles° le fruit de sa victoire. Mais, messieurs, vous ne voudriez pas manger vos amis. Vous croyez aller mettre un jésuite en broche, et c'est votre défenseur, c'est l'ennemi de vos ennemis que vous allez rôtir. Pour moi, je suis né dans votre pays; monsieur que vous voyez est mon maître, et, bien loin d'être jésuite, il vient de tuer un jésuite, il en porte les dépouilles°: voilà le sujet de votre méprise.° Pour vérifier ce que je vous dis, prenez sa robe, portez-la à la première barrière du royaume de Los Padres; informez-vous si mon maître n'a pas tué un officier jésuite. Il vous faudra peu de temps; vous pourrez toujours nous manger si vous trouvez que je vous ai menti. Mais, si je vous ai dit la vérité, vous connaissez trop les principes du droit public, les mœurs et les lois, pour ne nous pas faire grâce. »

soit: admettons-le	**dépouilles:** vêtements pris à
le jargon: *ici*, la langue	l'ennemi mort
corbeaux… corneilles: oiseaux	**méprise:** erreur
noirs très intelligents	

150 *comme la pure nature est faite.* Allusion au mythe du « bon sauvage », énoncé par Jean-Jacques Rousseau (1712-1778), entre autres, et devenu courant au XVIIIe siècle. Ainsi l'homme « pré-civilisé » représenterait la pureté originale. Il serait simple, libre de contraintes sociales et respecterait une morale naturelle et le bien de ses frères. Ici, Candide commence à douter des fondements de cette idée.

Les Oreillons trouvèrent ce discours très raisonnable; ils députèrent° deux notables pour aller en diligence° s'informer de la vérité; les deux députés s'acquittèrent de° leur commission en gens d'esprit, et revinrent bientôt apporter de bonnes nouvelles. Les Oreillons délièrent° leurs deux prisonniers, leur firent toutes sortes de civilités,° leur offrirent des filles, leur donnèrent des rafraîchissements, et les reconduisirent jusqu'aux confins de leurs États, en criant avec allégresse: « Il n'est point jésuite, il n'est point jésuite! »

Candide ne se lassait point d'admirer le sujet° de sa délivrance. « Quel peuple! disait-il, quels hommes! quelles mœurs! Si je n'avais pas eu le bonheur de donner un grand coup d'épée au travers du corps du frère de Mlle Cunégonde, j'étais mangé° sans rémission. Mais, après tout, la pure nature est bonne, puisque ces gens-ci, au lieu de me manger, m'ont fait mille honnêtetés dès qu'ils ont su que je n'étais pas jésuite. »

CHAPITRE DIX-SEPTIÈME

ARRIVÉE DE CANDIDE ET DE SON VALET
AU PAYS D'ELDORADO,[151]
ET CE QU'ILS Y VIRENT

Quand ils furent aux frontières des Oreillons: « Vous voyez, dit Cacambo à Candide, que cet hémisphère-ci ne vaut pas mieux que l'autre: croyez-moi, retournons en Europe par le plus court.° — Comment y retourner? dit Candide, et où aller? Si je vais dans mon pays, les Bulgares et les Abares y égorgent tout; si je retourne en Portugal, j'y suis brûlé; si nous restons dans ce pays-ci, nous risquons

députèrent: envoyèrent en mission
en diligence: rapidement
s'acquittèrent: accomplirent
délièrent: libérèrent
civilités: politesses

le sujet: *ici*, la manière, le moyen
étais mangé: aurais été mangé
le plus court: le chemin le plus court

151 *Eldorado.* « Pays d'or » imaginé et recherché à l'est des Andes par les conquistadores du XVIe siècle, qui croyaient que les derniers Incas s'y seraient réfugiés. Les histoires contemporaines avaient insisté sur la prospérité, l'urbanisme, l'éducation, l'hospitalité, la tolérance et la sagesse du gouvernement de ce peuple. De telles qualités se trouvent reflétées dans l'Eldorado de *Candide*.

à tout moment d'être mis en broche. Mais comment se résoudre à quitter la partie du monde que Mlle Cunégonde habite?

— Tournons vers la Cayenne,[152] dit Cacambo: nous y trouverons des Français, qui vont par tout le monde; ils pourront nous aider. Dieu aura peut-être pitié de nous. »

Il n'était pas facile d'aller à la Cayenne: ils savaient bien à peu près de quel côté il fallait marcher; mais des montagnes, des fleuves, des précipices, des brigands, des sauvages, étaient partout de terribles obstacles. Leurs chevaux moururent de fatigue; leurs provisions furent consumées; ils se nourrirent un mois entier de fruits sauvages, et se trouvèrent enfin auprès d'une petite rivière bordée de cocotiers,° qui soutinrent leur vie et leurs espérances.

Cacambo, qui donnait toujours d'aussi bons conseils que la vieille, dit à Candide: « Nous n'en pouvons plus, nous avons assez marché; j'aperçois un canot vide sur le rivage, emplissons-le de cocos, jetons-nous dans cette petite barque,° laissons-nous aller au courant; une rivière mène toujours à quelque endroit habité. Si nous ne trouvons pas des choses agréables, nous trouverons du moins des choses nouvelles.

— Allons, dit Candide, recommandons-nous à la Providence. »

Ils voguèrent° quelques lieues entre des bords tantôt fleuris, tantôt arides, tantôt unis,° tantôt escarpés.° La rivière s'élargissait toujours; enfin elle se perdait sous une voûte° de rochers épouvantables qui s'élevaient jusqu'au ciel. Les deux voyageurs eurent la hardiesse de s'abandonner aux flots° sous cette voûte. Le fleuve, resserré° en cet endroit, les porta avec une rapidité et un bruit horrible. Au bout de vingt-quatre heures ils revirent le jour; mais leur canot se fracassa° contre les écueils°; il fallut se traîner de rocher en rocher pendant

cocotiers: palmiers produisant la noix de coco	**voûte**: plafond en forme d'arc
barque: bateau	**flots**: vagues, eau mouvante
voguèrent: avancèrent en bateau	**resserré**: renfermé
unis: uniformes, sans inégalités	**se fracassa**: se rompit, se brisa
escarpés: très en pente	**écueils**: rochers dangereux

152 *la Cayenne*. L'île de Cayenne, en Guyane (*aujourd'hui*, département français d'outre-mer; chef-lieu: Cayenne), au nord-est de l'Amérique du Sud. La ville dans l'île a été fondée en 1637, mais les conditions climatiques et géographiques étant trop difficiles, les tentatives de colonisation de l'époque n'ont pas réussi.

une lieue entière; enfin ils découvrirent un horizon immense, bordé de montagnes inaccessibles. Le pays était cultivé pour le plaisir comme pour le besoin; partout l'utile était agréable. Les chemins étaient couverts ou plutôt ornés de voitures d'une forme et d'une matière brillante, portant des hommes et des femmes d'une beauté singulière, traînés rapidement par de gros moutons rouges[153] qui surpassaient en vitesse les plus beaux chevaux d'Andalousie, de Tétuan et de Méquinez.[154]

« Voilà pourtant, dit Candide, un pays qui vaut mieux que la Westphalie. » Il mit pied à terre avec Cacambo auprès du premier village qu'il rencontra. Quelques enfants du village, couverts de brocarts d'or tout déchirés, jouaient au palet[155] à l'entrée du bourg°; nos deux hommes de l'autre monde s'amusèrent à les regarder: leurs palets étaient d'assez larges pièces rondes, jaunes, rouges, vertes, qui jetaient un éclat singulier. Il prit envie aux voyageurs d'en ramasser quelques-uns; c'était de l'or, c'était des émeraudes, des rubis, dont le moindre aurait été le plus grand ornement du trône du Mogol.[156] « Sans doute, dit Cacambo, ces enfants sont les fils du roi du pays qui jouent au petit palet » Le magister° du village parut dans ce moment pour les faire rentrer à l'école. « Voilà, dit Candide, le précepteur de la famille royale. »

Les petits gueux quittèrent aussitôt le jeu, en laissant à terre leurs palets et tout ce qui avait servi à leurs divertissements. Candide les ramasse, court au précepteur, et les lui présente humblement, lui faisant entendre par signes que Leurs Altesses Royales avaient oublié

bourg: ville
magister: *ici*, maître d'une école de village

153 *gros moutons rouges.* Les « moutons rouges » de *Candide* seraient des *lamas* de l'Amérique du Sud, qui sont plutôt bruns que rouges. Dans l'Eldorado ils sont utilisés comme bêtes de somme (= qui portaient des fardeaux) et de trait (= qui tiraient les voitures).

154 *de Tétuan et de Méquinez.* Villes du Maroc (*aujourd'hui*, Tétouan et Meknès), qui constituaient à l'époque le « Royaume de Fez ». Cette région du nord est célèbre pour l'élevage des chevaux arabes.

155 *jouaient au palet.* Jeu qui consiste à lancer un jeton (= le palet), une pierre plate et ronde, le plus près possible d'un but convenu.

156 *du trône du Mogol.* Allusion à plusieurs empereurs des Indes dont la richesse et la magnificence étaient légendaires.

leur or et leurs pierreries. Le magister du village, en souriant, les jeta par terre, regarda un moment la figure de Candide avec beaucoup de surprise, et continua son chemin.

Les voyageurs ne manquèrent pas de° ramasser l'or, les rubis et les émeraudes. « Où sommes-nous? s'écria Candide; il faut que les enfants des rois de ce pays soient bien élevés, puisqu'on leur apprend à mépriser° l'or et les pierreries. » Cacambo était aussi surpris que Candide. Ils approchèrent enfin de la première maison du village; elle était bâtie comme un palais d'Europe. Une foule de monde s'empressait° à la porte, et encore plus dans le logis. Une musique très agréable se faisait entendre, et une odeur délicieuse de cuisine se faisait sentir. Cacambo s'approcha de la porte, et entendit qu'on parlait péruvien°; c'était sa langue maternelle: car tout le monde sait que Cacambo était né au Tucuman, dans un village où l'on ne connaissait que cette langue. « Je vous servirai d'interprète, dit-il à Candide; entrons, c'est ici un cabaret. »

Aussitôt deux garçons et deux filles de l'hôtellerie,° vêtus de drap d'or, et les cheveux renoués° avec des rubans, les invitent à se mettre à la table de l'hôte.[157] On servit quatre potages garnis chacun de deux perroquets, un contour[158] bouilli qui pesait deux cents livres, deux singes rôtis d'un goût excellent, trois cents colibris dans un plat, et six cents oiseaux-mouches dans un autre; des ragoûts° exquis, des pâtisseries délicieuses; le tout dans des plats d'une espèce de cristal de roche. Les garçons et les filles de l'hôtellerie versaient plusieurs liqueurs faites de canne de sucre.

Les convives étaient pour la plupart des marchands et des voituriers,° tous d'une politesse extrême, qui firent quelques questions

ne manquèrent pas de: continuèrent à	**péruvien:** *ici*, langue indigène
mépriser: dédaigner, ne pas considérer	**hôtellerie:** auberge-restaurant
	renoués: ornés
s'empressait: se pressait autour	**ragoûts:** plats mijotés longtemps
	voiturier: cocher, transporteur

157 *la table de l'hôte.* L'hôte = l'hôtelier, le cabaretier. Cette table, où on mange à volonté pour un prix fixe, est en général réservée aux clients bien considérés.

158 *contour.* Condor, grand oiseau rapace qui vit sur les sommets des Andes.

à Cacambo avec la discrétion la plus circonspecte, et qui répondirent aux siennes d'une manière à le satisfaire.

Quand le repas fut fini, Cacambo crut, ainsi que Candide, bien payer son écot en jetant sur la table de l'hôte deux de ces larges pièces d'or qu'il avait ramassées; l'hôte et l'hôtesse éclatèrent de rire, et se tinrent longtemps les côtés.° Enfin ils se remirent°: « Messieurs, dit l'hôte, nous voyons bien que vous êtes des étrangers; nous ne sommes pas accoutumés à en voir. Pardonnez-nous si nous nous sommes mis à rire quand vous nous avez offert en payement les cailloux de nos grands chemins. Vous n'avez pas sans doute de la monnaie du pays, mais il n'est pas nécessaire d'en avoir pour dîner ici. Toutes les hôtelleries établies pour la commodité du commerce sont payées par le gouvernement.[159] Vous avez fait mauvaise chère ici, parce que c'est un pauvre village; mais partout ailleurs vous serez reçus comme vous méritez de l'être. » Cacambo expliquait à Candide tous les discours de l'hôte, et Candide les écoutait avec la même admiration et le même égarement° que son ami Cacambo les rendait. « Quel est donc ce pays, disaient-ils l'un et l'autre, inconnu à tout le reste de la terre, et où toute la nature est d'une espèce si différente de la nôtre? C'est probablement le pays où tout va bien; car il faut absolument qu'il y en ait de cette espèce. Et, quoi qu'en dît maître Pangloss, je me suis souvent aperçu que tout allait assez mal en Westphalie. »

CHAPITRE DIX-HUITIÈME

CE QU'ILS VIRENT
DANS LE PAYS D'ELDORADO

Cacambo témoigna à son hôte toute sa curiosité; l'hôte lui dit: « Je suis fort ignorant, et je m'en trouve bien°; mais nous avons ici un vieillard retiré de la cour, qui est le plus savant homme du royaume, et le plus communicatif. » Aussitôt il mène Cacambo chez le vieillard.

côtés: *aujourd'hui*, côtes	**égarement:** *ici*, incompréhension
se remirent: reprirent leurs forces	**m'en trouve bien:** suis content de
(*se remettre*)	l'être

159 *payées par le gouvernement.* Les anciens Incas établissaient des relais confortables, où les voyageurs qui passaient étaient nourris et logés gratuitement.

Candide ne jouait plus que le second personnage,[160] et accompagnait son valet. Ils entrèrent dans une maison fort simple, car la porte n'était que d'argent, et les lambris° des appartements n'étaient que d'or, mais travaillés avec tant de goût que les plus riches lambris ne l'effaçaient pas. L'antichambre n'était à la vérité incrustée que de rubis et d'émeraudes; mais l'ordre dans lequel tout était arrangé réparait bien cette extrême simplicité.

Le vieillard reçut les deux étrangers sur un sopha matelassé de plumes de colibri, et leur fit présenter des liqueurs dans des vases de diamant; après quoi il satisfit à leur curiosité en ces termes:

« Je suis âgé de cent soixante et douze ans, et j'ai appris de feu mon père,° écuyer° du roi, les étonnantes révolutions du Pérou[161] dont il avait été témoin. Le royaume où nous sommes est l'ancienne patrie des Incas,[162] qui en sortirent très imprudemment pour aller subjuguer une partie du monde, et qui furent enfin détruits par les Espagnols.

« Les princes de leur famille qui restèrent dans leur pays natal furent plus sages; ils ordonnèrent, du consentement de la nation, qu'aucun habitant ne sortirait jamais de notre petit royaume; et c'est ce qui nous a conservé notre innocence et notre félicité. Les Espagnols

lambris: revêtements aux murs (*ici*, d'or)

feu mon père: mon père qui est mort
écuyer: compagnon d'un chevalier

160 *le second personnage.* Notez que dans ces scènes Candide fait place à son valet Cacambo. Le XVIIIe siècle mettra en relief le servant ou le valet astucieux; voir *Le Barbier de Séville* (1775) et *Le Mariage de Figaro* (1784) de Beaumarchais (1732-1799). On dit que ces détails annonçaient la Révolution française de 1789. (Avec Condorcet, Beaumarchais s'est consacré à préserver et à faire publier en Allemagne l'œuvre de Voltaire après sa mort.)

161 *les étonnantes révolutions du Pérou.* Le royaume des Incas avait atteint son apogée au XVe siècle, sur un territoire comprenant le Pérou, la Bolivie, l'Équateur et le Venezuela actuels. Des luttes dynastiques vers 1525 ont affaibli le pays, facilitant la conquête espagnole (1533) de Francisco Pizarro.

162 *l'ancienne patrie des Incas.* On racontait que les Incas s'étaient retirés avec leurs fabuleux trésors dans un pays inaccessible. Le vieillard suggère ici que l'Eldorado n'est pas le nouveau refuge de ce peuple, mais plutôt leur pays d'origine.

ont eu une connaissance confuse de ce pays, ils l'ont appelé El Dorado, et un Anglais, nommé le chevalier Raleigh,[163] en a même approché il y a environ cent années; mais, comme nous sommes entourés de rochers inabordables° et de précipices, nous avons toujours été jusqu'à présent à l'abri de la rapacité des nations de l'Europe, qui ont une fureur inconcevable pour les cailloux et pour la fange° de notre terre, et qui, pour en avoir, nous tueraient tous jusqu'au dernier. »

La conversation fut longue; elle roula sur la forme du gouvernement, sur les mœurs, sur les femmes, sur les spectacles publics, sur les arts. Enfin Candide, qui avait toujours du goût pour la métaphysique, fit demander par Cacambo si dans le pays il y avait une religion.

Le vieillard rougit un peu. « Comment donc, dit-il, en pouvez-vous douter? Est-ce que vous nous prenez pour des ingrats? » Cacambo demanda humblement quelle était la religion d'Eldorado. Le vieillard rougit encore. « Est-ce qu'il peut y avoir deux religions? dit-il; nous avons, je crois, la religion de tout le monde: nous adorons Dieu du soir jusqu'au matin. — N'adorez-vous qu'un seul Dieu? dit Cacambo, qui servait toujours d'interprète aux doutes de Candide. — Apparemment, dit le vieillard, qu'°il n'y en a ni deux, ni trois, ni quatre. Je vous avoue que les gens de votre monde font des questions bien singulières. » Candide ne se lassait pas de faire interroger ce bon vieillard; il voulut savoir comment on priait Dieu dans l'Eldorado. « Nous ne le prions point, dit le bon et respectable sage; nous n'avons rien à lui demander; il nous a donné tout ce qu'il nous faut; nous le remercions sans cesse. » Candide eut la curiosité de voir des prêtres; il fit demander où ils étaient. Le bon vieillard sourit. « Mes amis, dit-il, nous sommes tous prêtres; le roi et tous les chefs de famille chantent des cantiques d'actions de grâces° solennellement tous les matins; et cinq ou six mille musiciens les accompagnent.

inabordables: inapprochables	**actions de grâces:** gratitude,
fange: terre mouillée, boue	reconnaissance
apparemment... que: évidemment	

163 *le chevalier Raleigh.* Sir Walter Raleigh (1552-1618): navigateur, homme d'état et écrivain anglais. En 1595, chargé par la reine Élisabeth Ire, Raleigh, à la recherche de l'Eldorado, a exploré — en vain — la région des Guyanes. (La datation d'« il y a environ cent années » a donc été inventée par Voltaire.)

— Quoi! vous n'avez point de moines qui enseignent, qui disputent, qui gouvernent, qui cabalent,° et qui font brûler les gens qui ne sont pas de leur avis? — Il faudrait que nous fussions fous, dit le vieillard; nous sommes tous ici du même avis, et nous n'entendons pas ce que vous voulez dire avec vos moines. » Candide à tous ces discours demeurait en extase, et disait en lui-même: « Ceci est bien différent de la Westphalie et du château de monsieur le baron: si notre ami Pangloss avait vu Eldorado, il n'aurait plus dit que le château de Thunder-ten-tronckh était ce qu'il y avait de mieux sur la terre; il est certain qu'il faut voyager. »

Après cette longue conversation, le bon vieillard fit atteler un carrosse° à six moutons, et donna douze de ses domestiques aux deux voyageurs pour les conduire à la cour: « Excusez-moi, leur dit-il, si mon âge me prive de l'honneur de vous accompagner. Le roi vous recevra d'une manière dont vous ne serez pas mécontents, et vous pardonnerez sans doute aux usages du pays s'il y en a quelques-uns qui vous déplaisent. »

Candide et Cacambo montent en carrosse; les six moutons volaient, et en moins de quatre heures on arriva au palais du roi, situé à un bout de la capitale. Le portail° était de deux cent vingt pieds de haut et de cent de large[164]; il est impossible d'exprimer quelle en était la matière. On voit assez quelle supériorité prodigieuse elle devait avoir sur ces cailloux et sur ce sable que nous nommons *or* et *pierreries*.

Vingt belles filles de la garde reçurent Candide et Cacambo à la descente du carrosse, les conduisirent aux bains, les vêtirent de robes d'un tissu de duvet° de colibri; après quoi les grands officiers et les grandes officières de la couronne les menèrent à l'appartement de Sa Majesté, au milieu de deux files chacune de mille musiciens, selon l'usage ordinaire. Quand ils approchèrent de la salle du trône, Cacambo demanda à un grand officier comment il fallait s'y prendre° pour saluer Sa Majesté; si on se jetait à genoux ou ventre à terre; si on

cabalent: complotent **duvet:** petites plumes légères
carrosse: grande voiture **s'y prendre:** s'arranger
portail: entrée monumentale

164 *deux cent vingt pieds… cent de large.* Environ 66 mètres de haut sur 30 mètres de large.

mettait les mains sur la tête ou sur le derrière; si on léchait la poussière de la salle; en un mot, quelle était la cérémonie. « L'usage, dit le grand officier, est d'embrasser le roi et de le baiser des deux côtés. » Candide et Cacambo sautèrent au cou de Sa Majesté, qui les reçut avec toute la grâce imaginable et qui les pria poliment à souper.

En attendant, on leur fit voir la ville, les édifices publics élevés jusqu'aux nues,° les marchés ornés de mille colonnes, les fontaines d'eau pure, les fontaines d'eau rose, celles de liqueurs de canne de sucre, qui coulaient continuellement dans de grandes places, pavées d'une espèce de pierreries qui répandaient une odeur semblable à celle du gérofle° et de la cannelle.° Candide demanda à voir la cour de justice, le parlement[165]; on lui dit qu'il n'y en avait point, et qu'on ne plaidait° jamais. Il s'informa s'il y avait des prisons, et on lui dit que non. Ce qui le surprit davantage, et qui lui fit le plus de plaisir, ce fut le palais des sciences, dans lequel il vit une galerie de deux mille pas,° toute pleine d'instruments de mathématique et de physique.[166]

Après avoir parcouru, toute l'après-dînée, à peu près la millième partie° de la ville, on les ramena chez le roi. Candide se mit à table entre Sa Majesté, son valet Cacambo et plusieurs dames. Jamais on ne fit meilleure chère, et jamais on n'eut plus d'esprit° à souper qu'en eut Sa Majesté. Cacambo expliquait les bons mots° du roi à Candide,

nues: nuages, ciel	**deux mille pas:** environ 1.500
gérofle: *aujourd'hui*, clou de girofle (épice)	mètres
	la millième partie: une toute
cannelle: épice venant de l'écorce d'un laurier indien	petite partie
	esprit: *ici*, ingéniosité, humour
plaidait: contestait une cause en justice	**bons mots:** plaisanteries, mots d'esprit

165 *le parlement.* Voltaire se réfère au *parlement* sur le modèle français de l'époque: une assemblée chargée de rendre la justice. (Note: Ce n'est pas un parlement à l'anglaise dont les deux assemblées exercent le pouvoir législatif.)

166 *de mathématique et de physique.* C'est pendant les années à Cirey (1734-1744) auprès de sa grande amie Émilie du Breteuil, marquise du Châtelet (1706-1749), mathématicienne et physicienne, que Voltaire s'intéressait le plus à la science, collaborant avec elle à ses travaux expérimentaux. L'œuvre de la marquise compte un manuel (*Institutions de physique*) et une traduction et analyse du latin en français, utilisée encore aujourd'hui, du *Principia Mathematica* de Newton.

et quoique traduits, ils paraissaient toujours des bons mots. De tout
ce qui étonnait Candide, ce n'était pas ce qui l'étonna le moins.

Ils passèrent un mois dans cet hospice.° Candide ne cessait de
dire à Cacambo: « Il est vrai, mon ami, encore une fois, que le château
où je suis né ne vaut pas le pays où nous sommes; mais enfin Mlle
Cunégonde n'y est pas, et vous avez sans doute quelque maîtresse en
Europe. Si nous restons ici, nous n'y serons que comme les autres; au
lieu que° si nous retournons dans notre monde seulement avec douze
moutons chargés de cailloux d'Eldorado, nous serons plus riches que
tous les rois ensemble, nous n'aurons plus d'inquisiteurs à craindre,
et nous pourrons aisément reprendre Mlle Cunégonde. »

Ce discours plut à Cacambo: on aime tant à courir, à se faire
valoir° chez les siens, à faire parade de ce qu'on a vu dans ses voyages,
que les deux heureux résolurent de ne plus l'être° et de demander
leur congé° à Sa Majesté.

« Vous faites une sottise, leur dit le roi; je sais bien que mon pays
est peu de chose; mais, quand on est passablement° quelque part, il
faut y rester; je n'ai pas assurément le droit de retenir des étrangers[167];
c'est une tyrannie qui n'est ni dans nos mœurs, ni dans nos lois: tous
les hommes sont libres; partez quand vous voudrez, mais la sortie
est bien difficile. Il est impossible de remonter la rivière rapide sur
laquelle vous êtes arrivés par miracle, et qui court sous des voûtes
de rochers. Les montagnes qui entourent tout mon royaume ont dix
mille pieds de hauteur, et sont droites comme des murailles°; elles
occupent chacune en largeur un espace de plus de dix lieues[168]; on ne
peut en descendre que par des précipices. Cependant, puisque vous
voulez absolument partir, je vais donner ordre aux intendants° des

hospice: *ici*, là où on reçoit l'hospitalité	**congé:** permission de partir
au lieu que: mais, tandis que	**passablement:** pas trop mal
se faire valoir: se glorifier	**murailles:** remparts
de ne plus l'être: de ne plus être heureux	**intendants:** responsables des services publics

167 *le droit de retenir des étrangers.* Allusion faite à l'arrestation de Voltaire
 par le roi Frédéric II de Prusse à la cour duquel le philosophe avait vécu
 trois ans (1750-1753). À la fin, Frédéric a voulu empêcher Voltaire de
 rentrer en France, le retenant trois semaines à Francfort.

168 *dix mille pieds… dix lieues.* Environ 3.000 mètres de haut sur 40
 kilomètres de large.

machines d'en faire une qui puisse vous transporter commodément. Quand on vous aura conduits au revers des montagnes, personne ne pourra vous accompagner; car mes sujets ont fait vœu de ne jamais sortir de leur enceinte,° et ils sont trop sages° pour rompre leur vœu. Demandez-moi d'ailleurs tout ce qu'il vous plaira. — Nous ne demandons à Votre Majesté, dit Cacambo, que quelques moutons chargés de vivres,° de cailloux, et de la boue du pays. » Le roi rit. « Je ne conçois pas, dit-il, quel goût vos gens d'Europe ont pour notre boue jaune; mais emportez-en tant que vous voudrez, et grand bien vous fasse.° »

Il donna l'ordre sur-le-champ à ses ingénieurs de faire une machine pour guinder° ces deux hommes extraordinaires hors du royaume. Trois mille bons physiciens° y travaillèrent; elle fut prête au bout de quinze jours, et ne coûta pas plus de vingt millions de livres sterling, monnaie du pays. On mit sur la machine Candide et Cacambo; il y avait deux grands moutons rouges sellés et bridés pour leur servir de monture quand ils auraient franchi les montagnes, vingt moutons de bât° chargés de vivres, trente qui portaient des présents de ce que le pays a de plus curieux, et cinquante chargés d'or, de pierreries et de diamants. Le roi embrassa tendrement les deux vagabonds.

Ce fut un beau spectacle que leur départ, et la manière ingénieuse dont ils furent hissés,° eux et leurs moutons, au haut des montagnes. Les physiciens prirent congé d'eux après les avoir mis en sûreté, et Candide n'eut plus d'autre désir et d'autre objet que d'aller présenter ses moutons à Mlle Cunégonde. « Nous avons, dit-il, de quoi payer le gouverneur de Buenos-Ayres, si Mlle Cunégonde peut être mise à prix.° Marchons vers la Cayenne, embarquons-nous, et nous verrons ensuite quel royaume nous pourrons acheter. »

enceinte: *ici*, espace entouré de
 montagnes
sages: *ici*, raisonnables, soumis
vivres: provisions
grand bien vous fasse: que cela
 vous fasse beaucoup de bien

guinder: élever (par une machine)
physiciens: spécialistes de physique
de bât: portant une selle
hissés: élevés
à prix: en vente

CHAPITRE DIX-NEUVIÈME

CE QUI LEUR ARRIVA À SURINAM,[169]
ET COMMENT CANDIDE
FIT CONNAISSANCE AVEC MARTIN

La première journée de nos deux voyageurs fut assez agréable. Ils étaient encouragés par l'idée de se voir possesseurs de plus de trésors que l'Asie, l'Europe et l'Afrique n'en pouvaient rassembler. Candide, transporté,° écrivit le nom de Cunégonde sur les arbres. À la seconde journée deux de leurs moutons s'enfoncèrent dans des marais,° et y furent abîmés° avec leurs charges; deux autres moutons moururent de fatigue quelques jours après; sept ou huit périrent ensuite de faim dans un désert; d'autres tombèrent au bout de quelques jours dans des précipices. Enfin, après cent jours de marche, il ne leur resta que deux moutons. Candide dit à Cacambo: « Mon ami, vous voyez comme les richesses de ce monde sont périssables; il n'y a rien de solide que la vertu et le bonheur de revoir Mlle Cunégonde. — Je l'avoue, dit Cacambo; mais il nous reste encore deux moutons avec plus de trésors que n'en aura jamais le roi d'Espagne, et je vois de loin une ville que je soupçonne être Surinam, appartenant aux Hollandais. Nous sommes au bout de nos peines et au commencement de notre félicité. »

En approchant de la ville, ils rencontrèrent un nègre étendu par terre, n'ayant plus que la moitié de son habit, c'est-à-dire d'un caleçon° de toile° bleue; il manquait à ce pauvre homme la jambe gauche et la main droite. « Eh, mon Dieu! lui dit Candide en hollandais, que fais-tu là, mon ami, dans l'état horrible où je te vois? — J'attends mon maître, M. Vanderdendur,[170] le fameux négociant, répondit

transporté: joyeux	**caleçon:** *ici*, pantalon, short
marais: eaux stagnantes	**toile:** coton épais
abîmés: *ici*, engloutis, avalés	

169 *Surinam.* La Guyane hollandaise, ou Surinam (la nation a repris ce nom en 1975). Colonisé par les Anglais, ce territoire a été cédé au Pays-Bas (la Hollande) en 1667. Le système d'esclavage qui soutenait son économie n'a été aboli qu'en 1873.

170 *Vanderdendur.* Nom inventé par Voltaire qui fait allusion à Van Duren (libraire-éditeur hollandais avec qui Voltaire a eu des querelles) et à l'expression « avoir la dent dure » qui signifie « être sévère dans ses critiques ». (Menant, Deloffre)

le nègre. — Est-ce M. Vanderdendur, dit Candide, qui t'a traité ainsi? — Oui, monsieur, dit le nègre, c'est l'usage. On nous donne un caleçon de toile pour tout vêtement deux fois l'année. Quand nous travaillons aux sucreries,° et que la meule° nous attrape le doigt, on nous coupe la main; quand nous voulons nous enfuir, on nous coupe la jambe[171]: je me suis trouvé dans les deux cas. C'est à ce prix que vous mangez du sucre en Europe.[172] Cependant, lorsque ma mère me vendit dix écus patagons° sur la côte de Guinée,[173] elle me disait: «Mon cher enfant,

bénis nos fétiches,° adore-les toujours, ils te feront vivre heureux, tu as l'honneur d'être esclave de nos seigneurs les blancs, et tu fais par là la fortune de ton père et de ta mère.» Hélas! je ne sais pas si j'ai fait

sucreries: fabriques de sucre	**écus patagons:** monnaie flamande
meule: cylindre lourd dans un moulin	et espagnole
	fétiche: objet magique

171 *on nous coupe la jambe.* Allusion au *Code noir* promulgué par Louis XIV en 1685-1689 qui autorisait l'usage des esclaves dans les colonies. Le code obligeait tous les propriétaires à se convertir à la religion catholique (et ainsi bannissait les juifs des colonies françaises), à faire convertir leurs esclaves et à les bien traiter (en coupant par exemple leur main blessée pour éviter la gangrène...), mais prévoyait la punition brutale décrite ici en cas d'évasion.

172 *c'est à ce prix... en Europe.* Montesquieu avait déjà ironiquement défendu l'esclavage dans son *Esprit des lois* (1748): « Le sucre serait trop cher, si l'on ne faisait travailler la plante qui le produit par des esclaves. » (Livre XV, chapitre 5)

173 *sur la côte de Guinée.* Cet homme, vendu comme esclave par sa propre mère, est originaire du golfe de Guinée, sur la côte ouest de l'Afrique.

leur fortune, mais ils n'ont pas fait la mienne. Les chiens, les singes et les perroquets sont mille fois moins malheureux que nous. Les fétiches° hollandais qui m'ont converti me disent tous les dimanches que nous sommes tous enfants d'Adam, blancs et noirs. Je ne suis pas généalogiste; mais si ces prêcheurs disent vrai, nous sommes tous cousins issus de germains.° Or vous m'avouerez qu'on ne peut pas en user avec ses parents d'une manière plus horrible.

— Ô Pangloss! s'écria Candide, tu n'avais pas deviné cette abomination; c'en est fait, il faudra qu'à la fin je renonce à ton optimisme. — Qu'est-ce qu'optimisme[174]? disait Cacambo.— Hélas! dit Candide, c'est la rage de soutenir que tout est bien quand on est mal. » Et il versait des larmes en regardant son nègre, et en pleurant il entra dans Surinam.

La première chose dont ils s'informent, c'est s'il n'y a point au port quelque vaisseau qu'on pût envoyer à Buenos-Ayres. Celui à qui ils s'adressèrent était justement un patron° espagnol, qui s'offrit à faire avec eux un marché honnête. Il leur donna rendez-vous dans un cabaret. Candide et le fidèle Cacambo allèrent l'y attendre avec leurs deux moutons.

Candide, qui avait le cœur sur les lèvres,° conta à l'Espagnol toutes ses aventures, et lui avoua qu'il voulait enlever Mlle Cunégonde. « Je me garderai bien° de vous passer à Buenos-Ayres, dit le patron: je serais pendu et vous aussi. La belle Cunégonde est la maîtresse favorite de monseigneur. » Ce fut un coup de foudre° pour Candide; il pleura longtemps; enfin il tira à part Cacambo: « Voici, mon cher ami, lui dit-il, ce qu'il faut que tu fasses. Nous avons chacun dans nos poches pour cinq ou six millions de diamants; tu es plus habile que moi; va prendre Mlle Cunégonde à Buenos-Ayres. Si le gouverneur fait quelques difficultés, donne-lui un million; s'il ne se rend pas, donne-lui-en deux; tu n'as point tué d'inquisiteur, on ne se défiera point de°

fétiches: *ici*, pasteurs chrétiens
cousins issus de germains: cousins
 au deuxième degré
patron: capitaine d'un vaisseau
avait le cœur sur les lèvres:
 s'exprimait en toute franchise

je me garderai bien: j'éviterai à
 tout prix
coup de foudre: *ici*, nouvelle
 désastreuse
ne se défiera point de: aura
 confiance en

174 *optimisme. Voir* note 2. Ce terme n'apparaissant qu'en 1737 dans le langage philosophique, Cacambo ne le connaît pas.

toi. J'équiperai un autre vaisseau; j'irai t'attendre à Venise[175]; c'est un pays libre où l'on n'a rien à craindre ni des Bulgares, ni des Abares, ni des Juifs, ni des inquisiteurs. » Cacambo applaudit à cette sage résolution. Il était au désespoir de se séparer d'un bon maître, devenu son ami intime; mais le plaisir de lui être utile l'emporta sur la douleur de le quitter. Ils s'embrassèrent en versant des larmes. Candide lui recommanda de ne point oublier la bonne vieille. Cacambo partit dès le jour même: c'était un très bon homme que ce Cacambo.

Candide resta encore quelque temps à Surinam, et attendit qu'un autre patron voulût le mener en Italie, lui et les deux moutons qui lui restaient. Il prit des domestiques, et acheta tout ce qui lui était nécessaire pour un long voyage; enfin M. Vanderdendur,[176] maître d'un gros vaisseau, vint se présenter à lui. « Combien voulez-vous, demanda-t-il à cet homme, pour me mener en droiture° à Venise, moi, mes gens, mon bagage, et les deux moutons que voilà? » Le patron s'accorda à dix mille piastres.° Candide n'hésita pas.

« Oh! oh! dit à part soi° le prudent Vanderdendur, cet étranger donne dix mille piastres tout d'un coup! il faut qu'il soit bien riche. » Puis, revenant un moment après, il signifia qu'il ne pouvait partir à moins de vingt mille. « Eh bien! vous les aurez », dit Candide.

« Ouais!° se dit tout bas le marchand, cet homme donne vingt mille piastres aussi aisément que dix mille. » Il revint encore, et dit qu'il ne pouvait le conduire à Venise à moins de trente mille piastres. « Vous en aurez donc trente mille », répondit Candide.

« Oh! oh! se dit encore le marchand hollandais, trente mille piastres ne coûtent rien à cet homme-ci; sans doute les deux moutons portent des trésors immenses; n'insistons pas davantage: faisons-nous d'abord payer les trente mille piastres, et puis nous verrons. » Candide vendit deux petits diamants, dont le moindre valait plus que tout l'argent que demandait le patron. Il le paya d'avance. Les deux moutons furent embarqués. Candide suivait dans un petit bateau

en droiture: directement	**ouais!:** exprime la surprise (vient
piastres: monnaie espagnole	de *oui*)
à part soi: à lui-même	

175 *à Venise.* La ville et république italienne iconique, à la réputation libre et romantique, figurait souvent dans les écrits de l'époque.

176 *Voir* ci-dessus note 170.

pour joindre le vaisseau à la rade; le patron prend son temps, met à la voile, démarre°; le vent le favorise. Candide, éperdu et stupéfait, le perd bientôt de vue. « Hélas! cria-t-il, voilà un tour digne de l'ancien monde. » Il retourne au rivage, abîmé dans la douleur; car enfin il avait perdu de quoi faire la fortune de vingt monarques.

Il se transporte chez le juge hollandais; et comme il était un peu troublé, il frappe rudement à la porte; il entre, expose son aventure, et crie un peu plus haut qu'il ne convenait. Le juge commença par lui faire payer dix mille piastres pour le bruit qu'il avait fait. Ensuite il l'écouta patiemment, lui promit d'examiner son affaire sitôt que le marchand serait revenu, et se fit payer dix mille autres piastres pour les frais° de l'audience.°

Ce procédé acheva de désespérer Candide; il avait à la vérité essuyé des malheurs mille fois plus douloureux; mais le sang-froid° du juge, et celui du patron dont il était volé, alluma sa bile,° et le plongea dans une noire mélancolie.[177] La méchanceté des hommes se présentait à son esprit dans toute sa laideur; il ne se nourrissait que d'idées tristes. Enfin, un vaisseau français étant sur le point de partir pour Bordeaux,[178] comme il n'avait plus de moutons chargés de diamants à embarquer, il loua une chambre du vaisseau à juste prix, et fit signifier dans la ville qu'il payerait le passage, la nourriture, et donnerait deux mille piastres à un honnête homme qui voudrait faire le voyage avec lui, à condition que cet homme serait le plus dégoûté de son état et le plus malheureux de la province.

Il se présenta une foule de prétendants° qu'une flotte n'aurait pu contenir. Candide voulant choisir entre les plus apparents,° il distingua une vingtaine de personnes qui lui paraissaient assez sociables, et qui toutes prétendaient mériter la préférence. Il les assembla dans son

démarre: lève l'ancre	**bile:** inquiétude, colère
frais: coûts	**prétendants:** candidats
audience: visite	**apparents:** *ici*, remarquables
sang-froid: froideur, fermeté	

177 *une noire mélancolie*. Dans la médecine ancienne la mélancolie était provoquée par un dérèglement de l'*atrabile* ou *bile noire*. *Voir* note 46.

178 *partir pour Bordeaux*. De Surinam, Candide tient à atteindre Venise, mais il est réduit à prendre le premier bateau partant pour la France. À 100 km de l'Atlantique, mais située sur la Garonne, un fleuve navigable, la ville de Bordeaux a joué le rôle de premier port d'exportation vers l'Angleterre et des destinations plus lointaines.

cabaret, et leur donna à souper, à condition que chacun ferait serment de raconter fidèlement son histoire, promettant de choisir celui qui lui paraîtrait le plus à plaindre° et le plus mécontent de son état à plus juste titre,° et de donner aux autres quelques gratifications.°

La séance dura jusqu'à quatre heures du matin. Candide, en écoutant toutes leurs aventures, se ressouvenait de ce que lui avait dit la vieille en allant à Buenos-Ayres, et de la gageure° qu'elle avait faite, qu'il n'y avait personne sur le vaisseau à qui il ne fût arrivé de très grands malheurs. Il songeait à Pangloss à chaque aventure qu'on lui contait, « Ce Pangloss, disait-il, serait bien embarrassé à démontrer son système. Je voudrais qu'il fût ici. Certainement, si tout va bien, c'est dans Eldorado, et non pas dans le reste de la terre. » Enfin il se détermina en faveur d'un pauvre savant qui avait travaillé dix ans pour les libraires° d'Amsterdam. Il jugea qu'il n'y avait point de métier au monde dont on dût être plus dégoûté.[179]

Ce savant, qui était d'ailleurs un bon homme, avait été volé par sa femme, battu par son fils, et abandonné de sa fille qui s'était fait enlever par un Portugais. Il venait d'être privé° d'un petit emploi duquel il subsistait; et les prédicants° de Surinam le persécutaient parce qu'ils le prenaient pour un socinien.[180] Il faut avouer que les autres étaient pour le moins aussi malheureux que lui; mais Candide espérait que le savant le désennuierait dans le voyage. Tous ses autres rivaux trouvèrent que Candide leur faisait une grande injustice; mais il les apaisa en leur donnant à chacun cent piastres.

plaindre: considérer avec pitié	**gageure:** promesse réciproque, pari
à... juste titre: avec raison, de bon droit	**libraires:** *ici,* maisons d'édition
gratifications: sommes d'argent	**privé:** dépossédé
	prédicants: prêcheurs protestants

179 *dont on dût être plus dégoûté.* Le rapport entre Voltaire et les libraires hollandais étant depuis longtemps très mauvais, Candide ressent une sympathie particulière pour un de leurs ex-employés.

180 *un socinien.* Adepte du *socinianisme,* doctrine italienne du XVIe siècle. C'est une interprétation rationnelle de la Bible, qui rejette la Trinité et la divinité du Christ; il a été repris par certains déistes du XVIIIe siècle.

CHAPITRE VINGTIÈME

CE QUI ARRIVA SUR MER
À CANDIDE ET À MARTIN[181]

Le vieux savant, qui s'appelait Martin, s'embarqua donc pour Bordeaux avec Candide. L'un et l'autre avaient beaucoup vu et beaucoup souffert; et quand le vaisseau aurait dû faire voile° de Surinam au Japon par le cap de Bonne-Espérance,[182] ils auraient eu de quoi s'entretenir du mal moral et du mal physique pendant tout le voyage.

Cependant Candide avait un grand avantage sur Martin, c'est qu'il espérait toujours revoir Mlle Cunégonde, et que Martin n'avait rien à espérer; de plus, il avait de l'or et des diamants; et, quoiqu'il eût perdu cent gros moutons rouges chargés des plus grands trésors de la terre, quoiqu'il eût toujours sur le cœur la friponnerie° du patron hollandais, cependant, quand il songeait à ce qui lui restait dans ses poches, et quand il parlait de Cunégonde, surtout à la fin du repas, il penchait alors pour° le système de Pangloss.

« Mais vous, monsieur Martin, dit-il au savant, que pensez-vous de tout cela? Quelle est votre idée sur le mal moral et le mal physique? — Monsieur, répondit Martin, mes prêtres m'ont accusé d'être socinien; mais la vérité du fait est que je suis manichéen.[183] — Vous vous moquez de moi, dit Candide, il n'y a plus de manichéens dans le monde. — Il y a moi, dit Martin; je ne sais qu'y faire, mais je ne peux penser autrement. — Il faut que vous ayez le diable au

quand le vaisseau aurait dû faire voile: même si le vaisseau avait dû faire voile	**friponnerie:** action malhonnête **penchait... pour:** avait tendance à préférer

181 *Martin*. Saint Martin (IVe siècle) est typiquement présenté comme le grand ennemi du diable. Voir plus loin la philosophie manichéenne de Martin dans *Candide*.

182 *le cap de Bonne-Espérance*. Cap du sud de l'Afrique du Sud. Le vaisseau qui emmène Candide et Martin n'emprunte pas cette route; pour gagner Bordeaux il n'a qu'à traverser l'Atlantique, vers le nord.

183 *manichéen*. Adepte du *manichéisme*, doctrine du Persan Manès (IIIe siècle) selon laquelle l'univers est fondé sur deux principes égaux et antagonistes: le Bien et le Mal. Le manichéisme a été condamné comme hérésie par l'Église catholique.

corps,° dit Candide. — Il° se mêle si fort des affaires de ce monde, dit Martin, qu'il pourrait bien être dans mon corps, comme partout ailleurs; mais je vous avoue qu'en jetant la vue sur ce globe, ou plutôt sur ce globule,° je pense que Dieu l'a abandonné à quelque être malfaisant°; j'en excepte toujours Eldorado. Je n'ai guère vu de ville qui ne désirât la ruine de la ville voisine, point de famille qui ne voulût exterminer quelque autre famille. Partout les faibles ont en exécration les puissants devant lesquels ils rampent,° et les puissants les traitent comme des troupeaux° dont on vend la laine et la chair.° Un million d'assassins enrégimentés,° courant d'un bout de l'Europe à l'autre, exerce le meurtre et le brigandage avec discipline pour gagner son pain, parce qu'il n'a pas de métier plus honnête[184]; et dans les villes qui paraissent jouir de la paix et où les arts fleurissent, les hommes sont dévorés de plus d'envie, de soins° et d'inquiétudes qu'une ville assiégée° n'éprouve de fléaux. Les chagrins secrets sont encore plus cruels que les misères publiques. En un mot, j'en ai tant vu, et tant éprouvé, que je suis manichéen.

— Il y a pourtant du bon, répliquait Candide. — Cela peut être, disait Martin, mais je ne le connais pas. »

Au milieu de cette dispute, on entendit un bruit de canon. Le bruit redouble de moment en moment. Chacun prend sa lunette.° On aperçoit deux vaisseaux qui combattaient à la distance d'environ trois milles; le vent les amena l'un et l'autre si près du vaisseau français qu'on eut le plaisir de voir le combat tout à son aise. Enfin l'un des deux vaisseaux lâcha à l'autre une bordée° si bas et si juste qu'il le coula° à fond. Candide et Martin aperçurent distinctement une centaine d'hommes sur le tillac du vaisseau qui s'enfonçait; ils levaient tous les mains au ciel et jetaient des clameurs effroyables; en un moment tout fut englouti.

que vous ayez le diable au corps: que vous soyez très actif (sens ordinaire)	**chair:** viande
	enrégimentés: militaires
il: le diable	**soins:** *ici*, préoccupations
globule: la Terre, vue en très petit	**assiégée:** en état de siège
malfaisant: qui fait mal	**lunette:** longue-vue, télescope
rampent: vont à quatre pattes	**bordée:** décharge de canons
troupeaux: groupes de moutons	**coula:** fit submerger

184 *un million d'assassins… métier plus honnête*. Rappelez-vous que *Candide* est écrit pendant la guerre de Sept Ans (1756-1763).

« Eh bien! dit Martin, voilà comme les hommes se traitent les uns les autres. — Il est vrai, dit Candide, qu'il y a quelque chose de diabolique dans cette affaire. » En parlant ainsi, il aperçut je ne sais quoi d'un rouge éclatant qui nageait auprès de son vaisseau. On détacha la chaloupe° pour voir ce que ce pouvait être: c'était un de ses moutons. Candide eut plus de joie de retrouver ce mouton qu'il n'avait été affligé d'en perdre cent tous chargés de gros diamants d'Eldorado.

Le capitaine français aperçut bientôt que le capitaine du vaisseau submergeant° était espagnol, et que celui du vaisseau submergé était un pirate hollandais; c'était celui-là même qui avait volé Candide. Les richesses immenses dont ce scélérat s'était emparé furent ensevelies° avec lui dans la mer, et il n'y eut qu'un mouton de sauvé. « Vous voyez, dit Candide à Martin, que le crime est puni quelquefois: ce coquin de patron hollandais a eu le sort qu'il méritait. — Oui, dit Martin, mais fallait-il que les passagers qui étaient sur son vaisseau périssent aussi? Dieu a puni ce fripon,° le diable a noyé les autres. »

Cependant le vaisseau français et l'espagnol continuèrent leur route, et Candide continua ses conversations avec Martin. Ils disputèrent quinze jours de suite, et au bout de quinze jours ils étaient aussi avancés que le premier. Mais enfin ils parlaient, ils se communiquaient des idées, ils se consolaient. Candide caressait son mouton. « Puisque je t'ai retrouvé, dit-il, je pourrai bien retrouver Cunégonde. »

CHAPITRE VINGT ET UNIÈME

CANDIDE ET MARTIN
APPROCHENT DES CÔTES DE FRANCE
ET RAISONNENT°

On aperçut enfin les côtes de France. « Avez-vous jamais été en France, monsieur Martin? dit Candide. — Oui, dit Martin, j'ai parcouru plusieurs provinces. Il y en a où la moitié des habitants est folle, quelques-unes où l'on est trop rusé,° d'autres où l'on est communément assez doux et assez bête, d'autres où l'on fait le bel

chaloupe: grand canot　　　　　　　　**fripon:** personne malhonnête
submergeant: qui faisait submerger　　**raisonnent:** discutent
　　l'autre　　　　　　　　　　　　　　**rusé:** astucieux, malin
ensevelies: noyées

esprit°; et dans toutes, la principale occupation est l'amour, la seconde de médire,° et la troisième de dire des sottises. — Mais, monsieur Martin, avez-vous vu Paris? — Oui, j'ai vu Paris; il tient de toutes ces espèces-là; c'est un chaos, c'est une presse° dans laquelle tout le monde cherche le plaisir, et où presque personne ne le trouve, du moins à ce qu'il m'a paru. J'y ai séjourné° peu; j'y fus volé, en arrivant, de tout ce que j'avais, par des filous,° à la foire Saint-Germain[185]; on me prit moi-même pour un voleur, et je fus huit jours en prison; après quoi je me fis correcteur d'imprimerie° pour gagner de quoi retourner à pied en Hollande. Je connus la canaille° écrivante,[186] la canaille cabalante,[187] et la canaille convulsionnaire.[188] On dit qu'il y a des gens fort polis dans cette ville-là; je le veux croire.

— Pour moi, je n'ai nulle curiosité de voir la France, dit Candide; vous devinez aisément que, quand on a passé un mois dans Eldorado, on ne se soucie plus de rien voir sur la terre que Mlle Cunégonde; je vais l'attendre à Venise; nous traverserons la France pour aller en Italie; ne m'accompagnerez-vous pas? — Très volontiers, dit Martin; on dit que Venise n'est bonne que pour les nobles Vénitiens, mais que cependant on y reçoit très bien les étrangers quand ils ont beaucoup d'argent; je n'en ai point, vous en avez, je vous suivrai partout. — À propos, dit Candide, pensez-vous que la terre ait été originairement une mer, comme on l'assure dans ce gros livre[189] qui appartient au capitaine du

fait le bel esprit: essaie de passer pour spirituel	**séjourné:** passé du temps
médire: dire du mal de quelqu'un	**filous:** voleurs
presse: *ici,* grand nombre de personnes	**imprimerie:** qui produit livres et journaux
	canaille: personnes malhonnêtes

185 *la foire Saint-Germain.* Foire de Paris qui se tenait chaque année aux mois de février et mars. Animée par de nombreuses attractions et par des spectacles de théâtre en particulier, elle a duré du XIIe siècle jusqu'à la Révolution. (Elle existe aujourd'hui sous une forme moderne.)

186 *la canaille écrivante.* Les gens de lettres médiocres.

187 *la canaille cabalante.* Se réfère aux hommes d'Église querelleurs.

188 *la canaille convulsionnaire.* Allusion aux jansénistes fanatiques qui se repliaient convulsivement sur la tombe du diacre Pâris (mort en 1727).

189 *la terre... ce gros livre.* La présence de fossiles marins en montagne a mené certains auteurs (dont Buffon [1707-1788]) à soutenir que la surface du globe était à l'origine recouverte par la mer.

vaisseau? — Je n'en crois rien du tout, dit Martin, non plus que de toutes les rêveries° qu'on nous débite° depuis quelque temps. — Mais à quelle fin ce monde a-t-il donc été formé? dit Candide. — Pour nous faire enrager, répondit Martin. — N'êtes-vous pas bien étonné, continua Candide, de l'amour que ces deux filles du pays des Oreillons avaient pour ces deux singes, et dont je vous ai conté l'aventure? — Point du tout, dit Martin; je ne vois pas ce que cette passion a d'étrange; j'ai tant vu de choses extraordinaires, qu'il n'y a plus rien d'extraordinaire. — Croyez-vous, dit Candide, que les hommes se soient toujours mutuellement massacrés comme ils font aujourd'hui? qu'ils aient toujours été menteurs, fourbes,° perfides, ingrats, brigands, faibles, volages,° lâches,° envieux, gourmands, ivrognes,° avares, ambitieux, sanguinaires,° calomniateurs,° débauchés, fanatiques, hypocrites et sots? — Croyez-vous, dit Martin, que les éperviers° aient toujours mangé des pigeons quand ils en ont trouvé? — Oui, sans doute, dit Candide. — Eh bien! dit Martin, si les éperviers ont toujours eu le même caractère, pourquoi voulez-vous que les hommes aient changé le leur? — Oh! dit Candide, il y a bien de la différence, car le libre arbitre...[190] » En raisonnant ainsi, ils arrivèrent à Bordeaux.

CHAPITRE VINGT-DEUXIÈME

CE QUI ARRIVA EN FRANCE
À CANDIDE ET À MARTIN

Candide ne s'arrêta dans Bordeaux qu'autant de temps qu'il en fallait pour vendre quelques cailloux du Dorado, et pour s'accommoder d'une bonne chaise° à deux places; car il ne pouvait plus se passer de son philosophe Martin. Il fut seulement très fâché de se séparer de son mouton, qu'il laissa à l'Académie des sciences de Bordeaux, laquelle proposa pour le sujet du prix de cette année de trouver pourquoi la

rêveries: *ici*, idées vaines	**sanguinaires:** cruels, féroces
débite: *ici*, raconte	**calomniateurs:** qui disent du mal
fourbes: hypocrites	**éperviers:** oiseaux de proie, rapaces
volages: inconstants, infidèles	**chaise:** *ici*, voiture tirée par des
lâches: couards	chevaux
ivrognes: qui boivent trop	

190 *le libre arbitre. Voir* notes 23 et 210.

laine de ce mouton était rouge; et le prix fut adjugé à un savant du Nord, qui démontra par A plus B, moins C, divisé par Z,[191] que le mouton devait être rouge, et mourir de la clavelée.°

Cependant tous les voyageurs que Candide rencontra dans les cabarets de la route lui disaient: « Nous allons à Paris. » Cet empressement général lui donna enfin l'envie de voir cette capitale; ce n'était pas beaucoup se détourner du chemin de Venise.

Il entra par le faubourg Saint-Marceau,[192] et crut être dans le plus vilain° village de la Westphalie.

À peine Candide fut-il dans son auberge qu'il fut attaqué d'une maladie légère causée par ses fatigues. Comme il avait au doigt un diamant énorme, et qu'on avait aperçu dans son équipage° une cassette° prodigieusement pesante, il eut aussitôt auprès de lui deux médecins qu'il n'avait pas mandés,° quelques amis intimes qui ne le quittèrent pas, et deux dévotes° qui faisaient chauffer ses bouillons.° Martin disait: « Je me souviens d'avoir été malade aussi à Paris dans mon premier voyage; j'étais fort pauvre: aussi n'eus-je ni amis, ni dévotes, ni médecins, et je guéris. »

Cependant, à force de médecines° et de saignées,° la maladie de Candide devint sérieuse. Un habitué du quartier[193] vint avec douceur lui demander un billet payable au porteur[194] pour l'autre monde;

clavelée: maladie contagieuse des moutons	**dévotes:** femmes pieuses
vilain: *ici*, désagréable	**bouillons:** soupes
équipage: *ici*, bagages	**médecines:** (vieilli) remèdes, purgatifs
cassette: petit coffre	**saignées:** « purifier » le sang en ouvrant une veine
mandés: appelés	

191 *qui démontra... par Z.* Allusion ironique à l'*Essai de cosmologie* (1751) de Maupertuis (1698-1759) qui prétendait résumer les lois de la création divine à l'aide de la formule mathématique: « Z égale BC divisé par A+B ». (Menant)

192 *faubourg Saint-Marceau.* Situé au sud de Paris, Voltaire considérait ce faubourg d'une « rusticité dégoûtante » (*Le monde comme il va*). (Menant)

193 *un habitué du quartier.* Le *prêtre habitué* est un membre du clergé rattaché à une église, et qui assiste dans les fonctions de l'Église.

194 *un billet payable au porteur.* Expression de commerce qui désigne ici un billet de confession catholique. Entre 1750 et 1760, pour pouvoir recevoir l'extrême onction (et mériter une sépulture chrétienne), les mourants suspectés de jansénisme devaient signer ce billet.

Candide n'en voulut rien faire. Les dévotes l'assurèrent que c'était une nouvelle mode; Candide répondit qu'il n'était point homme à la mode. Martin voulut jeter l'habitué par les fenêtres. Le clerc° jura qu'on° n'enterrerait point Candide. Martin jura qu'il enterrerait le clerc s'il continuait à les importuner. La querelle s'échauffa; Martin le prit par les épaules et le chassa rudement; ce qui causa un grand scandale, dont on fit un procès-verbal.°

Candide guérit; et pendant sa convalescence il eut très bonne compagnie à souper chez lui. On jouait gros jeu.° Candide était tout étonné que jamais les as° ne lui vinssent; et Martin ne s'en étonnait pas.

Parmi ceux qui lui faisaient les honneurs de la ville, il y avait un petit abbé périgourdin,° l'un de ces gens empressés, toujours alertes, toujours serviables,° effrontés, caressants, accommodants, qui guettent° les étrangers à leur passage, leur content l'histoire scandaleuse de la ville, et leur offrent des plaisirs à tout prix. Celui-ci mena d'abord Candide et Martin à la comédie.° On y jouait une tragédie nouvelle. Candide se trouva placé auprès de quelques beaux esprits. Cela ne l'empêcha pas de pleurer à des scènes jouées parfaitement. Un des raisonneurs qui étaient à ses côtés lui dit dans un entracte: « Vous avez grand tort de pleurer: cette actrice est fort mauvaise; l'acteur qui joue avec elle est plus mauvais acteur encore; la pièce est encore plus mauvaise que les acteurs; l'auteur ne sait pas un mot d'arabe, et cependant la scène est en Arabie; et, de plus, c'est un homme qui ne croit pas aux idées innées[195]: je vous apporterai

clerc: homme d'Église	**périgourdin:** du Périgord (sud-ouest de la France)
on: *c'est-à-dire*, l'Église	
procès-verbal: acte de justice	**serviables:** qui rendent service
jouait gros jeu: pariait beaucoup d'argent	**guettent:** surveillent
as: carte maîtresse	**à la comédie:** au théâtre

195 *les idées innées.* Concept cartésien (Descartes [1596-1650]) qui désigne les connaissances avec lesquelles naît chaque être. (Ainsi, l'éducation ne fait que révéler les idées innées de l'enfant.) Le critiquant dans son *Essay Concerning Human Understanding* (1690), Locke déclare que les connaissances ne s'acquièrent que par l'expérience. Ce débat (idées innées v. idées acquises) est central à la pensée au XVIIIe siècle. Les adeptes français de Locke comptent l'empiriste Condillac (1714-1780) et Voltaire (*candidus* = blanc).

demain vingt brochures contre lui. — Monsieur, combien avez-vous de pièces de théâtre en France?» dit Candide à l'abbé; lequel répondit: «Cinq ou six mille. — C'est beaucoup, dit Candide; combien y en a-t-il de bonnes? — Quinze ou seize, répliqua l'autre. — C'est beaucoup», dit Martin.

Candide fut très content d'une actrice qui faisait la reine Élisabeth dans une assez plate tragédie que l'on joue quelquefois. « Cette actrice, dit-il à Martin, me plaît beaucoup; elle a un faux air de Mlle Cunégonde; je serais bien aise de la saluer. » L'abbé périgourdin s'offrit à l'introduire chez elle. Candide, élevé en Allemagne, demanda quelle était l'étiquette, et comment on traitait en France les reines d'Angleterre. « Il faut distinguer, dit l'abbé; en province, on les mène au cabaret; à Paris, on les respecte quand elles sont belles, et on les jette à la voirie quand elles sont mortes.[196] — Des reines à la voirie! dit Candide. — Oui vraiment, dit Martin; monsieur l'abbé a raison: j'étais à Paris quand Mlle Monime[197] passa, comme on dit, de cette vie à l'autre; on lui refusa ce que ces gens-ci appellent *les honneurs de la sépulture*, c'est-à-dire de pourrir avec tous les gueux du quartier dans un vilain cimetière; elle fut enterrée toute seule de sa bande° au coin de la rue de Bourgogne; ce qui dut lui faire une peine extrême, car elle pensait très noblement. — Cela est bien impoli, dit Candide. — Que voulez-vous? dit Martin; ces gens-ci sont ainsi faits. Imaginez toutes les contradictions, toutes les incompatibilités possibles, vous les verrez dans le gouvernement, dans les tribunaux, dans les églises, dans les spectacles de cette drôle de nation. — Est-il vrai qu'on rit toujours à Paris? dit Candide. — Oui, dit l'abbé, mais c'est en enrageant; car on s'y plaint de tout avec de grands éclats de rire; et même on y fait en riant les actions les plus détestables.

toute seule de sa bande: *ici*, tout
 à l'écart

196 *à Paris… sont mortes.* Allusion à Adrienne Lecouvreur (1692-1730), actrice amie de Voltaire. À sa mort, son corps a été jeté à la voirie, car les comédiens, en état d'excommunication, n'avaient pas droit à une sépulture chrétienne s'ils mouraient avant de se repentir. Voltaire a fait l'éloge de son amie dans un poème: « La mort de Mlle Lecouvreur, célèbre actrice » (1730). *Voir aussi* note 81.

197 *Mlle Monime.* Adrienne Lecouvreur (*Voir* note 196) a joué le rôle de la princesse Monime dans *Mithridate* (1673), tragédie de Jean Racine (1639-1699).

— Quel est, dit Candide, ce gros cochon qui me disait tant de mal de la pièce où j'ai tant pleuré et des acteurs qui m'ont fait tant de plaisir? — C'est un mal vivant, répondit l'abbé, qui gagne sa vie à dire du mal de toutes les pièces et de tous les livres; il hait quiconque° réussit, comme les eunuques haïssent les jouissants°: c'est un de ces serpents de la littérature qui se nourrissent de fange et de venin; c'est un folliculaire.[198] — Qu'appelez-vous folliculaire? dit Candide. — C'est, dit l'abbé, un faiseur de feuilles, un *Fréron*.[199] »

C'est ainsi que Candide, Martin et le Périgourdin raisonnaient sur l'escalier, en voyant défiler le monde au sortir de la pièce. « Quoique je sois très empressé de revoir Mlle Cunégonde, dit Candide, je voudrais pourtant souper avec Mlle Clairon[200]; car elle m'a paru admirable. »

L'abbé n'était pas homme à approcher de Mlle Clairon, qui ne voyait que bonne compagnie. « Elle est engagée pour ce soir, dit-il; mais j'aurai l'honneur de vous mener chez une dame de qualité, et là vous connaîtrez Paris comme si vous y aviez été quatre ans. »

Candide, qui était naturellement curieux, se laissa mener chez la dame, au fond du faubourg Saint-Honoré[201]; on y était occupé d'un pharaon[202]; douze tristes pontes° tenaient chacun en main un petit livre de cartes, registre cornu[203] de leurs infortunes. Un profond

quiconque: celui qui **pontes:** joueurs contre le banquier
jouissants: qui éprouvent du plaisir

198 *folliculaire*. Voltaire a inventé ce terme, encore utilisé, pour désigner tout publiciste sans talent mais envieux envers les auteurs, et qui les dénigre systématiquement.

199 *Fréron*. Élie Fréron (1718-1776), fondateur de *L'Année littéraire*, périodique hostile aux philosophes et à Voltaire en particulier. Voltaire a riposté avec une campagne virulente qui comprenait des essais et une pièce de théâtre satiriques.

200 *Mlle Clairon* (1723-1803). Célèbre actrice qui a joué dans les tragédies de Voltaire et dont il a fait l'éloge: « la divine Clairon ».

201 *faubourg Saint-Honoré*. Toujours un des « beaux quartiers » de Paris, ce faubourg représente ici, comme dans beaucoup de romans de formation, la visite d'un salon et la conquête d'une belle dame de société.

202 *pharaon*. Jeu de cartes qui opposait un banquier (qui tenait le compte de la « banque ») à des pontes (= joueurs associés contre le banquier).

203 *registre cornu*. Dans certaines phases du jeu, les joueurs devaient corner ou plier un coin de leur carte. (*Cornu* est le participe passé vieilli du verbe *corner*.)

silence régnait, la pâleur était sur le front des pontes, l'inquiétude sur celui du banquier, et la dame du logis, assise auprès de ce banquier impitoyable, remarquait avec des yeux de lynx tous les parolis,[204] tous les sept-et-le-va de campagne,[205] dont chaque joueur cornait° ses cartes; elle les faisait décorner avec une attention sévère mais polie, et ne se fâchait point, de peur de perdre ses pratiques°: la dame se faisait appeler la marquise de Parolignac.[206] Sa fille, âgée de quinze ans, était au nombre des pontes et avertissait° d'un clin d'œil des friponneries de ces

C. Eisen inv. J. Tardieu sculp.

pauvres gens, qui tâchaient° de réparer les cruautés du sort. L'abbé périgourdin, Candide et Martin entrèrent; personne ne se leva, ni les salua, ni les regarda; tous étaient profondément occupés de leurs

cornait: pliait le coin	**avertissait:** informait
pratiques: *ici*, joueurs habituels	**tâchaient:** essayaient

204 *parolis*. Dans ce jeu de cartes, le *paroli* désignait une mise (= argent engagé) double de la première.

205 *les sept-et-le-va de campagne*. Le *sept-et-le-va* est un autre coup de cartes consistant à augmenter la mise, par une mise sept fois supérieure à la précédente. Le *sept-et-le va de campagne* était une mise irrégulière faite par un ponte.

206 *la marquise de Parolignac*. Rappelle à la fois le terme de jeu *parolis* (*Voir* note 204) et un nom de ville (inventé) du Périgord, région du sud de France où les noms propres finissent souvent en *-nac*. Donc, la marquise ne serait pas parisienne; de plus, elle agirait de concert avec le petit abbé périgourdin.

cartes. « Madame la baronne de Thunder-ten-tronckh était plus
civile », dit Candide.

Cependant l'abbé s'approcha de l'oreille de la marquise, qui se
leva à moitié, honora Candide d'un sourire gracieux, et Martin d'un
air de tête tout à fait noble; elle fit donner un siège et un jeu de
cartes à Candide, qui perdit cinquante mille francs en deux tailles°;
après quoi on soupa très gaiement, et tout le monde était étonné que
Candide ne fût pas ému de sa perte; les laquais disaient entre eux,
dans leur langage de laquais: « Il faut que ce soit quelque milord
anglais. »

Le souper fut comme la plupart des soupers de Paris: d'abord
du silence, ensuite un bruit de paroles qu'on ne distingue point, puis
des plaisanteries dont la plupart sont insipides, de fausses nouvelles,
de mauvais raisonnements, un peu de politique et beaucoup de
médisance°; on parla même de livres nouveaux. « Avez-vous lu,
dit l'abbé périgourdin, le roman du sieur Gauchat,[207] docteur
en théologie? — Oui, répondit un des convives, mais je n'ai pu
l'achever. Nous avons une foule d'écrits impertinents, mais tous
ensemble n'approchent pas de l'impertinence de Gauchat, docteur
en théologie; je suis si rassasié° de cette immensité de détestables
livres qui nous inondent que je me suis mis à ponter° au pharaon.
— Et les *Mélanges* de l'archidiacre T...,[208] qu'en dites-vous? dit
l'abbé. — Ah! dit Mme de Parolignac, l'ennuyeux mortel! comme
il vous dit curieusement tout ce que le monde sait! comme il discute
pesamment ce qui ne vaut pas la peine d'être remarqué légèrement!
comme il s'approprie sans esprit l'esprit des autres! comme il gâte° ce
qu'il pille°! comme il me dégoûte! Mais il ne me dégoûtera plus: c'est
assez d'avoir lu quelques pages de l'archidiacre. »

tailles: *ici*, séries de jeux	**ponter:** jouer contre la banque
médisance: parler contre les autres	**gâte:** endommage
rassasié: *ici*, dégoûté	**pille:** vole

207 *le roman du sieur Gauchat*. L'abbé Gabriel Gauchat (1709-1774). Fort
adversaire des philosophes et de Voltaire, il a écrit ses *Lettres critiques*
en douze volumes.

208 *l'archidiacre T...* L'abbé Trublet (1677-1770). Autre adversaire
catholique et conservateur des philosophes français; il rédigeait le
Journal chrétien.

Il y avait à table un homme savant et de goût qui appuya° ce que disait la marquise. On parla ensuite de tragédies; la dame demanda pourquoi il y avait des tragédies qu'on jouait quelquefois, et qu'on ne pouvait lire. L'homme de goût expliqua très bien comment une pièce pouvait avoir quelque intérêt et n'avoir presque aucun mérite; il prouva en peu de mots que ce n'était pas assez d'amener une ou deux de ces situations qu'on trouve dans tous les romans, et qui séduisent toujours les spectateurs, mais qu'il faut être neuf sans être bizarre, souvent sublime, et toujours naturel; connaître le cœur humain et le faire parler; être grand poète sans que jamais aucun personnage de la pièce paraisse poète; savoir parfaitement sa langue, la parler avec pureté, avec une harmonie continue, sans que jamais la rime coûte rien au sens.[209] « Quiconque, ajouta-t-il, n'observe pas toutes ces règles peut faire une ou deux tragédies applaudies au théâtre, mais il ne sera jamais compté au rang des bons écrivains; il y a très peu de bonnes tragédies; les unes sont des idylles en dialogues bien écrits et bien rimés; les autres, des raisonnements politiques qui endorment, ou des amplifications qui rebutent°; les autres, des rêves d'énergumène,° en style barbare, des propos interrompus, de longues apostrophes° aux dieux, parce qu'on ne sait point parler aux hommes, des maximes fausses, des lieux communs ampoulés.° »

Candide écouta ce propos avec attention, et conçut une grande idée° du discoureur°; et, comme la marquise avait eu soin de le placer à côté d'elle, il s'approcha de son oreille, et prit la liberté de lui demander qui était cet homme qui parlait si bien. « C'est un savant, dit la dame, qui ne ponte point, et que l'abbé m'amène quelquefois à souper; il se connaît parfaitement en tragédies et en livres, et il a fait une tragédie sifflée° et un livre dont on n'a jamais vu hors de

appuya: fut d'accord avec
rebutent: ennuient, repoussent
énergumène: homme exalté
apostrophes: figures de style: adresse directe

ampoulés: pompeux
conçut une grande idée: admira beaucoup
discoureur: celui qui parle
sifflée: qu'on a détestée (en sifflant)

209 *sans que jamais la rime coûte rien au sens.* Voltaire profite de cet interlude pour professer son art poétique du théâtre. Rappelez-vous que Voltaire a écrit une soixantaine de pièces de théâtre, la plupart des tragédies de style « classique ».

la boutique de son libraire qu'un exemplaire qu'il m'a dédié. — Le grand homme! dit Candide; c'est un autre Pangloss. »

Alors, se tournant vers lui, il lui dit: « Monsieur, vous pensez sans doute que tout est au mieux dans le monde physique et dans le moral, et que rien ne pouvait être autrement? — Moi, monsieur, lui répondit le savant, je ne pense rien de tout cela: je trouve que tout va de travers° chez nous; que personne ne sait ni quel est son rang, ni quelle est sa charge, ni ce qu'il fait, ni ce qu'il doit faire, et qu'excepté le souper, qui est assez gai et où il paraît assez d'union,° tout le reste du temps se passe en querelles impertinentes: jansénistes contre molinistes,[210] gens du parlement[211] contre gens d'église, ens de lettres contre gens de lettres, courtisans° contre courtisans, financiers contre le peuple, femmes contre maris, parents contre parents; c'est une guerre éternelle. »

Candide lui répliqua: « J'ai vu pis. Mais un sage, qui depuis a eu le malheur d'être pendu, m'apprit que tout cela est à merveille; ce sont des ombres à un beau tableau. — Votre pendu se moquait du monde, dit Martin; vos ombres sont des taches horribles. — Ce sont les hommes qui font les taches, dit Candide, et ils ne peuvent pas s'en dispenser.° — Ce n'est donc pas leur faute », dit Martin. La plupart des pontes, qui n'entendaient rien à ce langage, buvaient; et Martin raisonna avec le savant, et Candide raconta une partie de ses aventures à la dame du logis.

Après soupé, la marquise mena Candide dans son cabinet et le fit asseoir sur un canapé. « Eh bien! lui dit-elle, vous aimez donc toujours éperdument Mlle Cunégonde de Thunder-ten-tronckh? — Oui, madame », répondit Candide. La marquise lui répliqua avec un souris° tendre: « Vous me répondez comme un jeune homme de Westphalie; un Français m'aurait dit: «Il est vrai que j'ai aimé Mlle

de travers: *ici*, mal	cour royale
union: amitié	**s'en dispenser:** ne pas le faire
courtisans: personnes de la	**souris:** (vieilli) sourire

210 *molinistes*. Partisan de Luis Molina, jésuite et humaniste espagnol du XVIe siècle qui affirmait que la prédestination était conciliable avec le libre arbitre. Les jansénistes menaient de virulentes attaques contre cette doctrine.

211 *gens du parlement*. *Voir* note 165.

Cunégonde; mais en vous voyant, madame, je crains de ne la plus aimer.» — Hélas! madame, dit Candide, je répondrai comme vous voudrez. — Votre passion pour elle, dit la marquise, a commencé en ramassant son mouchoir; je veux que vous ramassiez ma jarretière.°
— De tout mon cœur », dit Candide; et il la ramassa. « Mais je veux que vous me la remettiez », dit la dame; et Candide la lui remit. « Voyez-vous, dit la dame, vous êtes étranger, je fais quelquefois languir° mes amants de Paris quinze jours, mais je me rends à vous dès la première nuit, parce qu'il faut faire les honneurs de son pays à un jeune homme de Westphalie. » La belle, ayant aperçu deux énormes diamants aux deux mains de son jeune étranger, les loua de si bonne foi° que des doigts de Candide ils passèrent aux doigts de la marquise.

Candide, en s'en retournant avec son abbé périgourdin, sentit quelques remords d'avoir fait une infidélité à Mlle Cunégonde; monsieur l'abbé entra dans sa peine°; il° n'avait qu'une légère part aux cinquante mille livres perdues au jeu par Candide, et à la valeur des deux brillants° moitié donnés, moitié extorqués. Son dessein était de profiter, autant qu'il le pourrait, des avantages que la connaissance de Candide pouvait lui procurer. Il lui parla beaucoup de Cunégonde; et Candide lui dit qu'il demanderait bien pardon à cette belle de son infidélité, quand il la verrait à Venise.

Le Périgourdin redoublait de politesse et d'attentions, et prenait un intérêt tendre à tout ce que Candide disait, à tout ce qu'il faisait, à tout ce qu'il voulait faire.

« Vous avez donc, monsieur, lui dit-il, un rendez-vous à Venise?
— Oui, monsieur l'abbé, dit Candide; il faut absolument que j'aille trouver Mlle Cunégonde. » Alors, engagé par le plaisir de parler de ce qu'il aimait, il conta, selon son usage, une partie de ses aventures avec cette illustre Westphalienne.

« Je crois, dit l'abbé, que Mlle Cunégonde a bien de l'esprit, et qu'elle écrit des lettres charmantes? — Je n'en ai jamais reçu, dit Candide; car figurez-vous qu'ayant été chassé du château pour l'amour d'elle, je ne pus lui écrire; que bientôt après j'appris qu'elle

jarretière: bande pour maintenir les bas
languir: attendre avec impatience
de si bonne foi: si sincèrement

entra dans sa peine: exprima sa commisération
il: l'abbé périgourdin
brillants: diamants

était morte, qu'ensuite je la retrouvai, et que je la perdis, et que je lui ai envoyé à deux mille cinq cents lieues d'ici un exprès° dont j'attends la réponse. »

L'abbé écoutait attentivement, et paraissait un peu rêveur. Il prit bientôt congé des deux étrangers, après les avoir tendrement embrassés. Le lendemain Candide reçut à son réveil une lettre conçue en ces termes:

« *Monsieur, mon très cher amant, il y a huit jours que je suis malade en cette ville; j'apprends que vous y êtes. Je volerais dans vos bras si je pouvais remuer. J'ai su votre passage à Bordeaux; j'y ai laissé le fidèle Cacambo et la vieille, qui doivent bientôt me suivre. Le gouverneur de Buenos-Ayres a tout pris, mais il me reste votre cœur. Venez, votre présence me rendra la vie, ou me fera mourir de plaisir.* »

Cette lettre charmante, cette lettre inespérée, transporta Candide d'une joie inexprimable; et la maladie de sa chère Cunégonde l'accabla de douleur. Partagé entre ces deux sentiments, il prend son or et ses diamants, et se fait conduire avec Martin à l'hôtel où Mlle Cunégonde demeurait. Il entre en tremblant d'émotion, son cœur palpite, sa voix sanglote; il veut ouvrir les rideaux du lit, il veut faire apporter de la lumière. « Gardez-vous-en bien, lui dit la suivante, la lumière la tue »; et soudain elle referme le rideau. « Ma chère Cunégonde, dit Candide en pleurant, comment vous portez-vous? si vous ne pouvez me voir, parlez-moi du moins. — Elle ne peut parler », dit la suivante. La dame alors tire du lit une main potelée° que Candide arrose longtemps de ses larmes, et qu'il remplit ensuite de diamants, en laissant un sac plein d'or sur le fauteuil.

Au milieu de ses transports arrive un exempt° suivi de l'abbé périgourdin et d'une escouade.° « Voilà donc, dit-il, ces deux étrangers suspects? » Il les fait incontinent saisir, et ordonne à ses braves de les traîner en prison. « Ce n'est pas ainsi qu'on traite les voyageurs dans le Dorado, dit Candide. — Je suis plus manichéen que jamais, dit Martin. — Mais, monsieur, où nous menez-vous? dit Candide. — Dans un cul de basse-fosse° », dit l'exempt.

Martin, ayant repris son sang-froid, jugea que la dame qui se prétendait Cunégonde était une friponne, monsieur l'abbé

exprès: lettre portée par un messager
potelée: grasse
exempt: officier de police

escouade: brigade
cul de basse-fosse: prison souterraine

périgourdin un fripon qui avait abusé au plus vite de l'innocence de Candide, et l'exempt un autre fripon dont on pouvait aisément se débarrasser.

Plutôt que de s'exposer aux procédures de la justice, Candide, éclairé° par son conseil, et d'ailleurs toujours impatient de revoir la véritable Cunégonde, propose à l'exempt trois petits diamants d'environ trois mille pistoles chacun. « Ah! monsieur, lui dit l'homme au bâton d'ivoire,[212] eussiez-vous commis tous les crimes imaginables, vous êtes le plus honnête homme du monde; trois diamants! chacun de trois mille pistoles! Monsieur! je me ferais tuer pour vous, au lieu de vous mener dans un cachot. On arrête tous les étrangers, mais laissez-moi faire; j'ai un frère à Dieppe en Normandie,[213] je vais vous y mener; et si vous avez quelque diamant à lui donner, il aura soin de vous comme moi-même.

— Et pourquoi arrête-t-on tous les étrangers? » dit Candide. L'abbé périgourdin prit alors la parole et dit: « C'est parce qu'un gueux du pays d'Atrébatie[214] a entendu dire des sottises: cela seul lui a fait commettre un parricide,° non pas tel que celui de 1610[215] au mois de mai, mais tel que celui de 1594[216] au mois de décembre, et tel que plusieurs autres commis dans d'autres années et dans d'autres mois par d'autres gueux qui avaient entendu dire des sottises. »

éclairé: informé

parricide: meurtre du père (*ici*, attentat contre Louis XV)

212 *l'homme au bâton d'ivoire*. Il s'agit de l'exempt (= officier de police) qui portait un bâton à bouts d'ivoire.

213 *à Dieppe en Normandie*. Par ce moyen Candide peut au moins s'échapper vers la côte Atlantique d'Europe; Dieppe est un port de voyageurs vers l'Angleterre.

214 *un gueux du pays d'Atrébatie*. Allusion à Robert-François Damiens qui, en janvier 1757, a fait une tentative d'assassinat au roi Louis XV. Damiens était né dans l'Artois (anciennement *Atrébatie*), dans le nord de la France.

215 *1610*. L'assassinat d'Henri IV par le fanatique François Ravaillac, une affaire que Voltaire a souvent évoquée. Henri IV (1553-1610): le roi français huguenot (= protestant), promulgateur de l'Édit de Nantes (1598) qui avait accordé la liberté religieuse aux protestants de France. (Louis XIV a révoqué l'Édit de Nantes en 1685.)

216 *1594*. Attentat de Jean Châtel contre Henri IV. *Voir* note 215.

L'exempt alors expliqua de quoi il s'agissait. « Ah, les monstres! s'écria Candide; quoi! de telles horreurs chez un peuple qui danse et qui chante! Ne pourrai-je sortir au plus vite de ce pays où des singes agacent° des tigres? J'ai vu des ours dans mon pays; je n'ai vu des hommes que dans le Dorado. Au nom de Dieu, monsieur l'exempt, menez-moi à Venise, où je dois attendre Mlle Cunégonde. — Je ne peux vous mener qu'en Basse-Normandie », dit le barigel.° Aussitôt il lui fait ôter ses fers, dit qu'il s'est mépris,° renvoie ses gens et emmène à Dieppe Candide et Martin, et les laisse entre les mains de son frère. Il y avait un petit vaisseau hollandais à la rade. Le Normand, à l'aide de trois autres diamants, devenu le plus serviable des hommes, embarque Candide et ses gens dans le vaisseau qui allait faire voile pour Portsmouth[217] en Angleterre. Ce n'était pas le chemin de Venise; mais Candide croyait être délivré de l'enfer, et il comptait bien reprendre la route de Venise à la première occasion.

CHAPITRE VINGT-TROISIÈME

CANDIDE ET MARTIN
VONT SUR LES CÔTES D'ANGLETERRE;
CE QU'ILS Y VOIENT

« Ah, Pangloss! Pangloss! Ah, Martin! Martin! Ah, ma chère Cunégonde! qu'est-ce que ce monde-ci? disait Candide sur le vaisseau hollandais. — Quelque chose de bien fou et de bien abominable, répondait Martin. — Vous connaissez l'Angleterre; y est-on aussi fou qu'en France? — C'est une autre espèce de folie, dit Martin. Vous savez que ces deux nations sont en guerre[218] pour quelques arpents°

agacent: irritent
barigel: chef de la police
s'est mépris: s'est trompé

arpents: mesures agraires (3.500 mètres carrés)

217 *Portsmouth*. Ville anglaise sur l'île de Portsea au sud de l'Angleterre; important port et port de guerre.

218 *ces deux nations sont en guerre*. Allusion aux combats qui, depuis 1741, opposaient la France et l'Angleterre pour la possession de territoires au Canada, à l'entrée du Saint-Laurent. Cette guerre n'intéressait pas les Français. Pays au climat difficile, le Canada ne paraissait pas offrir les métaux précieux tant recherchés.

de neige vers le Canada, et qu'elles dépensent pour cette belle guerre beaucoup plus que tout le Canada ne vaut. De vous dire précisément s'il y a plus de gens à lier° dans un pays que dans un autre, c'est ce que mes faibles lumières° ne me permettent pas. Je sais seulement qu'en général les gens que nous allons voir sont fort atrabilaires.° »

En causant° ainsi ils abordèrent à Portsmouth; une multitude de peuple couvrait le rivage, et regardait attentivement un assez gros homme qui était à genoux, les yeux bandés, sur le tillac d'un des vaisseaux de la flotte; quatre soldats, postés vis-à-vis de cet homme, lui tirèrent chacun trois balles dans le crâne le plus paisiblement du monde, et toute l'assemblée s'en retourna extrêmement satisfaite. « Qu'est-ce donc que tout ceci? dit Candide, et quel démon exerce partout son empire? » Il demanda qui était ce gros homme qu'on venait de tuer en cérémonie. « C'est un amiral, lui répondit-on. — Et pourquoi tuer cet amiral?[219] — C'est, lui dit-on, parce qu'il n'a pas fait tuer assez de monde; il a livré un combat à un amiral français, et on a trouvé qu'il n'était pas assez près de lui. — Mais, dit Candide, l'amiral français était aussi loin de l'amiral anglais que celui-ci l'était de l'autre! — Cela est incontestable, lui répliqua-t-on; mais dans ce pays-ci il est bon de tuer de temps en temps un amiral pour encourager les autres. »

Candide fut si étourdi° et si choqué de ce qu'il voyait, et de ce qu'il entendait, qu'il ne voulut pas seulement° mettre pied à terre, et qu'il fit son marché avec le patron hollandais (dût-il° le voler comme celui de Surinam) pour le conduire sans délai à Venise.

Le patron fut prêt au bout de deux jours. On côtoya° la France; on passa à la vue de Lisbonne, et Candide frémit.° On entra dans le

lier: *ici*, mettre en prison	**étourdi:** troublé
lumières: *ici*, connaissances	**seulement:** *ici*, même
atrabilaires: mélancoliques,	**dût-il:** même s'il allait
colériques	**côtoya:** alla le long de la côte
causant: *ici*, parlant	**frémit:** trembla

219 *Et pourquoi tuer cet amiral?* Allusion à l'amiral John Byng, exécuté à Portsmouth le 14 mars 1757, pour trahison (il aurait manqué de combativité dans une bataille contre les Français près de Minorque). Voltaire a intervenu, sans succès, en faveur de Byng; désormais il travaillera contre l'injustice des peines judiciaires.

détroit° et dans la Méditerranée[220]; enfin on aborda à Venise. « Dieu
soit loué! dit Candide en embrassant Martin; c'est ici que je reverrai
la belle Cunégonde. Je compte sur Cacambo comme sur moi-même.
Tout est bien, tout va bien, tout va le mieux qu'il soit possible. »

CHAPITRE VINGT-QUATRIÈME

DE PAQUETTE ET DE FRÈRE GIROFLÉE°

Dès qu'il fut à Venise, il fit chercher Cacambo dans tous les
cabarets, dans tous les cafés, chez toutes les filles de joie,° et ne le
trouva point. Il envoyait tous les jours à la découverte de° tous les
vaisseaux et de toutes les barques: nulles nouvelles de Cacambo.
« Quoi! disait-il à Martin, j'ai eu le temps de passer de Surinam à
Bordeaux, d'aller de Bordeaux à Paris, de Paris à Dieppe, de Dieppe
à Portsmouth, de côtoyer le Portugal et l'Espagne, de traverser
toute la Méditerranée, de passer quelques mois à Venise, et la belle
Cunégonde n'est point venue! Je n'ai rencontré au lieu d'elle qu'une
drôlesse° et un abbé périgourdin! Cunégonde est morte sans doute,
je n'ai plus qu'à mourir. Ah! il valait mieux rester dans le paradis du
Dorado que de revenir dans cette maudite Europe. Que vous avez
raison, mon cher Martin! tout n'est qu'illusion et calamité. »

Il tomba dans une mélancolie noire, et ne prit aucune part a
l'opéra *alla moda* ni aux autres divertissements du carnaval[221]; pas une
dame ne lui donna la moindre tentation. Martin lui dit: « Vous êtes

détroit (de Gibraltar): bras de mer
(entre l'Espagne et le Maroc)
Giroflée: fleur de jardin, en forme
de croix
fille de joie: prostituée

à la découverte de: *ici*, à se
renseigner auprès de
drôlesse: femme méprisable (la
Marquise)

220 *dans la Méditerranée.* Le patron hollandais va emmener Candide
et Martin le long de la côte française-espagnole-portugaise, avant
d'entrer dans la Méditerranée par le détroit de Gibraltar et contourner
l'Italie par le sud, pour arriver enfin à Venise sur la mer Adriatique.

221 *divertissements du carnaval.* Le carnaval de Venise a commencé pendant
la Renaissance et se déroule tous les ans au mois de février (les douze
jours précédant le Mardi Gras). Candide aurait pu s'y déguiser, porter
le masque traditionnel, participer aux bals, jeux publics, défilés, etc.

bien simple, en vérité, de vous figurer qu'un valet métis, qui a cinq ou six millions dans ses poches, ira chercher votre maîtresse au bout du monde et vous l'amènera à Venise. Il la prendra pour lui, s'il la trouve. S'il ne la trouve pas, il en prendra une autre: je vous conseille d'oublier votre valet Cacambo et votre maîtresse Cunégonde. » Martin n'était pas consolant. La mélancolie de Candide augmenta, et Martin ne cessait de lui prouver qu'il y avait peu de vertu et peu de bonheur sur la terre, excepté peut-être dans Eldorado, où personne ne pouvait aller.

En disputant sur cette matière importante, et en attendant Cunégonde, Candide aperçut un jeune théatin[222] dans la place Saint-Marc,[223] qui tenait sous le bras une fille. Le théatin paraissait frais, potelé, vigoureux; ses yeux étaient brillants, son air assuré, sa mine haute, sa démarche fière. La fille était très jolie et chantait; elle regardait amoureusement son théatin, et de temps en temps lui pinçait ses grosses joues. « Vous m'avouerez du moins, dit Candide à Martin, que ces gens-ci sont heureux. Je n'ai trouvé jusqu'à présent dans toute la terre habitable, excepté dans Eldorado, que des infortunés; mais, pour cette fille et ce théatin, je gage° que ce sont des créatures très heureuses. — Je gage que non, dit Martin. — Il n'y a qu'à les prier à dîner, dit Candide, et vous verrez si je me trompe. »

Aussitôt il les aborde, il leur fait son compliment, et les invite à venir à son hôtellerie manger des macaronis, des perdrix° de Lombardie,° des œufs d'esturgeon,° et à boire du vin de Montepulciano,° du lacrima-christi,° du chypre° et du samos.° La

gage: parie	**Montepulciano:** ville de Toscane, près de Sienne
perdrix: oiseau chassé (famille des poules)	**du lacrima-christi:** vin de Campanie, près de Naples
Lombardie: province du nord de l'Italie	**du chypre:** vin de cette île de la Méditerranée
œufs d'esturgeon: caviar	**du samos:** vin de cette île grecque

222 *un jeune théatin.* Membre d'un ordre religieux fondé au XVIe siècle en Italie pour réformer les mœurs licencieuses du clergé. L'ironie représentée par ce personnage est assez claire.

223 *la place Saint-Marc.* La grand-place de Venise, cœur de la ville, au bord du Grand Canal; elle est entourée de la basilique Saint-Marc, du campanile de Saint-Marc et du palais des Doges.

demoiselle rougit, le théatin accepta la partie,° et la fille le suivit en regardant Candide avec des yeux de surprise et de confusion qui furent obscurcis de quelques larmes. À peine fut-elle entrée dans la chambre de Candide qu'elle lui dit: « Eh quoi! monsieur Candide ne reconnaît plus Paquette! » À ces mots, Candide, qui ne l'avait pas considérée jusque-là avec attention, parce qu'il n'était occupé que de Cunégonde, lui dit: « Hélas! ma pauvre enfant, c'est donc vous qui avez mis le docteur Pangloss dans le bel état où je l'ai vu?

— Hélas! monsieur, c'est moi-même, dit Paquette; je vois que vous êtes instruit de tout. J'ai su les malheurs épouvantables arrivés à toute la maison de madame la baronne et à la belle Cunégonde. Je vous jure que ma destinée n'a guère été moins triste. J'étais fort innocente quand vous m'avez vue. Un cordelier qui était mon confesseur me séduisit aisément. Les suites en furent affreuses; je fus obligée de sortir du château quelques temps après que monsieur le baron vous eut renvoyé à grands coups de pied dans le derrière. Si un fameux médecin n'avait pas pris pitié de moi, j'étais morte. Je fus quelque temps par reconnaissance la maîtresse de ce médecin. Sa femme, qui était jalouse à la rage, me battait tous les jours impitoyablement; c'était une furie.° Ce médecin était le plus laid de tous les hommes, et moi la plus malheureuse de toutes les créatures d'être battue continuellement pour un homme que je n'aimais pas. Vous savez, monsieur, combien il est dangereux pour une femme acariâtre° d'être l'épouse d'un médecin. Celui-ci, outré° des procédés de sa femme, lui donna un jour, pour la guérir d'un petit rhume, une médecine si efficace qu'elle en mourut en deux heures de temps dans des convulsions horribles. Les parents de madame intentèrent° à monsieur un procès criminel; il prit la fuite, et moi je fus mise en prison. Mon innocence ne m'aurait pas sauvée si je n'avais été un peu jolie. Le juge m'élargit° à condition qu'il succéderait au médecin. Je fus bientôt supplantée par une rivale, chassée sans récompense, et obligée de continuer ce métier abominable qui vous paraît si plaisant à vous autres hommes, et qui n'est pour nous qu'un abîme° de misères. J'allai exercer la profession à Venise. Ah! monsieur, si

partie: *ici*, pique-nique	**outré:** indigné
furie: femme violente (mythologie romaine)	**intentèrent:** dirigèrent
acariâtre: désagréable	**m'élargit:** me libéra
	abîme: gouffre profond

vous pouviez vous imaginer ce que c'est que d'être obligée de caresser indifféremment un vieux marchand, un avocat, un moine, un gondolier, un abbé; d'être exposée à toutes les insultes, à toutes les avanies°; d'être souvent réduite à emprunter une jupe pour aller se la faire lever par un homme dégoûtant; d'être volée par l'un de ce qu'on a gagné avec l'autre; d'être rançonnée par les officiers de justice, et de n'avoir en perspective qu'une vieillesse affreuse, un hôpital et un fumier,° [224] vous concluriez que je suis une des plus malheureuses créatures du monde. »

Paquette ouvrait ainsi son cœur au bon Candide, dans un cabinet, en présence de Martin, qui disait à Candide: « Vous voyez que j'ai déjà gagné la moitié de la gageure. »

Frère Giroflée était resté dans la salle à manger, et buvait un coup en attendant le dîner. « Mais, dit Candide à Paquette, vous aviez l'air si gai, si content, quand je vous ai rencontrée; vous chantiez, vous caressiez le théatin avec une complaisance° naturelle; vous m'avez paru aussi heureuse que vous prétendez° être infortunée. — Ah! monsieur, répondit Paquette, c'est encore là une des misères du métier. J'ai été hier volée et battue par un officier, et il faut aujourd'hui que je paraisse de bonne humeur pour plaire à un moine. »

Candide n'en voulut pas davantage; il avoua que Martin avait raison. On se mit à table avec Paquette et le théatin, le repas fut assez amusant, et sur la fin on se parla avec quelque confiance. « Mon Père, dit Candide au moine, vous me paraissez jouir d'une destinée que tout le monde doit envier; la fleur de la santé brille sur votre visage, votre physionomie annonce le bonheur; vous avez une très jolie fille pour votre récréation, et vous paraissez très content de votre état de théatin.

— Ma foi, monsieur, dit frère Giroflée, je voudrais que tous les théatins fussent au fond de la mer. J'ai été tenté cent fois de mettre le

avanies: traitements humiliants	**complaisance:** satisfaction
fumier: tas d'excrément (voirie)	**vous prétendez:** vous vous dites

224 *un fumier.* L'église interdisait aux prostituées (comme aux comédiens) d'être enterrées en terre chrétienne; leur corps était jeté à la voirie. Cette plaidoirie de Voltaire en faveur des prostituées correspond à celles qu'il a déjà faites en faveur des esclaves, des femmes, des soldats, des comédiens, des pauvres, des prisonniers, des religieux (moines), des savants, etc. *Voir aussi* notes 81 et 196.

feu au couvent, et d'aller me faire turc.° Mes parents me forcèrent à
l'âge de quinze ans d'endosser° cette détestable robe, pour laisser plus
de fortune à un maudit frère aîné que Dieu confonde°! La jalousie, la
discorde, la rage, habitent dans le couvent. Il est vrai que j'ai prêché
quelques mauvais sermons qui m'ont valu un peu d'argent, dont le
prieur me vole la moitié: le reste me sert à entretenir des filles; mais,
quand je rentre le soir dans le monastère, je suis prêt de me casser
la tête contre les murs du dortoir; et tous mes confrères sont dans le
même cas. »

Martin se tournant vers Candide avec son sang-froid ordinaire:
« Eh bien! lui dit-il, n'ai-je pas gagné la gageure tout entière? »
Candide donna deux mille piastres à Paquette et mille piastres à frère
Giroflée. « Je vous réponds, dit-il, qu'avec cela ils seront heureux.
— Je n'en crois rien du tout, dit Martin; vous les rendrez peut-être
avec ces piastres beaucoup plus malheureux encore. — Il en sera ce
qui pourra, dit Candide; mais une chose me console, je vois qu'on
retrouve souvent les gens qu'on ne croyait jamais retrouver; il se
pourra bien faire qu'ayant rencontré mon mouton rouge et Paquette,
je rencontre aussi Cunégonde. — Je souhaite, dit Martin, qu'elle
fasse un jour votre bonheur; mais c'est de quoi je doute fort. — Vous
êtes bien dur, dit Candide. — C'est que j'ai vécu, dit Martin.

— Mais regardez ces gondoliers, dit Candide; ne chantent-ils
pas sans cesse? — Vous ne les voyez pas dans leur ménage, avec
leurs femmes et leurs marmots° d'enfants, dit Martin. Le doge° a ses
chagrins, les gondoliers ont les leurs. Il est vrai qu'à tout prendre le
sort d'un gondolier est préférable à celui d'un doge; mais je crois la
différence si médiocre que cela ne vaut pas la peine d'être examiné.

— On parle, dit Candide, du sénateur Pococuranté[225] qui
demeure dans ce beau palais sur la Brenta,[226] et qui reçoit assez bien
les étrangers. On prétend que c'est un homme qui n'a jamais eu de

turc: *ici*, musulman	**marmots:** gosses, petits
endosser: me vêtir de	**doge:** chef de la république de
confonde: *ici*, frappe	Venise

225 *Pococuranté.* Jeu de mots fait à partir de l'italien *poco curante* = peu
soucieux. Symbole d'ennui et de cynisme vis-à-vis des icônes de la
haute culture occidentale.

226 *la Brenta.* Cette rivière, qui se jette dans la lagune de Venise, est bordée
de belles maisons privées (*palazzi*).

chagrin. — Je voudrais voir une espèce si rare », dit Martin. Candide aussitôt fit demander au seigneur Pococuranté la permission de venir le voir le lendemain.

CHAPITRE VINGT-CINQUIÈME

VISITE CHEZ LE SEIGNEUR POCOCURANTÉ, NOBLE VÉNITIEN

Candide et Martin allèrent en gondole sur la Brenta et arrivèrent au palais du noble Pococuranté. Les jardins étaient bien entendus,° et ornés de belles statues de marbre; le palais, d'une belle architecture. Le maître du logis, homme de soixante ans, fort riche, reçut très poliment les deux curieux, mais avec très peu d'empressement, ce qui déconcerta Candide et ne déplut point° à Martin.

D'abord deux filles jolies et proprement mises° servirent du chocolat qu'elles firent très bien mousser.° Candide ne put s'empêcher de les louer sur leur beauté, sur leur bonne grâce et sur leur adresse. « Ce sont d'assez bonnes créatures, dit le sénateur Pococuranté; je les fais quelquefois coucher dans mon lit, car je suis bien las° des dames de la ville, de leurs coquetteries, de leurs jalousies, de leurs querelles, de leurs humeurs,° de leurs petitesses, de leur orgueil,° de leurs sottises, et des sonnets qu'il faut faire ou commander pour elles; mais, après tout, ces deux filles commencent fort à m'ennuyer. »

Candide, après le déjeuner, se promenant dans une longue galerie, fut surpris de la beauté des tableaux. Il demanda de quel maître étaient les deux premiers. « Ils sont de Raphaël,[227] dit le sénateur; je les achetai fort cher par vanité il y a quelques années; on dit que c'est ce qu'il y a de plus beau en Italie, mais ils ne me plaisent point du tout: la couleur en est très rembrunie°; les figures ne sont pas assez

bien entendus: *ici*, bien organisés	**las:** fatigué
ne déplut point: (litote) plut assez	**humeurs:** dispositions
(*déplaire*)	**orgueil:** hauteur
mises: habillées	**rembrunie:** sombre
mousser: battre	

227 *Raphaël.* Peintre italien (1583-1620). Devenu dès 1503 le peintre officiel de la papauté, son œuvre majeure reste la décoration des salles de l'appartement du pape Jules II au Vatican.

arrondies, et ne sortent point° assez; les draperies ne ressemblent en rien à une étoffe; en un mot, quoi qu'on en dise, je ne trouve point là une imitation vraie de la nature. Je n'aimerai un tableau que quand je croirai voir la nature elle-même: il n'y en a point de cette espèce. J'ai beaucoup de tableaux mais je ne les regarde plus. »

Pococuranté, en attendant le dîner, se fit donner un concerto. Candide trouva la musique délicieuse. « Ce bruit, dit Pococuranté, peut amuser une demi-heure; mais, s'il dure plus longtemps, il fatigue tout le monde, quoique personne n'ose l'avouer. La musique aujourd'hui n'est plus que l'art d'exécuter des choses difficiles, et ce qui n'est que difficile ne plaît point à la longue.

« J'aimerais peut-être mieux l'opéra, si on n'avait pas trouvé le secret d'en faire un monstre qui me révolte. Ira voir qui voudra° de mauvaises tragédies en musique, où les scènes ne sont faites que pour amener, très mal à propos,° deux ou trois chansons ridicules qui font valoir le gosier° d'une actrice; se pâmera de plaisir qui voudra,° ou qui pourra, en voyant un châtré fredonner° le rôle de César et de Caton[228] et se promener d'un air gauche sur des planches; pour moi, il y a longtemps que j'ai renoncé à ces pauvretés,° qui font aujourd'hui la gloire de l'Italie, et que des souverains payent si chèrement.[229] » Candide disputa un peu, mais avec discrétion. Martin fut entièrement de l'avis du sénateur.

On se mit à table, et après un excellent dîner, on entra dans la bibliothèque. Candide, en voyant un Homère[230] magnifiquement relié,° loua l'illustrissime° sur son bon goût. « Voilà, dit-il, un livre

ne sortent point assez: n'ont pas assez de relief	**se pâmera de plaisir qui voudra:** qu'ils s'évanouissent de plaisir
ira voir qui voudra: qu'ils aillent voir	**fredonner:** chanter à demi-voix
mal à propos: inopportunément	**pauvretés:** choses banales
gosier: intérieur de la gorge	**relié:** dont les feuillets sont cousus
	illustrissime: très honoré (leur hôte)

228 *César... Caton.* Voltaire insiste sur le contraste entre la personne du chanteur et les rôles qu'il joue: César le conquérant et Caton le stoïcien.

229 *il y a longtemps... si chèrement.* Allusion aux polémiques qui, au XVIIIe siècle, ont opposé partisans et adversaires de l'opéra italien.

230 *un Homère.* Poète grec qui serait né au IXe siècle avant notre ère, et à qui on attribue l'*Iliade* et l'*Odyssée*. Voltaire avait exprimé les mêmes opinions de la littérature classique dans son *Essai sur la poésie épique* (1726).

qui faisait les délices du grand Pangloss, le meilleur philosophe de l'Allemagne. — Il ne fait pas les miennes, dit froidement Pococuranté; on me fit accroire° autrefois que j'avais du plaisir en le lisant; mais cette répétition continuelle de combats qui se ressemblent tous, ces dieux qui agissent toujours pour ne rien faire de décisif, cette Hélène qui est le sujet de la guerre, et qui à peine est une actrice de la pièce[231]; cette Troie qu'on assiège et qu'on ne prend point, tout cela me causait le plus mortel ennui. J'ai demandé quelquefois à des savants s'ils s'ennuyaient autant que moi à cette lecture. Tous les gens sincères m'ont avoué que le livre leur tombait des mains, mais qu'il fallait toujours l'avoir dans sa bibliothèque, comme un monument de l'antiquité, et comme ces médailles rouillées° qui ne peuvent être de commerce.°

— Votre Excellence ne pense pas ainsi de Virgile[232]? dit Candide.

— Je conviens, dit Pococuranté, que le second, le quatrième et le sixième livre de son *Énéide* sont excellents; mais pour son pieux Énée, et le fort Cloanthe, et l'ami Achates, et le petit Ascanius, et l'imbécile roi Latinus, et la bourgeoise Amata, et l'insipide Lavinia, je ne crois pas qu'il y ait rien de si froid et de plus désagréable.[233] J'aime mieux le Tasse[234] et les contes à dormir debout° de l'Arioste.[235]

— Oserais-je vous demander, monsieur, dit Candide, si vous n'avez pas un grand plaisir à lire Horace[236]? — Il y a des maximes, dit Pococuranté, dont un homme du monde peut faire son profit,

accroire: croire une chose fausse	**de commerce:** vendues
rouillées: oxydées	**à dormir debout:** très ennuyeux

231 *Hélène... actrice de la pièce.* Hélène, dont la beauté a provoqué la guerre de Troie, ne joue pratiquement aucun rôle dans l'histoire de l'*Iliade.*

232 *Virgile.* Poète latin, né en 70 avant notre ère. Il a eu une carrière politique; puis s'est consacré à la poésie, il est connu pour ses *Bucoliques* et ses *Géorgiques*, et surtout pour l'*Énéide*, l'épopée nationale romaine.

233 *de plus désagréable.* Ce sont tous des personnages de l'*Énéide*; notez leurs épithètes.

234 *le Tasse.* Torquato Tasso, poète italien (1544-1595), auteur d'*Aminta* et de *Jérusalem délivrée.*

235 *l'Arioste.* Ludovico Ariosto, poète italien (1474-1533), auteur d'*Orlando furioso.*

236 *Horace.* Poète latin du siècle d'Auguste (65 avant notre ère). Visant l'amour et la vie rustique, il est connu pour ses *Odes, Satires* et *Épîtres*, dont le célèbre *Art poétique.*

et qui, étant resserrées dans des vers énergiques, se gravent plus aisément dans la mémoire. Mais je me soucie fort peu de son voyage à Brindes, et de sa description d'un mauvais dîner, et de la querelle des crocheteurs° entre je ne sais quel Pupilus, dont les paroles, dit-il, *étaient pleines de pus*, et un autre dont les paroles *étaient du vinaigre*. Je n'ai lu qu'avec un extrême dégoût ses vers grossiers contre des vieilles et contre des sorcières; et je ne vois pas quel mérite il peut y avoir à dire à son ami Mæcenas que, s'il est mis par lui au rang des poètes lyriques, il frappera les astres° de son front sublime. Les sots admirent tout dans un auteur estimé. Je ne lis que pour moi; je n'aime que ce qui est à mon usage. » Candide, qui avait été élevé à ne jamais juger de rien par lui-même, était fort étonné de ce qu'il entendait; et Martin trouvait la façon de penser de Pococuranté assez raisonnable.

« Oh! voici un Cicéron,[237] dit Candide; pour ce grand homme-là, je pense que vous ne vous lassez point de le lire? — Je ne le lis jamais, répondit le Vénitien. Que m'importe qu'il ait plaidé pour Rabirius ou pour Cluentius[238]? J'ai bien assez des procès que je juge; je me serais mieux accommodé de ses œuvres philosophiques; mais, quand j'ai vu qu'il doutait de tout, j'ai conclu que j'en savais autant que lui, et que je n'avais besoin de personne pour être ignorant.

— Ah! voilà quatre-vingts volumes de recueils d'une académie des sciences, s'écria Martin; il se peut qu'il y ait là du bon. — Il y en aurait, dit Pococuranté, si un seul des auteurs de ces fatras° avait inventé seulement l'art de faire des épingles°; mais il n'y a dans tous ces livres que de vains systèmes et pas une seule chose utile.

— Que de pièces de théâtre je vois là! dit Candide; en italien, en espagnol, en français! — Oui, dit le sénateur, il y en a trois mille, et pas trois douzaines de bonnes. Pour ces recueils de sermons, qui

crocheteurs: porteurs utilisant un crochet	**fatras:** choses sans intérêt
astres: étoiles	**épingles:** petits outils pointus

237 *Cicéron.* Homme politique, philosophe et grand orateur romain (106-43 avant notre ère). Considéré le fondateur de la prose philosophique, il était aussi avocat et consul de Rome.

238 *pour Rabirius ou pour Cluentius.* Deux accusés pour lesquels Cicéron a plaidé.

tous ensemble ne valent pas une page de Sénèque,[239] et tous ces gros volumes de théologie, vous pensez bien que je ne les ouvre jamais, ni moi ni personne. »

Martin aperçut des rayons chargés de livres anglais. « Je crois, dit-il, qu'un républicain doit se plaire à la plupart de ces ouvrages, écrits si librement.[240] — Oui, répondit Pococuranté, il est beau d'écrire ce qu'on pense; c'est le privilège de l'homme. Dans toute notre Italie, on n'écrit que ce qu'on ne pense pas; ceux qui habitent la patrie des Césars et des Antonins[241] n'osent avoir une idée sans la permission d'un jacobin.[242] Je serais content de la liberté qui inspire les génies anglais si la passion et l'esprit de parti° ne corrompaient pas tout ce que cette précieuse liberté a d'estimable. »

Candide, apercevant un Milton,[243] lui demanda s'il ne regardait pas cet auteur comme un grand homme. « Qui? dit Pococuranté, ce barbare qui fait un long commentaire du premier chapitre de la Genèse[244] en dix livres de vers durs? ce grossier imitateur des Grecs, qui défigure la création, et qui, tandis que Moïse[245] représente l'Être éternel produisant le monde par la parole, fait prendre un grand

de parti: partisan

239 *Sénèque.* Homme politique et philosophe latin du premier siècle. Célèbre pour la concision de son style, il a laissé des tragédies, ainsi que des ouvrages de philosophie morale qui appelaient à la maîtrise stoïcienne de soi.

240 *écrits si librement.* La désignation des libres-penseurs (ou *free-thinkers*), pour décrire les philosophes progressistes, avait déjà existé en Angleterre au XVIIe siècle.

241 *des Césars et des Antonins.* Empereurs romains des deux premiers siècles; ces noms signalent l'indépendance et l'autonomie de l'Italie antique.

242 *la permission d'un jacobin.* Moine de l'ordre des dominicains (qui ont joué un rôle important dans l'Inquisition en France). Le premier couvent jacobin en France a été fondé rue saint Jacques (Jacobus) à Paris. (À ne pas confondre ce nom avec les jacobins de la Révolution française.)

243 *Milton.* John Milton (1608-1674), poète anglais, auteur du *Paradis perdu* (1667), épopée biblique souvent critiquée par Voltaire, comme le fait ici Pococuranté.

244 *la Genèse.* Désigne le premier livre du Pentateuque ou l'Ancien Testament, dont Milton avait repris une partie dans son *Paradis perdu*.

245 *Moïse.* Dans l'Ancien Testament, prophète juif qui a fait sortir son peuple d'Égypte et leur a imposé la Loi (ou le Décalogue), dictée par Dieu.

compas par le Messiah[246] dans une armoire du ciel pour tracer son ouvrage? Moi, j'estimerais celui qui a gâté l'enfer et le diable du Tasse; qui déguise Lucifer° tantôt en crapaud,° tantôt en pygmée; qui lui fait rebattre° cent fois les mêmes discours; qui le fait disputer sur la théologie; qui, en imitant sérieusement l'invention comique des armes à feu de l'Arioste, fait tirer le canon dans le ciel par les diables? Ni moi, ni personne en Italie, n'a pu se plaire à toutes ces tristes extravagances. Le mariage du péché et de la mort et les couleuvres° dont le péché accouche° font vomir tout homme qui a le goût un peu délicat, et sa longue description d'un hôpital n'est bonne que pour un fossoyeur.° Ce poème obscur, bizarre et dégoûtant, fut méprisé à sa naissance; je le traite aujourd'hui comme il fut traité dans sa patrie par les contemporains. Au reste, je dis ce que je pense, et je me soucie fort peu que les autres pensent comme moi. » Candide était affligé de ces discours; il respectait Homère, il aimait un peu Milton. « Hélas! dit-il tout bas à Martin, j'ai bien peur que cet homme-ci n'ait un souverain mépris pour nos poètes allemands. — Il n'y aurait pas grand mal à cela, dit Martin. — Oh, quel homme supérieur! disait encore Candide entre ses dents, quel grand génie que ce Pococuranté! rien ne peut lui plaire. »

Après avoir fait ainsi la revue de tous les livres, ils descendirent dans le jardin. Candide en loua toutes les beautés. « Je ne sais rien de si mauvais goût, dit le maître: nous n'avons ici que des colifichets°; mais je vais dès demain en faire planter un d'un dessin plus noble. »

Quand les deux curieux eurent pris congé de Son Excellence: « Or çà, dit Candide à Martin, vous conviendrez° que voilà le plus heureux de tous les hommes, car il est au-dessus de tout ce qu'il possède. — Ne voyez-vous pas, dit Martin, qu'il est dégoûté de tout

Lucifer: le Diable
crapaud: petit amphibien
rebattre: répéter
couleuvres: serpents
accouche (de): donne naissance (à)

fossoyeur: qui creuse les fosses dans le cimetière
colifichets: objets sans valeur
conviendrez: serez d'accord

246 *un grand compas par le Messiah.* Pococuranté (ici, la voix de Voltaire) trouve inacceptables les inventions ultra-extravagantes de Milton.

ce qu'il possède? Platon[247] a dit, il y a longtemps, que les meilleurs estomacs ne sont pas ceux qui rebutent tous les aliments. — Mais, dit Candide, n'y a-t-il pas du plaisir à tout critiquer, à sentir des défauts où les autres hommes croient voir des beautés? — C'est-à-dire, reprit Martin, qu'il y a du plaisir à n'avoir pas de plaisir? — Oh bien! dit Candide, il n'y a donc d'heureux que moi, quand je reverrai Mlle Cunégonde. — C'est toujours bien fait d'espérer », dit Martin.

Cependant les jours, les semaines s'écoulaient; Cacambo ne revenait point, et Candide était si abîmé° dans sa douleur qu'il ne fit pas même réflexion que Paquette et frère Giroflée n'étaient pas venus seulement le remercier.

CHAPITRE VINGT-SIXIÈME

D'UN SOUPER QUE CANDIDE ET MARTIN FIRENT AVEC SIX ÉTRANGERS, ET QUI ILS ÉTAIENT

Un soir que Candide, suivi de Martin, allait se mettre à table avec les étrangers qui logeaient dans la même hôtellerie, un homme à visage couleur de suie° l'aborda par-derrière, et, le prenant par le bras, lui dit: « Soyez prêt à partir avec nous, n'y manquez pas. » Il se retourne, et voit Cacambo. Il n'y avait que la vue de Cunégonde qui pût l'étonner et lui plaire davantage. Il fut sur le point de devenir fou de joie. Il embrasse son cher ami. « Cunégonde est ici, sans doute, où est-elle? Mène-moi vers elle, que je meure de joie avec elle. — Cunégonde n'est point ici, dit Cacambo, elle est à Constantinople. — Ah, Ciel! à Constantinople! mais, fût-elle à la Chine,° j'y vole, partons. — Nous partirons après souper, reprit Cacambo, je ne peux vous en dire davantage; je suis esclave, mon maître m'attend; il faut que j'aille le servir à table: ne dites mot; soupez et tenez-vous prêt. »

abîmé: *ici*, plongé
suie: produit noir de la fumée

à la Chine: *aujourd'hui*, en Chine

247 *Platon a dit,... aliments.* Voltaire reprend ici une citation de *La République* de Platon, philosophe grec du IVe siècle avant notre ère. Dans ce dialogue en dix livres, Platon définit la justice d'après Socrate en décrivant une cité modèle.

Candide, partagé entre la joie et la douleur, charmé d'avoir revu son agent fidèle, étonné de le voir esclave, plein de l'idée de retrouver sa maîtresse, le cœur agité, l'esprit bouleversé, se mit à table avec Martin, qui voyait de sang-froid toutes ces aventures, et avec six étrangers qui étaient venus passer le carnaval à Venise.

Cacambo, qui versait à boire à l'un de ces six étrangers, s'approcha de l'oreille de son maître, sur la fin du repas, et lui dit: « Sire, Votre Majesté partira quand elle voudra, le vaisseau est prêt. » Ayant dit ces mots, il sortit. Les convives, étonnés, se regardaient sans proférer une seule parole, lorsqu'un autre domestique, s'approchant de son maître, lui dit: « Sire, la chaise de Votre Majesté est à Padoue, et la barque est prête.[248] » Le maître fit un signe, et le domestique partit. Tous les convives se regardèrent encore, et la surprise commune redoubla. Un troisième valet, s'approchant aussi d'un troisième étranger, lui dit: « Sire, croyez-moi, Votre Majesté ne doit pas rester ici plus longtemps: je vais tout préparer »; et aussitôt il disparut.

Candide et Martin ne doutèrent pas alors que ce ne fût une mascarade° du carnaval. Un quatrième domestique dit au quatrième maître: « Votre Majesté partira quand elle voudra », et sortit comme les autres. Le cinquième valet en dit autant au cinquième maître. Mais le sixième valet parla différemment au sixième étranger, qui était auprès de Candide; il lui dit: « Ma foi, Sire, on ne veut plus faire crédit à Votre Majesté, ni à moi non plus; et nous pourrions bien être coffrés° cette nuit, vous et moi: je vais pourvoir à° mes affaires; adieu. »

Tous les domestiques ayant disparu, les six étrangers, Candide et Martin demeurèrent dans un profond silence. Enfin Candide le rompit. « Messieurs, dit-il, voilà une singulière plaisanterie: pourquoi êtes-vous tous rois? Pour moi, je vous avoue que ni moi ni Martin nous ne le sommes. »

mascarade: *ici*, divertissement **pourvoir à:** assurer
coffrés: emprisonnés

248 *la barque est prête.* Pour gagner sa voiture de voyage, ce roi doit descendre la Brenta en bateau vers la ville de Padoue (qui faisait alors partie de l'État de Venise).

Le maître de Cacambo prit alors gravement la parole, et dit en italien: « Je ne suis point plaisant,° je m'appelle Achmet III.[249] J'ai été grand sultan plusieurs années; je détrônai mon frère; mon neveu m'a détrôné; on a coupé le cou à mes vizirs°; j'achève ma vie dans le vieux sérail; mon neveu le grand sultan Mahmoud me permet de voyager quelquefois pour ma santé, et je suis venu passer le carnaval à Venise. »

Un jeune homme qui était auprès d'Achmet parla après lui, et dit: « Je m'appelle Ivan[250]; j'ai été empereur de toutes les Russies; j'ai été détrôné au berceau°; mon père et ma mère ont été enfermés; on m'a élevé en prison; j'ai quelquefois la permission de voyager, accompagné de ceux qui me gardent, et je suis venu passer le carnaval à Venise. »

Le troisième dit: « Je suis Charles-Édouard, roi d'Angleterre[251]; mon père m'a cédé ses droits au royaume; j'ai combattu pour les soutenir; on a arraché le cœur à huit cents de mes partisans, et on leur en° a battu les joues. J'ai été mis en prison; je vais à Rome faire une visite au roi mon père, détrôné ainsi que moi et mon grand-père, et je suis venu passer le carnaval à Venise. »

Le quatrième prit alors la parole et dit: « Je suis roi des Polaques° [252]; le sort de la guerre m'a privé de mes États héréditaires;

ne suis pas plaisant: *ici*, ne plaisante pas **vizirs:** (vieilli) ministres, dans un pays musulman	**au berceau:** dès ma première enfance **en:** *c'est-à-dire*, avec les cœurs **des Polaques:** de Pologne

249 *Achmet III.* Sultan de Turquie de 1703 à 1730, détrôné par les janissaires pendant une révolution de palais. *Voir aussi* note 120.

250 *Ivan.* Ivan VI, empereur russe, détrôné en 1741. Il a été proclamé empereur en 1740 (l'année de sa naissance) et détrôné un an plus tard. En 1764 il sera assassiné en prison sur l'ordre de Catherine II de Russie.

251 *Charles-Édouard, roi d'Angleterre.* Fils de James III Stuart et petit-fils de James II, il a tenté sans succès de reprendre le trône d'Angleterre en 1745.

252 *roi des Polaques.* Il s'agit d'Auguste III (1696-1763), électeur de Saxe (Allemagne). Élu roi de Pologne en 1733, il a été privé de ses États héréditaires en 1756 par l'occupation prussienne de Frédéric II.

mon père[253] a éprouvé les mêmes revers°; je me résigne à la Providence comme le sultan Achmet, l'empereur Ivan et le roi Charles-Édouard, à qui Dieu donne une longue vie, et je suis venu passer le carnaval à Venise. »

Le cinquième dit: « Je suis aussi roi des Polaques; j'ai perdu mon royaume deux fois[254]; mais la Providence m'a donné un autre État, dans lequel j'ai fait plus de bien que tous les rois des Sarmates[255] ensemble n'en ont jamais pu faire sur les bords de la Vistule[256]; je me résigne aussi à la Providence, et je suis venu passer le carnaval à Venise. »

Il restait au sixième monarque à parler. « Messieurs, dit-il, je ne suis pas si grand seigneur que vous; mais enfin j'ai été roi tout comme un autre. Je suis Théodore; on m'a élu roi en Corse[257]; on m'a appelé *Votre Majesté*, et à présent, à peine m'appelle-t-on *Monsieur*. J'ai fait frapper° de la monnaie, et je ne possède pas un denier°; j'ai eu deux secrétaires d'État, et j'ai à peine un valet; je me suis vu sur un trône, et j'ai longtemps été à Londres en prison, sur la paille.° J'ai bien peur d'être traité de même ici, quoique je sois venu comme Vos Majestés passer le carnaval à Venise. »

Les cinq autres rois écoutèrent ce discours avec une noble compassion. Chacun d'eux donna vingt sequins° au roi Théodore pour avoir des habits et des chemises; et Candide lui fit présent d'un

revers: accidents fâcheux	**paille:** herbe sèche
frapper: *ici*, imprimer	**sequins:** monnaie d'or de Venise
denier: monnaie française	

253 *mon père*. Frédéric-Auguste de Saxe (1670-1733), roi de Pologne sous le nom d'Auguste II (père d'Auguste III). Détrôné en 1703 par Charles XII de Suède, il a été rétabli par Pierre le Grand en 1710.

254 *j'ai perdu mon royaume deux fois*. C'est Stanislas Lesczcinski qui parle. Sa fille, Maria Leszczinska, a épousé en 1725 Louis XV. Élu deux fois roi de Pologne, mais gardant son titre après avoir perdu le trône, en 1738 Lesczcinski a été attribué le duché de Lorraine. Voltaire a passé du temps à sa cour de Lorraine (1748-1749) et correspondait avec lui.

255 *Sarmates*. Peuple nomade venu d'Asie centrale qui a envahi au IIIe siècle une région correspondant à peu près à la Pologne actuelle.

256 *la Vistule*. Grand fleuve polonais qui se jette dans la Baltique.

257 *roi en Corse*. Le baron Théodore, aventurier proclamé roi de Corse après avoir aidé les Corses révoltés contre Gênes (*Genoa*). Emprisonné pour dettes en Angleterre, il est mort en 1756.

diamant de deux mille sequins. « Quel est donc, disaient les cinq rois, ce simple particulier° qui est en état de° donner cent fois autant que chacun de nous, et qui le donne?[258] »

Dans l'instant qu'on sortait de table, il arriva dans la même hôtellerie quatre altesses sérénissimes° qui avaient aussi perdu leurs États par le sort de la guerre, et qui venaient passer le reste du carnaval à Venise. Mais Candide ne prit pas seulement garde à ces nouveaux venus. Il n'était occupé que d'aller trouver sa chère Cunégonde à Constantinople.

CHAPITRE VINGT-SEPTIÈME

VOYAGE DE CANDIDE À CONSTANTINOPLE

Le fidèle Cacambo avait déjà obtenu du patron turc qui allait reconduire le sultan Achmet à Constantinople qu'il recevrait Candide et Martin sur son bord.° L'un et l'autre s'y rendirent après s'être prosternés devant Sa misérable Hautesse.° Candide, chemin faisant,° disait à Martin: « Voilà pourtant six rois détrônés, avec qui nous avons soupé, et encore dans ces six rois il y en a un à qui j'ai fait l'aumône. Peut-être y a-t-il beaucoup d'autres princes plus infortunés. Pour moi, je n'ai perdu que cent moutons, et je vole dans les bras de Cunégonde. Mon cher Martin, encore une fois, Pangloss avait raison: tout est bien. — Je le souhaite, dit Martin. — Mais, dit Candide, voilà une aventure bien peu vraisemblable° que nous avons eue à Venise. On n'avait jamais vu ni ouï conter° que six rois détrônés soupassent ensemble au cabaret. — Cela n'est pas plus extraordinaire, dit Martin, que la plupart des choses qui nous sont arrivées. Il est très commun que des rois soient détrônés; et à l'égard de l'honneur

particulier: *ici*, individu	Achmet III
en état de: capable de	**chemin faisant:** en route
altesses sérénissimes: princes en ligne collatérale	**bien peu vraisemblable:** incroyable
bord: *ici*, bateau	**ouï conter:** entendu dire
sa misérable Hautesse: le triste roi	

258 *ce simple particulier... et qui le donne?* Voltaire, qui lui-même prêtait de grosses sommes aux monarques européens, savait bien qu'être roi ou noble ne signifiait pas nécessairement avoir des richesses.

que nous avons eu de souper avec eux, c'est une bagatelle qui ne mérite pas notre attention. »

À peine Candide fut-il dans le vaisseau qu'il sauta au cou de son ancien valet, de son ami Cacambo. « Eh bien! lui dit-il, que fait Cunégonde? Est-elle toujours un prodige de beauté? M'aime-t-elle toujours? Comment se porte-t-elle? Tu lui as sans doute acheté un palais à Constantinople?

— Mon cher maître, répondit Cacambo, Cunégonde lave les écuelles sur le bord de la Propontide,²⁵⁹ chez un prince qui a très peu d'écuelles; elle est esclave dans la maison d'un ancien souverain nommé Ragotski,²⁶⁰ à qui le Grand Turc donne trois écus par jour dans son asile°; mais ce qui est bien plus triste, c'est qu'elle a perdu sa beauté et qu'elle est devenue horriblement laide. — Ah! belle ou laide, dit Candide, je suis honnête homme, et mon devoir est de l'aimer toujours. Mais comment peut-elle être réduite à un état si abject avec les cinq ou six millions que tu avais apportés? — Bon, dit Cacambo, ne m'en a-t-il pas fallu donner deux millions au señor don Fernando d'Ibaraa, y Figueora, y Mascarenes, y Lampourdos, y Souza, gouverneur de Buenos-Ayres, pour avoir la permission de reprendre mademoiselle Cunégonde? Et un pirate ne nous a-t-il pas bravement dépouillés° de tout le reste? Ce pirate ne nous a-t-il pas menés au cap de Matapan, à Milo, à Nicarie, à Samos, à Petra, aux Dardanelles, à Marmora, à Scutari²⁶¹? Cunégonde et la vieille servent chez ce prince dont je vous ai parlé, et moi je suis esclave du sultan détrôné. — Que d'épouvantables calamités enchaînées les unes aux autres! dit Candide. Mais, après tout, j'ai encore quelques diamants; je délivrerai aisément Cunégonde. C'est bien dommage qu'elle soit devenue si laide. »

asile: lieu de refuge **dépouillés:** *ici*, volés

259 *la Propontide.* Ancien nom grec de la mer de Marmara en Turquie, qui fait communiquer la mer Noire avec la mer Méditerranée.

260 *Ragotski.* Ferenc Ragoczy (1676-1735), prince de Transylvanie (Hongrie-Roumanie). Ragotski s'est retiré (1719) sur les bords de la mer de Marmara après avoir tenté de soulever les Hongrois contre l'empereur d'Autriche.

261 *au cap de Matapan,… à Scutari.* Voyage raconté par Cacambo, fait avec Cunégonde sur la mer Méditerranée orientale, depuis le sud du Péloponnèse jusqu'aux environs de Constantinople.

Ensuite, se tournant vers Martin: « Qui pensez-vous, dit-il, qui soit le plus à plaindre, de l'empereur Achmet, de l'empereur Ivan, du roi Charles-Édouard, ou de moi? — Je n'en sais rien, dit Martin; il faudrait que je fusse dans vos cœurs pour le savoir. — Ah! dit Candide, si Pangloss était ici, il le saurait et nous l'apprendrait. — Je ne sais, dit Martin, avec quelles balances° votre Pangloss aurait pu peser les infortunes des hommes et apprécier leurs douleurs. Tout ce que je présume, c'est qu'il y a des millions d'hommes sur la terre cent fois plus à plaindre que le roi Charles-Édouard, l'empereur Ivan et le sultan Achmet. — Cela pourrait bien être », dit Candide.

On arriva en peu de jours sur le canal de la mer Noire. Candide commença par racheter Cacambo fort cher, et, sans perdre de temps, il se jeta dans une galère, avec ses compagnons, pour aller sur le rivage de la Propontide chercher Cunégonde, quelque laide qu'elle pût être.

Il y avait dans la chiourme° deux forçats° qui ramaient fort mal, et à qui le levanti patron[262] appliquait de temps en temps quelques coups de nerf de bœuf° sur leurs épaules nues; Candide, par un mouvement naturel, les regarda plus attentivement que les autres galériens et s'approcha d'eux avec pitié. Quelques traits de leurs visages défigurés lui parurent avoir un peu de ressemblance avec Pangloss et avec ce malheureux jésuite, ce baron, ce frère de Mlle Cunégonde. Cette idée l'émut et l'attrista. Il les considéra encore plus attentivement. « En vérité, dit-il à Cacambo, si je n'avais pas vu pendre maître Pangloss, et si je n'avais pas eu le malheur de tuer le baron, je croirais que ce sont eux qui rament dans cette galère. »

Au nom du baron et de Pangloss les deux forçats poussèrent un grand cri, s'arrêtèrent sur leur banc et laissèrent tomber leurs rames. Le levanti patron accourait sur eux, et les coups de nerf de bœuf redoublaient. « Arrêtez, arrêtez, Seigneur, s'écria Candide, je vous donnerai tant d'argent que vous voudrez. — Quoi! c'est Candide! disait l'un des forçats. — Quoi! c'est Candide! disait l'autre. — Est-ce un songe? dit Candide; veillé-je?° suis-je dans cette galère? Est-ce

balances: instruments pour peser	**nerf de bœuf:** ligament de bœuf
chiourme: prisonniers rameurs	séché, utilisé comme fouet
forçats: prisonniers	**veillé-je?:** je ne dors pas?

262 *le levanti patron.* Commandant des *levantis*, les soldats des galères turques, souvent originaires du Levant (= la Méditerranée orientale).

là monsieur le baron que j'ai tué? Est-ce là maître Pangloss que j'ai vu pendre?

— C'est nous-mêmes, c'est nous-mêmes, répondaient-ils. — Quoi! c'est là ce grand philosophe? disait Martin. — Eh! Monsieur le levanti patron, dit Candide, combien voulez-vous d'argent pour la rançon de M. de Thunder-ten-tronckh, un des premiers barons de l'Empire,° et de M. Pangloss, le plus profond métaphysicien d'Allemagne? — Chien de chrétien, répondit le levanti patron, puisque ses deux chiens de forçats chrétiens sont des barons et des métaphysiciens, ce qui est sans doute une grande dignité dans leurs pays, tu m'en donneras cinquante mille sequins.° — Vous les aurez, monsieur, ramenez-moi comme un éclair° à Constantinople, et vous serez payé sur-le-champ. Mais non, menez-moi chez Mlle Cunégonde. » Le levanti patron, sur la première offre de Candide, avait déjà tourné la proue° vers la ville, et il faisait ramer plus vite qu'un oiseau ne fend les airs.

Candide embrassa cent fois le baron et Pangloss. « Et comment ne vous ai-je pas tué, mon cher baron? et mon cher Pangloss, comment êtes-vous en vie après avoir été pendu? et pourquoi êtes-vous tous deux aux galères en Turquie? Est-il bien vrai que ma chère sœur soit dans ce pays? disait le baron. — Oui, répondait Cacambo. — Je revois donc mon cher Candide », s'écriait Pangloss. Candide leur présentait Martin et Cacambo. Ils s'embrassaient tous, ils parlaient tous à la fois. La galère volait, ils étaient déjà dans le port. On fit venir un Juif, à qui Candide vendit pour cinquante mille sequins un diamant de la valeur de cent mille, et qui lui jura par Abraham qu'il n'en pouvait donner davantage. Il paya incontinent la rançon du baron et de Pangloss. Celui-ci se jeta aux pieds de son libérateur et les baigna de larmes; l'autre le remercia par un signe de tête, et lui promit de lui rendre cet argent à la première occasion. « Mais est-il bien possible que ma sœur soit en Turquie? disait-il. — Rien n'est si possible, reprit Cacambo, puis qu'elle écure° la vaisselle chez un prince de Transylvanie. » On fit aussitôt venir deux Juifs; Candide

l'Empire: *ici*, le Saint-Empire romain germanique
cinquante mille sequins: monnaie d'or vénitienne (environ 100.000 francs)
comme un éclair: très vite
proue: devant d'un bateau
écure: (vieilli) nettoie

vendit encore des diamants; et ils repartirent tous dans une autre galère pour aller délivrer Cunégonde.

CHAPITRE VINGT-HUITIÈME

CE QUI ARRIVA À CANDIDE, À CUNÉGONDE, À PANGLOSS, À MARTIN, ETC.

« Pardon, encore une fois, dit Candide au baron; pardon, mon Révérend Père, de vous avoir donné un grand coup d'épée au travers du corps. — N'en parlons plus, dit le baron; je fus un peu trop vif, je l'avoue; mais, puisque vous voulez savoir par quel hasard vous m'avez vu aux galères, je vous dirai qu'après avoir été guéri de ma blessure par le frère apothicaire du collège,° je fus attaqué et enlevé par un parti° espagnol; on me mit en prison à Buenos-Ayres dans le temps que ma sœur venait d'en partir. Je demandai à retourner à Rome auprès du père général.° Je fus nommé pour aller servir d'aumônier à Constantinople auprès de M. l'ambassadeur de France. Il n'y avait pas huit jours que j'étais entré en fonctions, quand je trouvai sur le soir un jeune icoglan° très bien fait. Il faisait fort chaud: le jeune homme voulut se baigner; je pris cette occasion de me baigner aussi. Je ne savais pas que ce fût un crime capital pour un chrétien d'être trouvé tout nu avec un jeune musulman. Un cadi° me fit donner cent coups de bâton sous la plante° des pieds et me condamna aux galères. Je ne crois pas qu'on ait fait une plus horrible injustice. Mais je voudrais bien savoir pourquoi ma sœur est dans la cuisine d'un souverain de Transylvanie réfugié chez les Turcs.

— Mais vous, mon cher Pangloss, dit Candide, comment se peut-il que je vous revoie? — Il est vrai, dit Pangloss, que vous m'avez vu pendre; je devais naturellement être brûlé; mais vous vous souvenez qu'il plut à verse° lorsqu'on allait me cuire: l'orage fut si violent qu'on désespéra° d'allumer le feu; je fus pendu, parce qu'on ne put mieux faire: un chirurgien acheta mon corps, m'emporta chez

collège: *ici*, communauté	**cadi:** juge musulman
parti: *ici*, détachement de soldats	**plante:** face inférieure
père général: chef régional jésuite	**à verse:** en abondance
icoglan: page du sultan	**désespéra:** perdit l'espoir

lui, et me disséqua. Il me fit d'abord une incision cruciale° depuis
le nombril° jusqu'à la clavicule.° On ne pouvait pas avoir été plus
mal pendu que je l'avais été. L'exécuteur des hautes œuvres° de la
sainte Inquisition, lequel était sous-diacre, brûlait à la vérité les
gens à merveille, mais il n'était pas accoutumé à pendre: la corde
était mouillée et glissa mal, elle fut nouée°; enfin je respirais encore:
l'incision cruciale me fit jeter un si grand cri que mon chirurgien
tomba à la renverse, et, croyant qu'il disséquait le diable, il s'enfuit
en mourant de peur, et tomba encore sur l'escalier en fuyant. Sa
femme accourut au bruit, d'un cabinet voisin; elle me vit sur la table
étendu avec mon incision cruciale: elle eut encore plus de peur que
son mari, s'enfuit et tomba sur lui. Quand ils furent un peu revenus
à eux, j'entendis la chirurgienne qui disait au chirurgien: « Mon bon,
de quoi vous avisez-vous aussi de disséquer un hérétique°? Ne savez-
vous pas que le diable est toujours dans le corps de ces gens-là? Je vais
vite chercher un prêtre pour l'exorciser.° » Je frémis à ce propos, et
je ramassai le peu de forces qui me restaient, pour crier: «Ayez pitié
de moi!» Enfin le barbier° portugais s'enhardit°; il recousit° ma peau;
sa femme même eut soin de moi; je fus sur pied au bout de quinze
jours. Le barbier me trouva une condition,° et me fit laquais d'un
chevalier de Malte qui allait à Venise; mais mon maître n'ayant pas
de quoi me payer, je me mis au service d'un marchand vénitien, et je
le suivis à Constantinople.

« Un jour il me prit fantaisie° d'entrer dans une mosquée° il
n'y avait qu'un vieil iman et une jeune dévote très jolie qui disait
ses patenôtres°; sa gorge était toute découverte: elle avait entre ses
deux tétons° un beau bouquet de tulipes, de roses, d'anémones, de
renoncules, d'hyacinthes et d'oreilles-d'ours°; elle laissa tomber son
bouquet; je le ramassai, et je le lui remis avec un empressement très

cruciale: *ici,* en forme de croix
nombril: trace du cordon ombilical
clavicule: os le long de l'épaule
exécuteur des hautes œuvres:
 bourreau, qui exécute la
 sentence de mort
nouée: liée
hérétique: opposé à la doctrine de
 l'Église
exorciser: chasser les démons

barbier: chirurgien et barbier en
 même temps
s'enhardit: prit courage
recousit: répara (*recoudre*)
condition: emploi
il me prit fantaisie: j'eus l'idée
mosquée: lieu du culte musulman
patenôtres: prières (de Notre Père)
tétons: pointes des seins
oreilles-d'ours: primevères (fleurs)

respectueux. Je fus si longtemps à le lui remettre que l'iman se mit en colère, et voyant que j'étais chrétien, il cria à l'aide.[263] On me mena chez le cadi, qui me fit donner cent coups de lattes° sur la plante des pieds et m'envoya aux galères. Je fus enchaîné précisément dans la même galère et au même banc que monsieur le baron. Il y avait dans cette galère quatre jeunes gens de Marseille,[264] cinq prêtres napolitains,° et deux moines de Corfou,[265] qui nous dirent que de pareilles aventures arrivaient tous les jours. Monsieur le baron prétendait qu'il avait essuyé une plus grande injustice que moi; je prétendais, moi, qu'il était beaucoup plus permis de remettre un bouquet sur la gorge d'une femme que d'être tout nu avec un icoglan. Nous disputions sans cesse, et nous recevions vingt coups de nerf de bœuf par jour, lorsque l'enchaînement des événements de cet univers vous a conduit dans notre galère, et que vous nous avez rachetés.

— Eh bien! mon cher Pangloss, lui dit Candide, quand vous avez été pendu, disséqué, roué° de coups, et que vous avez ramé aux galères, avez-vous toujours pensé que tout allait le mieux du monde?

— Je suis toujours de mon premier sentiment, répondit Pangloss, car enfin je suis philosophe: il ne me convient pas de me dédire,° Leibnitz ne pouvant pas avoir tort, et l'harmonie préétablie[266] étant d'ailleurs la plus belle chose du monde, aussi bien que *le plein* et *la matière subtile*.[267] »

lattes: pièces de bois	**roué:** battu
napolitains: de Naples	**me dédire:** revenir sur ma parole

263 *voyant que... à l'aide.* Les non musulmans n'ont pas le droit d'entrer dans les mosquées.

264 *Marseille.* Grande ville française sur la Méditerranée; il s'y trouvait les chantiers et l'administration de la flotte des galères.

265 *Corfou.* Île grecque à l'entrée de l'Adriatique. Corfou appartenait alors à la république de Venise; les moines de Corfou avaient la réputation des mœurs libres.

266 *l'harmonie préétablie.* Théorie de Leibniz rattachée à l'optimisme.

267 *le plein et la matière subtile.* Termes qui appartiennent à la philosophie de Descartes et qui désignent la plénitude et la continuité de l'univers.

CHAPITRE VINGT-NEUVIÈME

COMMENT CANDIDE RETROUVA CUNÉGONDE
ET LA VIEILLE

Pendant que Candide, le baron, Pangloss, Martin et Cacambo contaient leurs aventures, qu'ils raisonnaient sur les événements contingents° ou non contingents²⁶⁸ de cet univers, qu'ils disputaient sur les effets et les causes, sur le mal moral et sur le mal physique, sur la liberté et la nécessité, sur les consolations que l'on peut éprouver lorsqu'on est aux galères en Turquie, ils abordèrent sur le rivage de la Propontide à la maison du prince de Transylvanie. Les premiers objets° qui se présentèrent furent Cunégonde et la vieille, qui étendaient des serviettes sur des ficelles° pour les faire sécher.

Le baron pâlit à cette vue. Le tendre amant Candide, en voyant sa belle Cunégonde rembrunie, les yeux éraillés, la gorge sèche,° les joues ridées,° les bras rouges et écaillés,° recula trois pas saisi d'horreur, et avança ensuite par bon procédé.° Elle embrassa Candide et son frère; on embrassa la vieille: Candide les racheta toutes deux.

Il y avait une petite métairie° dans le voisinage: la vieille proposa à Candide de s'en accommoder,° en attendant que toute la troupe eût une meilleure destinée. Cunégonde ne savait pas qu'elle était enlaidie, personne ne l'en avait avertie: elle fit souvenir° Candide de ses promesses avec un ton si absolu que le bon Candide n'osa pas la refuser. Il signifia° donc au baron qu'il allait se marier avec sa sœur. « Je ne souffrirai jamais, dit le baron, une telle bassesse de sa part et une telle insolence de la vôtre, cette infamie° ne me sera jamais reprochée: les enfants de ma sœur ne pourraient entrer dans les chapitres° d'Allemagne. Non,

contingents: qui peuvent être ou n'être pas
objets: *ici*, ce qu'on voit
ficelles: cordes
la gorge sèche: *ici*, les seins plats
ridées: rayées de plis fins (signe de vieillesse)
écaillés: dont la peau se détache

bon procédé: politesse
métairie: ferme
s'en accommoder: l'accepter
fit souvenir: rappela
signifia: informa
infamie: vile action
chapitres: assemblées de dignitaires

268 *les événements contingents ou non contingents.* Accidentels (contingents) ou nécessaires (non contingents).

jamais ma sœur n'épousera qu'un baron de l'Empire. » Cunégonde se jeta à ses pieds et les baigna de larmes; il fut inflexible. « Maître fou, lui dit Candide, je t'ai réchappé des galères, j'ai payé ta rançon, j'ai payé celle de ta sœur; elle lavait ici des écuelles, elle est laide, j'ai la bonté d'en faire ma femme, et tu prétends encore t'y opposer! Je te retuerais si j'en croyais ma colère. — Tu peux me tuer encore, dit le baron, mais tu n'épouseras pas ma sœur de mon vivant. »

CHAPITRE TRENTIÈME

CONCLUSION

Candide, dans le fond de son cœur, n'avait aucune envie d'épouser Cunégonde. Mais l'impertinence extrême du baron le déterminait à conclure le mariage, et Cunégonde le pressait si vivement qu'il ne pouvait s'en dédire. Il consulta Pangloss, Martin et le fidèle Cacambo. Pangloss fit un beau mémoire° par lequel il prouvait que le baron n'avait nul droit sur sa sœur, et qu'elle pouvait, selon toutes les lois de l'Empire, épouser Candide de la main gauche.[269] Martin conclut à jeter le baron dans la mer. Cacambo décida qu'il fallait le rendre au levanti patron et le remettre aux galères; après quoi on l'enverrait à Rome au père général par le premier vaisseau. L'avis fut trouvé fort bon; la vieille l'approuva; on n'en dit rien à sa sœur; la chose fut exécutée pour quelque argent, et on eut le plaisir d'attraper un jésuite et de punir l'orgueil d'un baron allemand.

Il était tout naturel d'imaginer qu'après tant de désastres, Candide, marié avec sa maîtresse et vivant avec le philosophe Pangloss, le philosophe Martin, le prudent Cacambo et la vieille, ayant d'ailleurs rapporté tant de diamants de la patrie des anciens Incas, mènerait la vie du monde la plus agréable; mais il fut tant friponné° par les Juifs qu'il ne lui resta plus rien que sa petite métairie; sa femme, devenant

mémoire: *ici*, argument par écrit **friponné:** trompé, dupé

269 *épouser de la main gauche.* Ancien usage allemand en cas de mariage avec une personne de condition inférieure. La personne de condition noble qui, lors de la cérémonie de mariage, donnait à son épouse ou à son époux la main gauche ne lui transmettait ni ses titres ni ses biens.

tous les jours plus laide, devint acariâtre et insupportable; la vieille
était infirme et fut encore de plus mauvaise humeur que Cunégonde.
Cacambo, qui travaillait au jardin, et qui allait vendre des légumes
à Constantinople, était excédé° de travail et maudissait sa destinée.
Pangloss était au désespoir de ne pas briller dans quelque université
d'Allemagne. Pour Martin, il était fermement persuadé qu'on est
également mal partout; il prenait les choses en patience. Candide,
Martin et Pangloss disputaient quelquefois de métaphysique et de
morale. On voyait souvent passer sous les fenêtres de la métairie des
bateaux chargés d'effendis,° de bachas,° de cadis, qu'on envoyait en
exil à Lemnos, à Mitylène,[270] à Erzeroum.[271] On voyait venir d'autres
cadis, d'autres bachas, d'autres effendis, qui prenaient la place des
expulsés et qui étaient expulsés à leur tour. On voyait des têtes
proprement empaillées° qu'on allait présenter à la Sublime Porte.[272]
Ces spectacles faisaient redoubler les dissertations°; et quand on ne
disputait pas, l'ennui était si excessif que la vieille osa un jour leur
dire: « Je voudrais savoir lequel est le pire, ou d'être violée cent fois
par des pirates nègres, d'avoir une fesse coupée, de passer par les
baguettes chez les Bulgares, d'être fouetté et pendu dans un auto-
da-fé, d'être disséqué, de ramer en galère, d'éprouver enfin toutes les
misères par lesquelles nous avons tous passé, ou bien de rester ici à ne
rien faire? — C'est une grande question », dit Candide.

Ce discours fit naître de nouvelles réflexions, et Martin surtout
conclut que l'homme était né pour vivre dans les convulsions de
l'inquiétude, ou dans la léthargie de l'ennui. Candide n'en convenait
pas,° mais il n'assurait rien. Pangloss avouait qu'il avait toujours
horriblement souffert; mais ayant soutenu une fois que tout allait à
merveille, il le soutenait toujours, et n'en croyait rien.

Une chose acheva de confirmer Martin dans ses détestables
principes, de faire hésiter plus que jamais Candide, et d'embarrasser

excédé: fatigué, épuisé	**dissertations:** *ici*, discussions
effendis: dignitaires turcs	philosophiques
bachas: *pachas*, gouverneurs turcs	**n'en convenait pas:** n'était pas
empaillées: bourrées de paille	d'accord

270 *Lemnos, Mitylène.* Îles grecques.
271 *Erzeroum.* Ville de la Turquie orientale.
272 *la Sublime Porte.* Le gouvernement ottoman.

Pangloss. C'est qu'ils virent un jour aborder dans leur métairie Paquette et le frère Giroflée, qui étaient dans la plus extrême misère; ils avaient bien vite mangé leurs trois mille piastres, s'étaient quittés, s'étaient raccommodés,° s'étaient brouillés,° avaient été mis en prison, s'étaient enfuis, et enfin frère Giroflée s'était fait turc.° Paquette continuait son métier partout, et n'y gagnait plus rien. « Je l'avais bien prévu, dit Martin à Candide, que vos présents seraient bientôt dissipés et ne les rendraient que plus misérables. Vous avez regorgé° de millions de piastres, vous et Cacambo, et vous n'êtes pas plus heureux que frère Giroflée et Paquette. — Ah, ah! dit Pangloss à Paquette, le ciel vous ramène donc ici parmi nous, ma pauvre enfant! Savez-vous bien que vous m'avez coûté le bout du nez, un œil et une oreille? Comme vous voilà faite!° Et qu'est-ce que ce monde! » Cette nouvelle aventure les engagea à philosopher plus que jamais.

Il y avait dans le voisinage un derviche° très fameux, qui passait pour le meilleur philosophe de la Turquie; ils allèrent le consulter; Pangloss porta la parole, et lui dit: « Maître, nous venons vous prier de nous dire pourquoi un aussi étrange animal que l'homme a été formé.

— De quoi te mêles-tu?° dit le derviche, est-ce là ton affaire?
— Mais, mon Révérend Père, dit Candide, il y a horriblement de mal sur la terre. — Qu'importe, dit le derviche, qu'il y ait du mal ou du bien? Quand Sa Hautesse envoie un vaisseau en Égypte, s'embarrasse-t-elle si les souris qui sont dans le vaisseau sont à leur aise ou non? — Que faut-il donc faire? dit Pangloss. — Te taire, dit le derviche. — Je me flattais, dit Pangloss, de raisonner un peu avec vous des effets et des causes, du meilleur des mondes possibles, de l'origine du mal, de la nature de l'âme et de l'harmonie préétablie. » Le derviche, à ces mots, leur ferma la porte au nez.

Pendant cette conversation, la nouvelle s'était répandue qu'on venait d'étrangler° à Constantinople deux vizirs du banc° et le muphti,°

raccommodés: réconciliés
brouillés: fâchés, séparés
fait turc: converti à l'islam
avez regorgé: avez eu en
 surabondance
Comme vous voilà faite!: Que
 vous est-il arrivé?
derviche: religieux musulman

De quoi te mêles-tu?: Occupe-toi
 de tes affaires!
étrangler: asphyxier
vizirs du banc: ministres du
 conseil d'état
muphti: principal dignitaire
 religieux

et qu'on avait empalé° plusieurs de leurs amis. Cette catastrophe faisait partout un grand bruit pendant quelques heures. Pangloss, Candide et Martin, en retournant à la petite métairie, rencontrèrent un bon vieillard qui prenait le frais à sa porte sous un berceau° d'orangers. Pangloss, qui était aussi curieux que raisonneur,° lui demanda comment se nommait le muphti qu'on venait d'étrangler. « Je n'en sais rien, répondit le bonhomme, et je n'ai jamais su le nom d'aucun muphti ni d'aucun vizir. J'ignore absolument l'aventure° dont vous me parlez; je présume qu'en général ceux qui se mêlent des affaires publiques périssent quelquefois misérablement, et qu'ils le méritent; mais je ne m'informe jamais de ce qu'on fait à Constantinople; je me contente d'y envoyer vendre les fruits du jardin que je cultive. » Ayant dit ces mots, il fit entrer les étrangers dans sa maison: ses deux filles et ses deux fils leur présentèrent plusieurs sortes de sorbets qu'ils faisaient eux-mêmes, du kaïmac° piqué° d'écorces de cédrat confit,° des oranges, des citrons, des limons,° des ananas, des pistaches, du café de Moka[273] qui n'était point mêlé avec le mauvais café de Batavia[274] et des îles.° Après quoi les deux filles de ce bon musulman parfumèrent les barbes de Candide, de Pangloss et de Martin.

« Vous devez avoir, dit Candide au Turc, une vaste et magnifique terre? — Je n'ai que vingt arpents, répondit le Turc; je les cultive avec mes enfants; le travail éloigne de nous trois grands maux: l'ennui, le vice, et le besoin. »

Candide, en retournant dans sa métairie, fit de profondes réflexions sur le discours du Turc. Il dit à Pangloss et à Martin: « Ce bon vieillard me paraît s'être fait un sort bien préférable à celui des six rois avec qui nous avons eu l'honneur de souper. — Les grandeurs, dit Pangloss, sont fort dangereuses, selon le rapport de tous les philosophes: car enfin Églon, roi des Moabites, fut assassiné

empalé: tué en enfonçant un pieu (un pal)	**kaïmac:** sorbet à base de fruits
berceau: *ici*, treillage	**piqué:** parsemé, orné
raisonneur: qui aime discuter	**cédrat confit:** citron conservé
aventure: *ici*, événement, incident	**limons:** sortes de citron
	des îles: *ici*, des Antilles

273 *du café de Moka.* Moka, un port du Yémen. Cette variété de café, provenant de l'Arabie méridionale, est encore très appréciée.

274 *Batavia. Voir* note 48.

par Aod; Absalon fut pendu par les cheveux et percé de trois dards°;
le roi Nadab, fils de Jéroboam, fut tué par Baaza; le roi Éla, par
Zambri; Ochosias, par Jéhu; Athalia, par Joïada; les rois Joachim,
Jéchonias, Sédécias, furent esclaves.[275] Vous savez comment périrent
Crésus, Astyage, Darius, Denys de Syracuse, Pyrrhus, Persée,
Annibal, Jugurtha, Arioviste, César, Pompée, Néron, Othon,
Vitellius, Domitien,[276] Richard II d'Angleterre, Édouard II, Henri
VI, Richard III, Marie Stuart, Charles Ier,[277] les trois Henri de
France, l'empereur Henri IV[278]? Vous savez... — Je sais aussi, dit
Candide, qu'il faut cultiver notre jardin. — Vous avez raison, dit
Pangloss: car, quand l'homme fut mis dans le jardin d'Éden, il y
fut mis *ut operaretur eum*, pour qu'il travaillât,[279] ce qui prouve que
l'homme n'est pas né pour le repos. — Travaillons sans raisonner, dit
Martin; c'est le seul moyen de rendre la vie supportable. »

Toute la petite société entra dans ce louable dessein; chacun se mit
à exercer ses talents. La petite terre rapporta° beaucoup. Cunégonde
était à la vérité bien laide; mais elle devint une excellente pâtissière;
Paquette broda; la vieille eut soin du linge.° Il n'y eut pas jusqu'à
frère Giroflée qui ne rendît service; il fut un très bon menuisier,°
et même devint honnête homme[280]; et Pangloss disait quelquefois à
Candide: « Tous les événements sont enchaînés dans le meilleur des
mondes possibles; car enfin, si vous n'aviez pas été chassé d'un beau
château à grands coups de pied dans le derrière pour l'amour de Mlle

dards: petites flèches	**linge:** *ici*, lessive
rapporta: rendit, donna	**menuisier:** qui travaille le bois

275 *Églon... esclaves.* Exemples empruntés à l'Ancien Testament.

276 *Crésus... Domitien.* Divers personnages de l'Antiquité classique, dont
la fin a été misérable.

277 *Richard II... Charles Ier.* Ce sont tous des rois d'Angleterre qui ont
subi de tristes fins.

278 *l'empereur Henri IV.* Empereur germanique (1056-1106) qui s'est
révolté contre la papauté et a pris Rome en 1084. En 1088 le pape
Urbain II l'a reprise et Henri IV s'est trouvé abandonné, même par ses
partisans.

279 *pour qu'il travaillât.* Citation de la *Genèse* (II, 15).

280 *honnête homme.* Sens particulier aux XVIIe et XVIIIe siècles, personne
d'esprit et de bon goût.

Cunégonde, si vous n'aviez pas été mis à l'Inquisition, si vous n'aviez pas couru l'Amérique à pied, si vous n'aviez pas donné un bon coup d'épée au baron, si vous n'aviez pas perdu tous vos moutons du bon pays d'Eldorado, vous ne mangeriez pas ici des cédrats confits et des pistaches. — Cela est bien dit, répondit Candide, mais il faut cultiver notre jardin. »

Voltaire

Poème sur le désastre de Lisbonne

(1756)

PRÉFACE

Si jamais la question du mal physique a mérité l'attention de tous les hommes, c'est dans ces événements funestes qui nous rappellent à la contemplation de notre faible nature, comme les pestes générales qui ont enlevé le quart des hommes dans le monde connu, le tremblement de terre qui engloutit quatre cent mille personnes à la Chine en 1699, celui de Lima et de Collao,[1] et en dernier lieu celui du Portugal et du royaume de Fez.° L'axiome *Tout est bien* paraît un peu étrange à ceux qui sont les témoins de ces désastres. Tout est arrangé, tout est ordonné, sans doute, par la Providence; mais il n'est que trop sensible que tout, depuis longtemps, n'est pas arrangé pour notre bien-être présent.

Lorsque l'illustre Pope donna son *Essai sur l'Homme*, et qu'il développa dans ses vers immortels les systèmes de Leibnitz, du lord

Fez: Fès, ville de Maroc

1 *Collao.* Ville du Pérou et province péruvienne bordant le lac Titicaca. Le tremblement de terre à Pérou a eu lieu en octobre 1746.

Shaftesbury,[2] et du lord Bolingbroke,[3] une foule de théologiens de toutes les communions attaqua ce système. On se révoltait contre cet axiome nouveau que *tout est bien*, que *l'homme jouit de la seule mesure du bonheur dont son être soit susceptible*, etc. Il y a toujours un sens dans lequel on peut condamner un écrit, et un sens dans lequel on peut l'approuver. Il serait bien plus raisonnable de ne faire attention qu'aux beautés utiles d'un ouvrage, et de n'y point chercher un sens odieux; mais c'est une des imperfections de notre nature d'interpréter malignement tout ce qui peut être interprété, et de vouloir décrier° tout ce qui a eu du succès.

On crut donc voir dans cette proposition: *Tout est bien*, le renversement du fondement des idées reçues. « Si tout est bien, disait-on, il est donc faux que la nature humaine soit déchue.° Si l'ordre général exige que tout soit comme il est, la nature humaine n'a donc pas été corrompue; elle n'a donc pas eu besoin de rédempteur. Si ce monde, tel qu'il est, est le meilleur des mondes possibles, on ne peut donc pas espérer un avenir plus heureux. Si tous les maux dont nous sommes accablés sont un bien général, toutes les nations policées ont donc eu tort de rechercher l'origine du mal physique et du mal moral. Si un homme mangé par les bêtes féroces fait le bien-être de ces bêtes et contribue à l'ordre du monde, si les malheurs de tous les particuliers ne sont que la suite de cet ordre général et nécessaire, nous ne sommes donc que des roues qui servent à faire jouer la grande machine; nous ne sommes pas plus précieux aux yeux de Dieu que les animaux qui nous dévorent. »

Voilà les conclusions qu'on tirait du poème de M. Pope; et ces conclusions mêmes augmentaient encore la célébrité et le succès de l'ouvrage. Mais on devait l'envisager sous un autre aspect: il fallait

décrier: attaquer, calomnier **déchue:** tombée, détrônée

2 *lord Shaftesbury.* Anthony Ashley Cooper, comte de Shaftesbury (1671-1713), philosophe anglais. Platonicien, il a développé une morale du sentiment basée sur l'idée optimiste d'un sens inné du beau et du bien en l'homme.

3 *lord Bolingbroke.* Henry Saint John, lord Bolingbroke (1678-1751). Homme politique et écrivain britannique. Cynique et déiste, il a fourni à Alexander Pope les lignes générales de la philosophie de son *Essai sur l'homme.* (*Voir* note 12 du texte.) En 1720 Voltaire s'est lié avec Bolingbroke, exilé d'Angleterre dans son château à Orléans; ils se sont retrouvés plus tard en Angleterre.

considérer le respect pour la Divinité, la résignation qu'on doit à ses ordres suprêmes, la saine morale, la tolérance, qui sont l'âme de cet excellent écrit. C'est ce que le public a fait; et l'ouvrage, ayant été traduit par des hommes dignes de le traduire, a triomphé d'autant plus des critiques qu'elles roulaient sur des matières plus délicates.

C'est le propre des censures° violentes d'accréditer les opinions qu'elles attaquent. On crie contre un livre parce qu'il réussit, on lui impute des erreurs: qu'arrive-t-il? Les hommes révoltés contre ces cris prennent pour des vérités les erreurs mêmes que ces critiques ont cru apercevoir. La censure élève des fantômes pour les combattre, et les lecteurs indignés embrassent ces fantômes.

Les critiques ont dit: « Leibnitz, Pope, enseignent le fatalisme »; et les partisans de Leibnitz et de Pope ont dit: « Si Leibnitz et Pope enseignent le fatalisme, ils ont donc raison, et c'est à cette fatalité invincible qu'il faut croire. »

Pope avait dit *Tout est bien* en un sens qui était très recevable°; et ils le disent aujourd'hui en un sens qui peut être combattu.

L'auteur du poème sur le *Désastre de Lisbonne* ne combat point l'illustre Pope, qu'il a toujours admiré et aimé: il pense comme lui sur presque tous les points; mais, pénétré des malheurs des hommes, il s'élève contre les abus qu'on peut faire de cet ancien axiome *Tout est bien*. Il adapte cette triste et plus ancienne vérité, reconnue de tous les hommes, *qu'il y a du mal sur la terre*; il avoue que le mot *Tout est bien*, pris dans un sens absolu et sans l'espérance d'un avenir, n'est qu'une insulte aux douleurs de notre vie.

Si, lorsque Lisbonne, Méquinez, Tétuan, et tant d'autres villes, furent englouties avec un si grand nombre de leurs habitants au mois de novembre 1755, des philosophes avaient crié aux malheureux qui échappaient à peine des ruines: « Tout est bien; les héritiers des morts augmenteront leurs fortunes; les maçons gagneront de l'argent à rebâtir des maisons; les bêtes se nourriront des cadavres enterrés dans les débris: c'est l'effet nécessaire des causes nécessaires; votre mal particulier n'est rien, vous contribuerez au bien général »; un tel discours certainement eût été aussi cruel que le tremblement de terre a été funeste. Et voilà ce que dit l'auteur du poème sur le *Désastre de Lisbonne*.

censures: critiques, condamnations **recevable:** acceptable, admissible

Il avoue donc avec toute la terre qu'il y a du mal sur la terre, ainsi que du bien; il avoue qu'aucun philosophe n'a pu jamais expliquer l'origine du mal moral et du mal physique; il avoue que Bayle,[4] le plus grand dialecticien[5] qui ait jamais écrit, n'a fait qu'apprendre à douter, et qu'il se combat lui-même; il avoue qu'il y a autant de faiblesse dans les lumières de l'homme que de misères dans sa vie. Il expose tous les systèmes en peu de mots. Il dit que la révélation seule peut dénouer ce grand nœud, que tous les philosophes ont embrouillé; il dit que l'espérance d'un développement de notre être dans un nouvel ordre des choses peut seule consoler des malheurs présents, et que la bonté de la Providence est le seul asile auquel l'homme puisse recourir dans les ténèbres° de sa raison, et dans les calamités de sa nature faible et mortelle.

P. S. - Il est toujours malheureusement nécessaire d'avertir qu'il faut distinguer les objections que se fait un auteur de ses réponses aux objections, et ne pas prendre ce qu'il réfute pour ce qu'il adopte.

ténèbres: ombres, obscurité

4 *Bayle.* Pierre Bayle (1647-1706), philosophe français. Protestant, il a vécu à Genève et à Rotterdam où il a enseigné la philosophie et l'histoire. Dès 1685, ayant aliéné même les protestants, il s'est consacré à son *Dictionnaire historique et critique*, un examen critique des dogmes et des traditions en faveur de la tolérance. Légitimant la liberté de pensée, son œuvre préfigure les idées et les méthodes des Encyclopédistes.

5 *dialecticien.* Personne qui raisonne selon les procédés de la dialectique, c'est-à-dire, les moyens logiques de démontrer ou de réfuter la conviction. « Le sophiste se contente des apparences, le dialecticien de la preuve. » (Joubert, 1754-1824)

Poème sur le désastre de Lisbonne

ou examen de cet axiome: « tout est bien »

Ô malheureux mortels! ô terre déplorable!
Ô de tous les mortels assemblage effroyable!
D'inutiles douleurs éternel entretien!
Philosophes trompés qui criez: « Tout est bien »;
Accourez, contemplez ces ruines affreuses 5
Ces débris, ces lambeaux,° ces cendres malheureuses,
Ces femmes, ces enfants l'un sur l'autre entassés,
Sous ces marbres rompus ces membres dispersés;
Cent mille infortunés que la terre dévore,
Qui, sanglants, déchirés, et palpitants encore, 10
Enterrés sous leurs toits, terminent sans secours
Dans l'horreur des tourments leurs lamentables jours!
Aux cris demi-formés de leurs voix expirantes,
Au spectacle effrayant de leurs cendres fumantes,
Direz-vous: « C'est l'effet des éternelles lois 15
Qui d'un Dieu libre et bon nécessitent le choix »?
Direz-vous, en voyant cet amas° de victimes:
« Dieu s'est vengé, leur mort est le prix de leurs crimes? »
Quel crime, quelle faute ont commis ces enfants
Sur le sein maternel écrasés et sanglants? 20
Lisbonne, qui n'est plus, eut-elle plus de vices
Que Londres, que Paris, plongés dans les délices?
Lisbonne est abîmée, et l'on danse à Paris.
Tranquilles spectateurs, intrépides esprits,
De vos frères mourants contemplant les naufrages,° 25
Vous recherchez en paix les causes des orages:
Mais du sort ennemi quand vous sentez les coups,
Devenus plus humains, vous pleurez comme nous.

lambeaux: morceaux déchirés **naufrages:** *ici*, désastres, ruines
amas: tas

Croyez-moi, quand la terre entr'ouvre ses abîmes,
Ma plainte est innocente et mes cris légitimes. 30
Partout environnés des cruautés du sort,
Des fureurs des méchants, des pièges de la mort,
De tous les éléments éprouvant les atteintes,°
Compagnons de nos maux, permettez-nous les plaintes.
C'est l'orgueil, dites-vous, l'orgueil séditieux, 35
Qui prétend qu'étant mal, nous pouvions être mieux.
Allez interroger les rivages du Tage⁶;
Fouillez dans les débris de ce sanglant ravage°;
Demandez aux mourants, dans ce séjour d'effroi,
Si c'est l'orgueil qui crie « Ô ciel, secourez-moi! 40
Ô ciel, ayez pitié de l'humaine misère! »
 « Tout est bien, dites-vous, et tout est nécessaire. »
Quoi! l'univers entier, sans ce gouffre infernal,
Sans engloutir Lisbonne, eût-il été plus mal?
Êtes-vous assurés que la cause éternelle 45
Qui fait tout, qui sait tout, qui créa tout pour elle,
Ne pouvait nous jeter dans ces tristes climats
Sans former des volcans allumés sous nos pas?
Borneriez-vous° ainsi la suprême puissance?
Lui défendriez-vous d'exercer sa clémence? 50
L'éternel artisan n'a-t-il pas dans ses mains
Des moyens infinis tout prêts pour ses desseins?
Je désire humblement, sans offenser mon maître,
Que ce gouffre enflammé de soufre et de salpêtre°
Eût allumé ses feux dans le fond des déserts. 55
Je respecte mon Dieu, mais j'aime l'univers.
Quand l'homme ose gémir d'un fléau si terrible,
Il n'est point orgueilleux, hélas! Il est sensible.
 Les tristes habitants de ces bords désolés
Dans l'horreur des tourments seraient-ils consolés 60
Si quelqu'un leur disait: « Tombez, mourez tranquilles;

atteintes: attaques, coups	**borneriez-vous:** limiteriez-vous
ravage: dévastation	**salpêtre:** nitrate, poudre de guerre

6 *Tage*. Tajo, principal fleuve de la péninsule Ibérique. Né en Espagne,
il se jette dans l'Atlantique dans la baie de Lisbonne.

Pour le bonheur du monde on détruit vos asiles.
D'autres mains vont bâtir vos palais embrasés,°
D'autres peuples naîtront dans vos murs écrasés;
Le Nord va s'enrichir de vos pertes fatales; 65
Tous vos maux sont un bien dans les lois générales;
Dieu vous voit du même œil que les vils vermisseaux°
Dont vous serez la proie au fond de vos tombeaux? »
À des infortunés quel horrible langage!
Cruels, à mes douleurs n'ajoutez point l'outrage. 70
 Non, ne présentez plus à mon cœur agité
Ces immuables lois de la nécessité,
Cette chaîne des corps, des esprits, et des mondes.
Ô rêves des savants! ô chimères° profondes!
Dieu tient en main la chaîne, et n'est point enchaîné; 75
Par son choix bienfaisant tout est déterminé:
Il est libre, il est juste, il n'est point implacable.
Pourquoi donc souffrons-nous sous un maître équitable?
Voilà le nœud fatal qu'il fallait délier.
Guérirez-vous nos maux en osant les nier? 80
Tous les peuples, tremblant sous une main divine,
Du mal que vous niez ont cherché l'origine.
Si l'éternelle loi qui meut les éléments
Fait tomber les rochers sous les efforts des vents,
Si les chênes touffus° par la foudre s'embrasent, 85
Ils ne ressentent point des coups qui les écrasent:
Mais je vis, mais je sens, mais mon cœur opprimé
Demande des secours au Dieu qui l'a formé.
 Enfants du Tout-Puissant, mais nés dans la misère,
Nous étendons les mains vers notre commun père. 90
Le vase, on le sait bien, ne dit point au potier:
« Pourquoi suis-je si vil, si faible et si grossier? »
Il n'a point la parole, il n'a point la pensée;
Cette urne en se formant qui tombe fracassée,
De la main du potier ne reçut point un cœur 95
Qui désirât les biens et sentît son malheur.

embrasés: brûlés, incendiés **chimères:** fantasmes, illusions
vermisseaux: petits vers, larves **touffus:** épais et denses

« Ce malheur, dites-vous, est le bien d'un autre être. »
De mon corps tout sanglant mille insectes vont naître;
Quand la mort met le comble° aux maux que j'ai soufferts,
Le beau soulagement d'être mangé des vers! 100
Tristes calculateurs des misères humaines,
Ne me consolez point, vous aigrissez° mes peines;
Et je ne vois en vous que l'effort impuissant
D'un fier infortuné qui feint d'être content.

 Je ne suis du grand tout qu'une faible partie: 105
Oui; mais les animaux condamnés à la vie,
Tous les êtres sentants, nés sous la même loi,
Vivent dans la douleur, et meurent comme moi.

 Le vautour acharné sur sa timide proie
De ses membres sanglants se repaît avec joie; 110
Tout semble bien pour lui: mais bientôt à son tour
Un aigle au bec tranchant dévore le vautour;
L'homme d'un plomb° mortel atteint cette aigle altière:
Et l'homme aux champs de Mars[7] couché sur la poussière,
Sanglant, percé de coups, sur un tas de mourants, 115
Sert d'aliment affreux aux oiseaux dévorants.
Ainsi du monde entier tous les membres gémissent;
Nés tous pour les tourments, l'un par l'autre ils périssent:
Et vous composerez dans ce chaos fatal
Des malheurs de chaque être un bonheur général! 120
Quel bonheur! Ô mortel et faible et misérable.
Vous criez: « Tout est bien » d'une voix lamentable,
L'univers vous dément,° et votre propre cœur
Cent fois de votre esprit a réfuté l'erreur.

 Éléments, animaux, humains, tout est en guerre. 125
Il le faut avouer, le mal est sur la terre:
Son principe secret ne nous est point connu.

le comble: *ici*, la fin **plomb:** *ici*, balle (d'une arme à feu)
aigrissez: rendez plus amères, **dément:** contredit (*démentir*)
 irritez

7 *champs de Mars.* Mars étant le dieu romain de la guerre, les champs
 de Mars seraient les champs de bataille (périphrase). (NB: Ce poème
 est écrit quarante ans avant le massacre révolutionnaire du champ de
 Mars à Paris.)

De l'auteur de tout bien le mal est-il venu?
Est-ce le noir Typhon,[8] le barbare Arimane,[9]
Dont la loi tyrannique à souffrir nous condamne? 130
Mon esprit n'admet point ces monstres odieux
Dont le monde en tremblant fit autrefois des dieux.

 Mais comment concevoir un Dieu, la bonté même,
Qui prodigua ses biens à ses enfants qu'il aime,
Et qui versa sur eux les maux à pleines mains? 135
Quel œil peut pénétrer dans ses profonds desseins?
De l'Être tout parfait le mal ne pouvait naître;
Il ne vient point d'autrui, puisque Dieu seul est maître:
Il existe pourtant. Ô tristes vérités!
Ô mélange étonnant de contrariétés! 140
Un Dieu vint consoler notre race affligée;
Il visita la terre et ne l'a point changée!
Un sophiste[10] arrogant nous dit qu'il ne l'a pu;
« Il le pouvait, dit l'autre, et ne l'a point voulu:
Il le voudra, sans doute »; et tandis qu'on raisonne, 145
Des foudres souterrains engloutissent Lisbonne,
Et de trente cités dispersent les débris,
Des bords sanglants du Tage à la mer de Cadix.

 Ou l'homme est né coupable, et Dieu punit sa race,
Ou ce maître absolu de l'être et de l'espace, 150
Sans courroux,° sans pitié, tranquille, indifférent,
De ses premiers décrets suit l'éternel torrent;
Ou la matière informe à son maître rebelle,
Porte en soi des défauts nécessaires comme elle;

courroux: (vieilli) colère

8 *Typhon.* Monstre de la légende grecque. On lui donne les traits les plus effrayants de la mythologie: taille plus haute que les montagnes, corps ailé et couvert de vipères, cent têtes de dragons, etc.

9 *Arimane. Angra Mainyu* ou *Ahriman* (en perse) est l'esprit démoniaque du dieu Ahura Mazda dans le Zoroastrisme. Angra Mainyu est l'adversaire de *Spenta Mainyu*, l'esprit du Bien.

10 *un sophiste.* Le terme a d'abord désigné des philosophes grecs du Ve siècle avant notre ère, maîtres de rhétorique et de persuasion. Au XVIIIe siècle (et encore aujourd'hui), c'est celui qui argumente selon une logique fallacieuse, ou qui sait persuader selon un mauvais raisonnement.

Ou bien Dieu nous éprouve,° et ce séjour mortel 155
N'est qu'un passage étroit vers un monde éternel.
Nous essuyons ici des douleurs passagères:
Le trépas° est un bien qui finit nos misères.
Mais quand nous sortirons de ce passage affreux,
Qui de nous prétendra mériter d'être heureux? 160
 Quelque parti qu'on prenne, on doit frémir, sans doute.
Il n'est rien qu'on connaisse, et rien qu'on ne redoute.°
La nature est muette, on l'interroge en vain;
On a besoin d'un Dieu qui parle au genre humain.
Il n'appartient qu'à lui d'expliquer son ouvrage, 165
De consoler le faible, et d'éclairer le sage.
L'homme, au doute, à l'erreur, abandonné sans lui,
Cherche en vain des roseaux° qui lui servent d'appui.
Leibnitz ne m'apprend point par quels nœuds invisibles,
Dans le mieux ordonné des univers possibles, 170
Un désordre éternel, un chaos de malheurs,
Mêle à nos vains plaisirs de réelles douleurs,
Ni pourquoi l'innocent, ainsi que le coupable,
Subit également ce mal inévitable.
Je ne conçois pas plus comment tout serait bien: 175
Je suis comme un docteur°; hélas! je ne sais rien.
 Platon dit qu'autrefois l'homme avait eu des ailes,
Un corps impénétrable aux atteintes mortelles;
La douleur, le trépas, n'approchaient point de lui.
De cet état brillant qu'il diffère aujourd'hui! 180
Il rampe, il souffre, il meurt; tout ce qui naît expire;
De la destruction la nature est l'empire.
Un faible composé de nerfs et d'ossements°
Ne peut être insensible au choc des éléments;
Ce mélange de sang, de liqueurs,° et de poudre, 185
Puisqu'il fut assemblé, fut fait pour se dissoudre;
Et le sentiment prompt de ces nerfs délicats

nous éprouve: *ici*, nous met à **roseaux:** longues plantes aquatiques
 l'épreuve (donc un être faible)
le trépas: (vieilli) la mort **docteur:** *ici*, théologien
redoute: craigne **ossements:** os des cadavres
 liqueurs: *ici*, liquides

Fut soumis aux douleurs, ministres du trépas:
C'est là ce que m'apprend la voix de la nature.
J'abandonne Platon, je rejette Épicure.[11] 190
Bayle en sait plus qu'eux tous; je vais le consulter:
La balance à la main, Bayle enseigne à douter,
Assez sage, assez grand pour être sans système,
Il les a tous détruits, et se combat lui-même:
Semblable à cet aveugle en butte aux Philistins,[12] 195
Qui tomba sous les murs abattus par ses mains.
 Que peut donc de l'esprit la plus vaste étendue?
Rien: le livre du sort se ferme à notre vue.
L'homme, étranger à soi, de l'homme est ignoré.
Que suis-je, où suis-je, où vais-je, et d'où suis-je tiré? 200
Atomes tourmentés sur cet amas de boue,
Que la mort engloutit et dont le sort se joue,
Mais atomes pensants, atomes dont les yeux,
Guidés par la pensée, ont mesuré les cieux;
Au sein de l'infini nous élançons notre être, 205
Sans pouvoir un moment nous voir et nous connaître.
Ce monde, ce théâtre et d'orgueil et d'erreur,
Est plein d'infortunés qui parlent de bonheur.
Tout se plaint, tout gémit en cherchant le bien-être:
Nul ne voudrait mourir, nul ne voudrait renaître. 210
Quelquefois, dans nos jours consacrés aux douleurs,
Par la main du plaisir nous essuyons nos pleurs°;
Mais le plaisir s'envole, et passe comme une ombre;
Nos chagrins, nos regrets, nos pertes, sont sans nombre.
Le passé n'est pour nous qu'un triste souvenir; 215

pleurs: (vieilli) larmes

11 *Épicure.* Philosophe grec des IVe-IIIe siècles avant notre ère, fondateur de l'*épicurisme*: une théorie de la connaissance sensualiste, une cosmologie matérialiste et une morale hédoniste.

12 *cet aveugle en butte aux Philistins.* Samson, juge d'Israël, lutte contre les Philistins, mais il est trahi par Dalila qui lui rase la tête; sa force disparaît avec ses cheveux. Ses ennemis le rendent aveugle; il retrouve sa force, et se tue en détruisant les Philistins sous le temple de Dagon. En 1732, Voltaire avait créé le livret d'un opéra, *Samson*, que Rameau aurait mis en musique.

Le présent est affreux, s'il n'est point d'avenir,
Si la nuit du tombeau détruit l'être qui pense.
Un jour tout sera bien, voilà notre espérance;
Tout est bien aujourd'hui, voilà l'illusion.
Les sages me trompaient, et Dieu seul a raison. 220
Humble dans mes soupirs, soumis dans ma souffrance,
Je ne m'élève point contre la Providence.
Sur un ton moins lugubre on me vit autrefois
Chanter des doux plaisirs les séduisantes lois:
D'autres temps, d'autres mœurs: instruit par la vieillesse, 225
Des humains égarés partageant la faiblesse,
Dans une épaisse nuit cherchant à m'éclairer,
Je ne sais que souffrir, et non pas murmurer.
 Un calife autrefois, à son heure dernière,
Au Dieu qu'il adorait dit pour toute prière: 230
« Je t'apporte, ô seul roi, seul être illimité,
Tout ce que tu n'as pas dans ton immensité,
Les défauts, les regrets, les maux, et l'ignorance. »
Mais il pouvait encore ajouter l'espérance.

Activités

Mise en train

1. Avez-vous déjà lu un texte philosophique? Si oui, lequel?

2. Connaissez-vous des auteurs philosophiques français ou autres du XVIIIe siècle? Si oui, lesquels?

3. Connaissez-vous des auteurs philosophiques contemporains? Si oui, lesquels?

4. Avez-vous étudié ou réfléchi à certaines questions importantes du XVIIIe siècle: par exemple, le matérialisme, la science expérimentale, la morale naturelle, le déisme, la tolérance, le relativisme ou l'anti-cléricalisme? Pouvez-vous définir certains de ces termes?

5. Que savez-vous de la Révolution française et de ses causes?

6. À votre avis, la philosophie du XVIIIe siècle touche-t-elle aussi aux questions de nos jours, comme, par exemple, les droits de l'homme ou la tolérance?

7. Qu'est-ce qui symbolise la richesse pour vous? L'or? Les diamants?

8. À votre avis, comment la richesse pourrait-elle aider à atteindre le bonheur?

9. À votre avis, comment la richesse pourrait-elle détruire le bonheur?

10. Est-ce que la beauté physique est essentielle pour être heureux?

11. Quelle différence faites-vous entre « être satisfait de la vie » et « être heureux »?

12. Quelle différence faites-vous entre « être satisfait de la vie » et « avoir du succès »?

13. Selon vous, quelles sont les caractéristiques d'une personne satisfaite de la vie? Donnez des exemples.

14. Comment décririez-vous une personne qui a du succès? Donnez des exemples.

15. Donnez le nom de quelqu'un qui, à votre avis, est satisfait de la vie et qui a du succès. Expliquez vos critères pour juger si quelqu'un est satisfait de la vie et s'il a du succès.

16. Pour vous, est-ce qu'il « vaut mieux ne pas savoir » ? ("Ignorance is bliss.")

17. À votre avis, vaut-il mieux être ignorant et satisfait de la vie ou bien être intelligent et malheureux?

Choix multiples, Questions et Pistes d'exploration

Chapitre Premier: Comment Candide fut élevé dans un beau château, et comment il fut chassé d'icelui

1. Selon le narrateur, en quelle langue *Candide ou l'Optimisme* a-t-il été écrite?
 - A. En français
 - B. En allemand
 - C. En anglais
 - D. En espagnol

2. Selon le narrateur, où se sont trouvées les additions au premier texte?
 - A. À Minden
 - B. En Westphalie
 - C. Dans le château de M. le baron de Thunder-ten-tronckh
 - D. Dans la poche de M. le docteur Ralph

3. Pourquoi la mère de Candide ne s'est-elle pas mariée avec son père?

 A. Il n'était pas assez riche

 B. Il n'était pas bien élevé

 C. Il n'avait pu prouver que soixante et onze quartiers de noblesse dans son arbre généalogique

 D. Il n'était pas assez beau

4. Pourquoi Candide a-t-il été chassé du château de M. le baron de Thunder-ten-tronckh?

 A. Il a embrassé Cunégonde

 B. Il a frappé Cunégonde

 C. Il a insulté Cunégonde

 D. Il a abandonné Cunégonde

Questions

1. Décrivez M. le baron de Thunder-ten-tronckh. Était-il bien respecté? Pourquoi?

2. Décrivez Mme la baronne de Thunder-ten-tronckh.

3. Décrivez les enfants de M. le baron de Thunder-ten-tronckh.

4. Qui est Pangloss? Quel type de philosophie enseignait-il? Quelle était sa maxime principale?

Pistes d'exploration

1. Faites une analyse de la maxime principale de Pangloss. Êtes-vous d'accord avec cette philosophie? Si oui, pourquoi? Si non, pourquoi pas?

2. Connaissez-vous d'autres maximes philosophiques ? Si oui, faites l'analyse d'une maxime et expliquez si vous êtes d'accord ou pas avec celle que vous avez choisie.

Chapitre Second: Ce que devint Candide parmi les Bulgares

1. Qui avait l'air d'aider Candide à Valdberghoff-trarbk-dikdorff?
 - A. Deux soldats en uniforme bleu
 - B. Deux officiers de recrutement
 - C. Deux policiers
 - D. Deux professeurs

2. Pourquoi Candide a-t-il dû choisir entre être fustigé trente-six fois par tout le régiment ou recevoir douze balles de plomb dans la cervelle?
 - A. Il a haussé et remis la baguette
 - B. Il n'était pas considéré comme un prodige par ses camarades
 - C. Il s'en est allé promener sans permission
 - D. Il était trop fier de son héroïsme

3. Pourquoi le roi des Bulgares a-t-il pardonné à Candide?
 - A. Il a trouvé que Candide était beau
 - B. C'était le frère de M. le baron de Thunder-ten-tronckh
 - C. C'était le père de Cunégonde
 - D. Il a compris que Candide était un jeune métaphysicien

Questions

1. Dans quelle situation se trouve Candide? Quel était l'objectif des deux hommes en bleu?
2. Définissez la métaphysique.
3. Qu'est-ce qu'un métaphysicien? Quel serait l'équivalent de nos jours?
4. Voltaire, était-il pour ou contre la métaphysique?

Pistes d'exploration

1. Que pensez-vous de Candide? Est-il innocent et simple ou plutôt prodige? Faites son portrait.
2. Pouvez-vous citer un personnage tiré d'une autre œuvre littéraire qui ressemble à Candide? Faites une comparaison des deux personnages.

Chapitre Troisième: Comment Candide se sauva d'entre les Bulgares, et ce qu'il devint

1. Qui a aidé Candide finalement?
 A. L'orateur protestant
 B. La femme de l'orateur
 C. Jacques
 D. Un gueux

2. Jacques était _____.
 A. un orateur catholique
 B. anabaptiste
 C. marchand de livres
 D. Les trois réponses sont correctes

3. Le style du Chapitre III est caractérisé par tout SAUF
 A. L'hyperbole
 B. L'ironie
 C. La métaphore
 D. L'énumération

Questions

1. Pourquoi les deux rois faisaient-ils chanter le *Te Deum* chacun dans sa tente?

2. Décrivez les champs de guerre que voit Candide. Comment réagit-il?

3. Où Candide s'enfuit-il? Que trouve-t-il en arrivant là-bas?

Pistes d'exploration

1. Quelle est la signification de l'expression « la raison suffisante » par rapport à l'optimisme déterminant de Leibniz?

2. Quel rôle joue le gueux à la fin du Chapitre III?

3. Faites des recherches: Qu'est-ce qu'un anabaptiste? Pourriez-vous identifier des anabaptistes contemporains? Recherchez, par exemple, Dirk Willems ou bien les Amish aux États-Unis.

Chapitre Quatrième: Comment Candide rencontra son ancien maître de philosophie, le docteur Pangloss, et ce qui en advint

1. Après avoir aidé Pangloss, qu'a fait l'anabaptiste Jacques?
 - A. Il a embauché Pangloss comme teneur de livres
 - B. Il a amené Candide et Pangloss avec lui à Lisbonne pour les affaires de son commerce
 - C. Les réponses A et B sont toutes les deux correctes
 - D. Les réponses A et B ne sont pas correctes

2. Qu'est-ce qui s'est passé à leur arrivée à Lisbonne?
 - A. Une guerre
 - B. Une fête
 - C. Un tremblement de terre
 - D. Une tempête

Questions

1. Selon Pangloss, qu'est-il arrivé aux habitants du château de M. le baron de Thunder-ten-tronckh?
2. Pourquoi Pangloss est-il si malade?
3. Comment Pangloss, devant Candide, explique-t-il pourquoi il est malade? Quelle est la réaction de Candide?

Pistes d'exploration

1. En quoi consistent les différences entre la philosophie de Pangloss et celle de l'anabaptiste Jacques?
2. Connaissez-vous un philosophe contemporain ou un penseur qui a une philosophie semblable à celle de Pangloss ou à celle de l'anabaptiste Jacques?

Chapitre Cinquième: Tempête, naufrage, tremblement de terre, et ce qui advint du docteur Pangloss, de Candide et de l'anabaptiste Jacques

1. On peut décrire les passagers du vaisseau de manière suivante SAUF
 - A. Certains avaient peur
 - B. Certains n'avaient pas peur

C. Certains avaient le mal de mer

D. Certains n'avaient pas le mal de mer

2. À part Candide et Pangloss, qui a échappé à la tempête?

A. L'anabaptiste Jacques

B. La moitié des passagers

C. Le capitaine du vaisseau

D. Le matelot brutal

Questions

1. Comment Pangloss explique-t-il à Candide la raison pour laquelle l'anabaptiste Jacques s'est noyé à Lisbonne?

2. Après le tremblement de terre, pourquoi Candide déclare-t-il que c'est « le dernier jour du monde »?

3. Que signifie la présence du familier de l'Inquisition, un petit homme en noir?

Pistes d'exploration

1. Expliquez ce qu'était l'Inquisition.

2. Donnez des détails historiques sur l'Inquisition.

3. Quelle est l'attitude de Voltaire devant l'Inquisition?

Chapitre Sixième: Comment on fit un bel auto-da-fé pour empêcher les tremblements de terre, et comment Candide fut fessé

1. Pourquoi l'université de Coïmbre a-t-elle décidé de faire un auto-da-fé?

A. Pour empêcher la terre de trembler

B. Pour cultiver la terre

C. Pour éviter la peste

D. Pour fêter la nouvelle année

2. Nommez les cinq personnes choisies pour le sacrifice de l'auto-da-fé.

A. Candide, Pangloss, deux Biscayens et un Portugais

B. Candide, Pangloss, un Biscayen et deux Portugais

C. Candide, Pangloss, deux Biscayens et la vieille

D. Candide, Pangloss, deux Portugais et la vieille

Questions

1. Qu'est-ce qu'un « auto-da-fé »?

2. Pourquoi chacune des cinq personnes choisies pour le sacrifice de l'auto-da-fé a-t-elle été arrêtée? Qu'est-ce qui est arrivé à chaque accusé?

3. Décrivez comment on a habillé Candide et Pangloss pour l'auto-da-fé. Quelle est la signification de ces vêtements?

4. Qu'est-ce qui est arrivé à Pangloss et à Candide après l'auto-da-fé?

5. Que dit la vieille à Candide?

Pistes d'exploration

1. Dans ce chapitre, Voltaire fait référence à plusieurs événements réels. Faites des recherches sur les tremblements de terre au Portugal et ailleurs au XVIIIe siècle.

2. Voltaire a-t-il écrit un autre ouvrage concernant un tremblement de terre contemporain?

Chapitre Septième: Comment une vieille prit soin de Candide, et comment il retrouva ce qu'il aimait

1. Au début du Chapitre VII, où Candide suit-il la vieille?

 A. Dans une église
 B. Dans une ferme
 C. Dans une masure
 D. Dans une fête

2. Même au cours de tous ses malheurs, Candide a toujours pu _____.

 A. manger
 B. dormir
 C. Les réponses A et B sont toutes les deux correctes
 D. Ni la réponse A ni la réponse B ne sont correctes

Questions

1. Qui est la vieille?
2. Pourquoi la vieille aide-t-elle Candide?
3. Décrivez la réaction de Candide en voyant Cunégonde.

Chapitre Huitième: Histoire de Cunégonde

1. Pourquoi est-ce que le soldat bulgare n'a pas violé Cunégonde?
 A. Son capitaine l'a tué
 B. Cunégonde l'a tué
 C. Il s'est évanoui de fatigue
 D. Il a décidé de s'en aller

2. Par qui Cunégonde avait-elle été faite prisonnière de guerre?
 A. Don Issacar
 B. Le docteur Pangloss
 C. Monseigneur l'Inquisiteur
 D. Le capitaine bulgare

3. À qui le capitaine bulgare a-t-il vendu Cunégonde?
 A. À don Issacar
 B. Au docteur Pangloss
 C. À monseigneur l'Inquisiteur
 D. À Candide

4. Quelle relation y a-t-il entre don Issacar et monseigneur l'Inquisiteur en ce qui concerne Cunégonde?
 A. Cunégonde est avec monseigneur l'Inquisiteur tous les jours sauf son jour du sabbat
 B. Cunégonde est avec don Issacar tous les jours sauf son jour du sabbat
 C. Cunégonde est avec don Issacar le lundi, le mercredi et son jour du sabbat
 D. Cunégonde est avec monseigneur l'Inquisiteur le lundi, le mercredi et son jour du sabbat

5. Qui arrive et surprend Cunégonde et Candide ensemble?

 A. La vieille

 B. Don Issacar

 C. Monseigneur l'Inquisiteur

 D. Le capitaine bulgare

Questions

1. Décrivez ce qui est arrivé à Cunégonde le jour où les Bulgares sont entrés dans le beau château de Thunder-ten-tronckh.

2. Pourquoi Cunégonde était-elle présente à l'auto-da-fé où Candide a été bien fessé?

3. Qu'est-ce que Cunégonde remarque à propos de la peau de Candide?

Pistes d'exploration

1. Faites des recherches sur le point de vue de Voltaire envers l'Inquisition, la religion en tant qu'institution et ceux qui participent à la religion en tant qu'institution.

2. Pourquoi la relation entre don Issacar et monseigneur l'Inquisiteur en ce qui concerne Cunégonde nous paraît choquante? Pourquoi à votre avis Voltaire a-t-il établi ce ménage à trois inhabituel?

Chapitre Neuvième: Ce qui advint de Cunégonde, de Candide, du grand inquisiteur, et d'un juif

1. Qui Candide finit-il par tuer?

 A. La vieille et don Issacar

 B. La vieille et monseigneur l'Inquisiteur

 C. La vieille, don Issacar et monseigneur l'Inquisiteur

 D. Don Issacar et monseigneur l'Inquisiteur

2. Qu'est-ce que la vieille a de particulier?

 A. Elle n'a qu'un œil

 B. Elle n'a qu'une fesse

 C. Elle n'a qu'une jambe

 D. Elle n'a qu'un pied

Questions

1. Pourquoi Candide, qui selon Cunégonde est né si doux, a-t-il pu tuer?

2. Avec qui Candide s'échappe-t-il? Où et comment s'enfuient-ils?

Pistes d'exploration

1. À votre avis, Cunégonde est-elle toujours vierge? Justifiez votre réponse.

2. Cunégonde tolère-t-elle sa situation ou bien en souffre-t-elle? A-t-elle le choix? Pourquoi? Peut-elle elle-même changer de situation?

Chapitre Dixième: Dans quelle détresse Candide, Cunégonde et la vieille arrivent à Cadix, et de leur embarquement

1. Qui a probablement volé les pistoles et les diamants de Cunégonde?
 A. La vieille
 B. Candide
 C. Un révérend père cordelier
 D. Un prieur de bénédictins

2. Que font les trois voyageurs pour pouvoir continuer?
 A. Ils vendent un de leurs chevaux andalous
 B. Ils travaillent à l'hôtellerie où ils se logent
 C. Ils demandent de l'argent au révérend père cordelier
 D. Ils vendent la plupart de leurs vêtements

3. À Cadix, qu'arrive-t-il à Candide?
 A. Il devient général d'une compagnie d'infanterie
 B. Il devient capitaine d'une compagnie d'infanterie
 C. Il devient membre d'une compagnie d'infanterie
 D. Il s'enfuit d'une compagnie d'infanterie

Questions

1. De quoi discutent Candide, Cunégonde et la vieille pendant le voyage au Nouveau Monde?

2. Pourquoi Cunégonde a-t-elle l'air piteuse? Comment la vieille réagit-elle aux plaintes de Cunégonde?

Pistes d'exploration

1. Trouvez une carte de l'Amérique latine de l'époque de Voltaire pour tracer les voyages de Candide. Voir aussi la carte à la page 28.

2. Trouvez une carte de l'Amérique latine contemporaine. A-t-elle beaucoup changé depuis l'époque de Voltaire?

Chapitre Onzième: Histoire de la vieille

1. Qui sont les parents de la vieille?
 A. Le pape Urbain XX et la princesse de Palestrine
 B. Le pape Urbain X et la princesse d'Angleterre
 C. Le pape Urbain XX et la princesse d'Angleterre
 D. Le pape Urbain X et la princesse de Palestrine

2. Avec qui la vieille devait-elle se marier?
 A. Le prince souverain d'Angleterre
 B. Le prince souverain de Palestrine
 C. Le prince souverain de Massa-Carrara
 D. Le prince souverain de la Westphalie

3. Qu'est-ce qui est arrivé au fiancé de la vieille?
 A. Il est mort d'une crise cardiaque
 B. Il est mort de convulsions épouvantables
 C. Il est mort dans une bataille à la guerre
 D. Il est mort lors d'un naufrage

Questions

1. Où la vieille a-t-elle grandi?
2. Faites une description de la vieille pendant sa jeunesse.
3. Faites une description du fiancé de la vieille.
4. Après la mort de son fiancé, qu'ont fait la vieille et sa mère?

5. Qu'ont fait les corsaires à la vieille, à sa mère, à ses filles d'honneur ainsi qu'à ses simples femmes de chambre? Que cherchaient-ils?

6. Faites une description du capitaine des corsaires du point de vue de la vieille.

7. La vieille, sa mère, ses filles d'honneur et ses simples femmes de chambre qu'ont-elles vu en arrivant au Maroc?

8. Qu'est-ce qui est arrivé à la mère de la vieille et aux autres Italiennes?

9. Pourquoi la vieille n'a-t-elle pas été tuée au Maroc?

10. Comment et où la vieille s'est-elle sauvée? Qui l'a trouvée?

Pistes d'exploration

1. Quelle était la situation des castrats (chanteurs) en Italie et en France au XVIIIe siècle?

2. Trouvez-vous les malheurs qui sont arrivés à la mère de la vieille et aux autres Italiennes réalistes ou exagérés? Pourquoi Voltaire a-t-il choisi de nous offrir des incidents si saugrenus et bizarres?

3. Faites des recherches sur Farinelli (Carlo Broschi).

Chapitre Douzième: Suite des malheurs de la vieille

1. Qu'est-ce que l'eunuque (qui a aidé la vieille au Maroc) avait fait autrefois chez la mère de la vieille?
 - A. Il a été esclave chez elle
 - B. Il a été prieur de sa chapelle
 - C. Il a été musicien de sa chapelle
 - D. Il a été précepteur chez elle

2. Où l'eunuque a-t-il promis d'amener la vieille?
 - A. À Ceuta
 - B. En Allemagne
 - C. À Alger
 - D. En Italie

3. Où l'eunuque a-t-il amené la vieille en fin de compte?

 A. À Ceuta

 B. En Allemagne

 C. À Alger

 D. En Italie

4. À qui l'eunuque a-t-il vendu la vieille?

 A. Au dey d'Alger

 B. À un marchand de Tunis

 C. À un marchand de Tripoli

 D. À un marchand d'Alexandrie

Questions

1. Selon la vieille, qu'est-ce qui est pire qu'un tremblement de terre? Pourquoi?

2. Dans quelles circonstances la vieille a-t-elle perdu une de ses fesses?

3. Comment la vieille a-t-elle pu s'échapper? Expliquez cette série d'évasions miraculeuses.

4. Après s'être sauvée, qu'a fait la vieille pour survivre? Où a-t-elle voyagé?

5. Comment la vieille et Cunégonde se sont-elles connues?

6. Pourquoi la vieille ne s'est-elle pas suicidée? Quelle est sa philosophie par rapport au suicide?

7. La vieille connaît douze personnes qui se sont suicidées. Parlez de certaines d'entre elles. Expliquez les circonstances de leur suicide.

8. Qu'est-ce que la vieille demande à Cunégonde de faire?

Pistes d'exploration

1. Discutez du rôle de la vieille dans *Candide ou l'Optimisme*. C'est une bonne fée? La voix de l'expérience? L'entremetteuse qui réunit les deux amants?

2. Trouvez une carte de l'Afrique et du Moyen Orient de l'époque de Voltaire pour tracer les voyages de Candide. Voir aussi la carte à la page 28.

3. Trouvez une carte de l'Afrique (y compris l'Afrique du Nord) et du Moyen Orient contemporains. Ces régions ont-elles beaucoup changé depuis l'époque de Voltaire?

4. Décrivez spécifiquement où se trouvent les villes suivantes: Alger, Tunis, Tripoli et Alexandrie. Pourquoi étaient-elles importantes à l'époque de Voltaire? De nos jours, sont-elles toujours importantes?

Chapitre Treizième: Comment Candide fut obligé de se séparer de la belle Cunégonde et de la vieille

1. Après avoir entendu toute l'histoire de la vieille, qu'est-ce que Cunégonde a accepté de faire?
 - A. Elle engagerait tous les passagers l'un après l'autre afin de leur conter ses aventures
 - B. Elle engagerait tous les passagers l'un après l'autre afin qu'ils lui content leurs aventures
 - C. Elle engagerait Candide pour qu'il conte ses aventures à tous les passagers
 - D. Elle engagerait la vieille pour qu'elle conte ses aventures à tous les passagers

2. La vieille conseille à Cunégonde de se marier avec le gouverneur pour toutes les raisons suivantes SAUF
 - A. Cunégonde n'a pas d'argent
 - B. La fidélité n'est plus importante
 - C. Cunégonde a tué monseigneur le grand Inquisiteur
 - D. Le gouverneur la traitera bien

Questions

1. Faites un portrait du gouverneur de Buenos-Ayres, Don Fernando d'Ibaraa, y Figueora, y Mascarenes, y Lampourdos, y Souza.

2. Pourquoi Candide ne ment-il pas quand le gouverneur lui demande si Cunégonde est sa femme?

3. Quels conseils la vieille donne-t-elle à Cunégonde à propos de la proposition de mariage du gouverneur?

4. Pourquoi un alcade et des alguazils arrivent-ils à Buenos-Ayres? Que cherchent-ils?

Pistes d'exploration

1. Candide est obligé de quitter Cunégonde et la vieille. Pourquoi? Selon vous, à quoi pense-t-il?

2. Faites des recherches sur les explorateurs et les colonisateurs du Nouveau Monde. Au XVIIIe siècle qui étaient-ils en Amérique latine? Quels étaient leurs objectifs? De quelles nationalités étaient-ils, surtout dans *Candide ou l'Optimisme*? Des explorateurs français figurent-ils dans *Candide ou l'Optimisme*?

Chapitre Quatorzième: Comment Candide et Cacambo furent reçus chez les jésuites du Paraguay

1. Qu'est-ce qui arrive à Candide et à Cacambo quand ils sont à la première barrière de Los Padres?
 A. Ils sont accueillis avec grande cérémonie
 B. Ils sont attaqués et gravement blessés
 C. Ils sont désarmés et leurs deux chevaux andalous ont été pris
 D. Les trois réponses sont correctes

2. Pourquoi le sergent change-t-il d'avis quand Candide insiste pour voir le commandant?
 A. Candide est allemand
 B. Cacambo est allemand
 C. Candide est espagnol
 D. Cacambo est espagnol

3. Qui découvre Candide lorsqu'il voit le commandant?
 A. Le père de Cunégonde
 B. Le frère de Cunégonde
 C. Le père de Candide
 D. Le frère de Candide

Questions

1. Qui est Cacambo? Faites son portrait.

2. Que Cacambo persuade-t-il Candide de faire? Pourquoi?

Pistes d'exploration

1. Expliquez cette description de *Los Padres*: « Pour moi, je ne vois rien de si divin que Los Padres, qui font ici la guerre au roi d'Espagne et au roi de Portugal, et qui en Europe confessent ces rois; qui tuent ici des Espagnols, et qui à Madrid les envoient au ciel. »

2. Qui a fait cette description de *Los Padres*? Comment cette personne fait-elle face aux vicissitudes de ce monde?

Chapitre Quinzième: Comment Candide tua le frère de sa chère Cunégonde

1. Qu'a jeté un jésuite dans les yeux du frère de Cunégonde?
 - A. Du sel
 - B. De l'eau bénite
 - C. Les réponses A et B sont toutes les deux correctes
 - D. Ni la réponse A ni la réponse B ne sont correctes

2. Combien de personnes Candide a-t-il tuées jusqu'ici?
 - A. Quatre
 - B. Trois
 - C. Deux
 - D. Une

Questions

1. Comment le frère de Cunégonde a-t-il survécu à l'attaque des Bulgares à Thunder-ten-tronckh?

2. Pourquoi et comment le frère de Cunégonde est-il devenu jésuite?

3. Pourquoi Candide finit-il par tuer le frère de Cunégonde?

4. Qui Candide a-t-il tué jusqu'ici? et pourquoi?

5. Que fait Cacambo pour aider Candide à s'évader encore une fois?

Pistes d'exploration

1. Comment se fait-il que Candide, le meilleur homme du monde, devient assassin? Qui Candide tue-t-il et dans quelles circonstances? Peut-on justifier ces meurtres? Si oui, comment?

2. Quelles sont les suites des meurtres commis par Candide? Comment ces incidents font-ils avancer l'histoire?

Chapitre Seizième: Ce qui advint aux deux voyageurs avec deux filles, deux singes et les sauvages nommés Oreillons

1. Qu'est-ce que Cacambo a pu mettre dans sa valise?
 - A. Des vêtements supplémentaires
 - B. Des armes supplémentaires
 - C. De la nourriture supplémentaire
 - D. Les trois réponses sont correctes

2. Pourquoi les Oreillons veulent-ils tuer Candide et Cacambo?
 - A. Ils pensent que Candide est jésuite et qu'il a tué les singes
 - B. Ils pensent que Candide a tué un jésuite et les singes
 - C. Ils pensent que Candide est allemand et qu'il a tué les singes
 - D. Ils pensent que Candide a tué un Allemand et les singes

Questions

1. Pourquoi Candide ne veut-il pas manger?
2. Qu'est-ce que le journal de Trévoux?
3. Candide a-t-il bien fait de tuer les deux singes? Pourquoi?
4. Qu'explique Cacambo à Candide à propos des singes?
5. Qui sont les Oreillons?
6. Pourquoi enfin, les Oreillons ne tuent-ils pas Candide et Cacambo?
7. Faites un résumé des arguments de Cacambo devant les Oreillons.

Pistes d'exploration

1. Faites des recherches sur les cannibales. En existe-t-il encore de nos jours?

2. Expliquez comment Cacambo a réussi à se sauver et à préserver Candide d'être mangé par les cannibales. Que pensez-vous du raisonnement de Cacambo?

Chapitre Dix-septième: Arrivée de Candide et son valet au pays d'Eldorado et ce qu'ils y virent

1. Où Candide et Cacambo ont-ils décidé d'aller, une fois arrivés à la frontière des Oreillons?
 A. En Westphalie
 B. À Lisbonne
 C. À Cayenne
 D. À Providence

2. Quelle langue parlait-on dans la première maison du village?
 A. Le français
 B. L'espagnol
 C. L'allemand
 D. Le péruvien

Questions

1. Après la mort de leurs chevaux et l'épuisement de leurs provisions, comment Candide et Cacambo ont-ils survécu?

2. Comment Candide et Cacambo sont-ils arrivés au pays d'Eldorado?

3. Qu'est-ce qui a étonné Candide et Cacambo à propos des enfants qui jouaient au palet à l'entrée de la ville? Quelle a été la réaction de Candide et Cacambo?

4. Pourquoi l'hôte et l'hôtesse ont-ils éclaté de rire quand Candide a essayé de payer son écot en jetant sur la table deux pièces d'or qu'il avait ramassées? Quelle a été la réaction de Candide?

Piste d'exploration

Faites un reportage sur les Indiens du Nouveau Monde, et
en particulier, sur ceux de l'Amérique latine. Quelle est leur
situation aujourd'hui? Ressemble-t-elle à la description que
Voltaire en donne?

Chapitre Dix-huitième: Ce qu'ils virent dans le pays d'Eldorado

1. Quel âge a le vieillard qui a reçu Candide et Cacambo?
 A. Soixante-deux ans
 B. Soixante-douze ans
 C. Cent soixante-deux ans
 D. Cent soixante-douze ans

2. Pourquoi ne prie-t-on pas Dieu dans l'Eldorado?
 A. On n'a rien à lui demander
 B. On ne sait pas prier
 C. On n'a pas le temps de prier
 D. Les trois réponses sont correctes

3. Comment faut-il s'y prendre pour saluer le roi d'Eldorado?
 A. On se jette à genoux ou ventre à terre
 B. On embrasse ses deux joues
 C. On met les mains sur la tête ou sur le derrière
 D. On lèche la poussière de la salle

4. Pourquoi Candide veut-il quitter le pays d'Eldorado?
 A. Il veut rejoindre Cunégonde
 B. Il veut ramener l'or d'Eldorado pour être riche en
 Europe
 C. Les réponses A et B sont toutes les deux correctes
 D. Ni la réponse A ni la réponse B ne sont correctes

Questions

1. Faites un résumé de l'histoire du pays d'Eldorado selon le
 vieillard.

2. Pourquoi Candide demande-t-il au vieillard si dans le pays
 d'Eldorado il y a une religion? Quelle est la réaction du
 vieillard?

3. Comment Candide et Cacambo arrivent-ils à la cour du roi d'Eldorado?

4. Pourquoi est-il si difficile d'arriver au pays d'Eldorado?

5. Décrivez la cour du roi d'Eldorado. Pourquoi est-il impossible de dire quelle était la composition du palais?

6. Quelle est la réaction du roi d'Eldorado quand il apprend que Candide et Cacambo veulent quitter son pays?

Pistes d'exploration

1. Que signifie le pays d'Eldorado dans le contexte de l'histoire?

2. Faites des recherches sur la légende du pays d'Eldorado. Connaissiez-vous déjà cette légende? Où l'avez-vous vue ailleurs?

3. Que représente le pays d'Eldorado? Que représente la Westphalie? Est-ce que l'un vaut mieux que l'autre? Justifiez votre réponse avec des détails.

4. Quelles sont les caractéristiques de l'utopie, telles que Voltaire les décrit dans *Candide ou l'Optimisme* (Chapitres XVII et XVIII)? Que pensez-vous de cette utopie? À votre avis, en quoi consistent ses avantages? Quels sont ses inconvénients?

Chapitre Dix-neuvième: Ce qui leur arriva à Surinam, et comment Candide fit connaissance avec Martin

1. Pourquoi le nègre n'a-t-il ni de jambe gauche ni de main droite?

 A. Il les a perdues pendant une bataille

 B. Il les a perdues au cours d'une maladie

 C. Une meule aux sucreries lui a attrapé le doigt et donc on lui a coupé la main et ensuite la jambe

 D. Il est né sans la jambe gauche ni la main droite

2. Candide envoie Cacambo à Buenos-Ayres à la recherche de
 Cunégonde et la vieille. Où Candide a-t-il l'intention de les
 retrouver?
 A. À Venise
 B. En Westphalie
 C. À Bordeaux
 D. À Amsterdam

3. Combien de piastres M. Vanderdendur veut-il pour ramener
 Candide en Europe?
 A. Dix mille piastres
 B. Vingt mille piastres
 C. Trente mille piastres
 D. Les trois réponses sont correctes

Questions

1. Candide et Cacambo commencent leur voyage avec cent deux
 moutons rouges. Qu'arrive-t-il à cent moutons sur les cent
 deux?

2. Quelle est la différence entre la réaction de Candide et celle de
 Cacambo devant le fait qu'il ne leur reste que deux moutons?

3. Pourquoi Candide finit-il par dire que l'optimisme est « la rage
 de soutenir que tout est bien quand on est mal »? (p. 100)

4. Comment M. Vanderdendur réussit-il à voler presque tous les
 biens de Candide? Quelle est la réaction de Candide?

5. Comment Candide décide-t-il d'aller à Bordeaux?

6. Comment Candide choisit-il son compagnon pour le voyage à
 Bordeaux? Qui choisit-il?

Pistes d'exploration

1. Faites des recherches sur l'histoire de l'esclavage, y compris
 ses conditions sociales, ainsi que l'histoire de la libération
 des esclaves en France, aux Antilles, en Amérique du Nord et
 ailleurs.

2. L'esclavage existe-t-il toujours? Si oui, sous quelle forme?

3. Au sujet de l'esclavage, comparez « Essai sur les mœurs » de
 Voltaire avec le Chapitre XIX de *Candide ou l'Optimisme*.

(L'essai se trouve en ligne avec l'œuvre intégrale de Voltaire; voir la Bibliographie, pp. 203, 212.)

4. Faites des recherches sur l'histoire du terme « optimisme ». Comment a-t-il changé avec le temps?

5. Faites des recherches sur l'histoire du terme « pessimisme». Comment a-t-il changé avec le temps?

6. Comparez l'histoire du terme « optimisme » avec celle du terme « pessimisme ». Vous pouvez vous référer au Chapitre XIX de *Candide ou l'Optimisme*.

Chapitre Vingtième: Ce qui arriva sur mer à Candide et à Martin

1. Où vont Candide et Martin?

 A. À Surinam
 B. Au Japon
 C. À Bordeaux
 D. Les trois réponses sont correctes

2. Qui a été sauvé du vaisseau hollandais?

 A. Un des moutons rouges de Candide
 B. Un des hommes du vaisseau hollandais
 C. Un mouton rouge de Candide et un marin du vaisseau hollandais
 D. M. Vanderdendur

Questions

1. Expliquez les raisons pour lesquelles Martin constate: « En un mot, j'en ai tant vu, et tant éprouvé, que je suis manichéen. » (p. 105) Que veut dire « être manichéen »?

2. Pourquoi Candide est-il heureux que le vaisseau du pirate hollandais ait coulé? Pourquoi et comment cette réaction de Candide est-elle différente de ses réactions aux autres événements de sa vie?

3. Pourquoi Martin dit-il avec beaucoup de consternation : « Dieu a puni ce fripon, le diable a noyé les autres »? (p. 106)

4. Pourquoi Candide continue-t-il à espérer retrouver Cunégonde?

Pistes d'exploration

1. On voit au Chapitre XX que Candide commence à changer sa philosophie de la vie. Explorez ce changement en le précisant avec des exemples.

2. Faites des recherches sur le phénomène de la piraterie. Aujourd'hui, nous le trouvons surtout au cinéma. Mais quel rôle les pirates jouaient-ils dans la sociologie et l'économie des siècles passés? Les pirates corsaires existent-ils toujours? Sous quelle forme?

Chapitre Vingt et unième: Candide et Martin approchent des côtes de France et raisonnent

1. Qu'est-ce qui était arrivé à Martin à Paris?
 A. Il a été volé
 B. Il a passé huit jours en prison
 C. Il a travaillé comme correcteur d'imprimerie
 D. Les trois réponses sont correctes

2. Pourquoi Martin accepte-t-il d'aller à Venise avec Candide?
 A. Venise est bonne pour les nobles vénitiens qui ont beaucoup d'argent
 B. Venise est bonne pour les étrangers qui ont beaucoup d'argent, et Candide a en effet beaucoup d'argent
 C. Venise est bonne pour les étrangers qui ont beaucoup d'argent, et Martin a beaucoup d'argent
 D. Venise est bonne pour les étrangers qui n'ont pas beaucoup d'argent, et Martin n'a pas beaucoup d'argent

Questions

1. Que pense Martin de la France?

2. Commentez le raisonnement de Martin en ce qui concerne la création du monde et comparez-le avec celui de Candide.

Chapitre Vingt-deuxième: Ce qui arriva en France à Candide et à Martin

1. Que Candide regrette-t-il d'avoir laissé à Bordeaux?

 A. Martin
 B. Son dernier mouton rouge
 C. Ses derniers cailloux du pays d'Eldorado
 D. Les trois réponses sont correctes

2. Qu'apprend Candide à propos du théâtre en France?

 A. Il y a cinq ou six mille bonnes pièces
 B. Il y a cinq ou six mille mauvaises pièces
 C. Il y a quinze ou seize bonnes pièces
 D. Il y a quinze ou seize mauvaises pièces

3. Pourquoi Candide veut-il faire la connaissance d'une actrice qui joue le rôle de la reine Élisabeth dans une assez plate tragédie?

 A. Elle a un faux air de Cunégonde
 B. Elle sera jetée à la voirie
 C. Elle rit en faisant les actions les plus détestables
 D. Les trois réponses sont correctes

4. Qui disait tant de mal de la pièce où Candide a tant pleuré et de ses acteurs qui lui ont procuré tant de plaisir?

 A. Un acteur sans travail
 B. Un journaliste sans travail
 C. Un eunuque
 D. Un folliculaire

5. Combien d'argent Candide perd-il en deux tailles au jeu de cartes?

 A. Cinq mille francs
 B. Quinze mille francs
 C. Cinquante mille francs
 D. Cent mille francs

6. Quelle conclusion les laquais tirent-ils du fait que Candide ne semble pas ému de sa perte?

 A. C'est quelque milord allemand
 B. C'est quelque milord anglais
 C. C'est quelque milord français
 D. C'est quelque milord italien

7. La marquise de Parolignac séduit Candide. Qu'est-ce qu'elle lui prend?

 A. Ses deux énormes diamants
 B. Tout ce qui reste de ses francs
 C. Un billet doux de Cunégonde
 D. Les trois réponses sont correctes

8. Après Paris, où vont Candide et Martin?

 A. À Dieppe
 B. À Venise
 C. À Portsmouth
 D. En Westphalie

Questions

1. Qu'est-ce que les scientifiques de l'Académie des sciences de Bordeaux ont conclu à propos du mouton rouge de Candide?

2. Qu'est-ce qui est arrivé à Candide à Paris?

3. Pourquoi Martin n'est-il pas surpris que Candide ne joue pas bien gros jeu?

4. Que fait un petit abbé périgourdin pour Candide et Martin?

5. Pourquoi l'abbé n'était-il pas homme à s'approcher de Mlle Clairon? Par conséquent, où amène-t-il Candide?

6. Qui est la marquise de Parolignac? Que fait-elle?

7. Que dit la marquise de Parolignac à propos des Mélanges de l'archidiacre T...?

8. Selon un « homme savant et de goût », qu'est-ce qui fait les bonnes qualités d'une pièce de mérite? Pouvez-vous expliquer la présence de ce personnage?

9. Comment cet homme savant et de goût diffère-t-il de Pangloss?

10. Pourquoi Candide se sent-il coupable après avoir passé du temps seul avec la marquise de Parolignac?

11. Quel piège l'abbé périgourdin prépare-t-il pour Candide et Martin?

12. Comment Candide et Martin se sauvent-ils?

13. Pourquoi arrête-t-on tous les étrangers en France?

Pistes d'exploration

1. Qui était Nicholas-Charles-Joseph Trublet, contemporain de Voltaire? Que faisait-il?

2. Choisissez un jeu de cartes ou un jeu qui emploie des techniques de stratégie. Faites une présentation orale en expliquant les règles du jeu.

Chapitre Vingt-troisième: Candide et Martin vont sur les côtes d'Angleterre; ce qu'ils y voient

1. Selon Martin, pourquoi la France et l'Angleterre sont-elles en guerre?

 A. Pour avoir la souveraineté du Québec

 B. Pour avoir la souveraineté du Canada

 C. Les réponses A et B sont toutes les deux correctes

 D. Ni la réponse A ni la réponse B ne sont correctes

2. Pourquoi a-t-on trouvé nécessaire d'exécuter l'amiral anglais?

 A. L'amiral anglais a sauvé l'amiral français

 B. L'amiral anglais a tué l'amiral français

 C. L'amiral anglais n'a pas fait sauver assez de monde

 D. L'amiral anglais n'a pas fait tuer assez de monde

Questions

1. Quelle comparaison fait Martin entre les Français et les Anglais?

2. Pourquoi Candide n'a-t-il pas voulu mettre pied à terre à Portsmouth? Par conséquent, qu'a-t-il fait pour aller directement à Venise?

Chapitre Vingt-quatrième: De Paquette et de Frère Giroflée

1. En arrivant à Venise, Candide cherche Cacambo dans tous les endroits suivants SAUF

 A. Dans tous les cabarets et cafés
 B. Dans toutes les églises
 C. Chez toutes les filles de joie
 D. Dans tous les vaisseaux et barques

2. Pourquoi Candide veut-il rendre visite au sénateur Pococuranté?

 A. Le sénateur Pococuranté peut aider Candide à retrouver Cunégonde
 B. Le sénateur Pococuranté est philosophe comme Pangloss
 C. Le sénateur Pococuranté n'a jamais eu de chagrin
 D. Le sénateur Pococuranté n'a jamais eu de bonheur

Questions

1. Pourquoi Martin croit-il que Cacambo n'arriverait pas à Venise avec Cunégonde et la vieille?

2. Candide ne reconnaît pas Paquette. Qu'est-ce qui est arrivé à Paquette après son départ de Westphalie?

3. Quel travail fait Paquette pour survivre?

4. À l'avis de Candide, Frère Giroflée semble content, mais en réalité il ne l'est pas. Pourquoi?

Chapitre Vingt-cinquième: Visite chez le seigneur Pococuranté, noble vénitien

1. Pourquoi Candide est-il déconcerté quand Martin et lui arrivent chez le noble Pococuranté?

 A. Le noble Pococuranté les a reçus très impoliment
 B. Le noble Pococuranté les a reçus avec très peu d'empressement
 C. Le noble Pococuranté les a reçus très poliment
 D. Le noble Pococuranté les a reçus avec beaucoup d'empressement

2. Que pense le noble Pococuranté des deux jolies filles qui servent du chocolat?

 A. Elles sont sottes

 B. Elles commencent à l'ennuyer

 C. Elles continuent à l'ennuyer

 D. Elles commencent à s'ennuyer

Questions

1. Décrivez le palais du noble Pococuranté.

2. Pourquoi croyez-vous que Martin ne réagit pas au manque d'empressement du noble Pococuranté?

3. Quelle position le noble Pococuranté prend-il au sujet de l'art? Pourquoi n'aime-t-il pas ses deux tableaux de Raphaël?

4. Quelle opinion le noble Pococuranté a-t-il d'Homère? Et de Virgile? Et d'Horace? Comparez ses perspectives sur ces trois auteurs célèbres.

5. Pourquoi le noble Pococuranté est-il même sévère en critiquant Cicéron et les quatre-vingts volumes de recueils d'une académie des sciences? Quelle est la réaction de Candide? Et celle de Martin?

6. Le noble Pococuranté admire-t-il les Anglais? Pourquoi? Quelle est son opinion sur Milton?

7. À la fin du Chapitre XXV, Candide s'efforce de rester optimiste. Pourquoi est-ce si difficile pour lui, surtout après sa visite chez le noble Pococuranté et du fait que Cunégonde n'est toujours pas arrivée à Venise?

Pistes d'exploration

1. En groupes de deux à quatre personnes, faites des recherches sur Raphaël, Homère, Virgile, Horace, Cicéron et Milton, des personnages célèbres de la civilisation occidentale. Faites des comparaisons entre ces personnages.

2. Qu'est-ce que le noble Pococuranté veut dire quand il dit: « La musique aujourd'hui n'est plus que l'art d'exécuter des choses difficiles, et ce qui n'est que difficile ne plaît point à la longue. » (p. 128) Êtes-vous d'accord? Pourquoi? Est-ce aussi le cas des autres arts?

3. Qu'est-ce qui est ironique à propos du nom « Pococuranté »?

Chapitre Vingt-sixième: D'un souper que Candide et Martin firent avec six étrangers, et qui ils étaient

1. Qui est l'homme à visage couleur de suie?
 A. Cacambo
 B. Pangloss
 C. Le frère de Cunégonde
 D. Le père de Cunégonde

2. Où se trouve Cunégonde en ce moment?
 A. En Chine
 B. À Venise
 C. À Constantinople
 D. En Westphalie

Questions

1. Pourquoi Cacambo dit-il: « Soyez prêt à partir avec nous, n'y manquez pas. » (p. 133)

2. Dans quel état Cacambo se trouve-t-il?

3. Décrivez chacun des étrangers. D'où viennent-ils? Qu'est-ce qu'ils ont de particulier? Qu'est-ce qu'ils ont en commun?

4. Qui arrive à la fin de ce chapitre? Pourquoi Candide ne fait-il pas attention à son/leur arrivée?

Pistes d'exploration

1. Imaginez un dîner entre Candide et des politiciens contemporains (par exemple, Hillary Clinton, George W. Bush, Ted Kennedy, Barack Obama, Vladimir V. Putin, Tony Blair, Jacques Chirac, Ségolène Royal, Nicolas Sarkozy, Silvio Berlusconi…). Jouez la scène avec des dialogues créatifs.

2. Chacun des rois au dîner de Venise représente un véritable roi du temps de Voltaire. Qui sont-ils et quelle est la situation de chacun? À votre avis, pourquoi Voltaire a-t-il choisi de les mettre ici?

Chapitre Vingt-septième: Voyage de Candide à Constantinople

1. Pour qui Cunégonde est-elle une esclave?
 A. Le sultan Achmet
 B. Le noble Pococuranté
 C. La famille d'un ancien souverain nommé Ragotski
 D. Un Grand Turc

2. Comme esclave, que fait Cunégonde chaque jour?
 A. Elle fait le ménage sur le bord de la Propontide
 B. Elle fait les courses sur le bord de la Propontide
 C. Elle fait le linge sur le bord de la Propontide
 D. Elle fait la vaisselle sur le bord de la Propontide

Questions

1. Expliquez, selon Cacambo, les raisons pour lesquelles Cunégonde a perdu sa beauté.

2. Quelle est la réaction de Candide en apprenant que Cunégonde n'est plus belle? Et celle de Martin? Comment expliquez-vous leurs réactions?

3. Les deux forçats qui ramaient si mal, qu'ont-ils de spécial?

Chapitre Vingt-huitième: Ce qui arriva à Candide, à Cunégonde, à Pangloss, à Martin, etc.

1. Comment le frère de Cunégonde, le baron de Thunder-ten-tronckh, a-t-il pu survivre au grand coup d'épée que Candide lui a donné?
 A. Il a guéri de sa blessure
 B. Le frère apothicaire du collège l'a guéri de sa blessure
 C. Sa sœur l'a guéri de sa blessure
 D. Un couple espagnol l'a guéri de sa blessure

2. Pourquoi Pangloss a-t-il reçu cent coups de lattes sur la plante des pieds et a été envoyé aux galères?

 A. Il a ramassé et remis le bouquet d'une jeune dévote dans une mosquée

 B. Il a parlé avec un vieil iman dans une mosquée

 C. Il s'est baigné avec une jeune dévote

 D. Il s'est baigné avec un vieil iman

Questions

1. Pourquoi le frère de Cunégonde a-t-il été arrêté pour s'être baigné avec le jeune musulman?

2. Comment est-il possible que Pangloss ne soit pas mort après avoir été pendu?

3. Quel rôle le barbier portugais et sa femme ont-ils joué dans la guérison de Pangloss?

4. Qu'est-ce qui est arrivé à Pangloss le jour où il est entré dans une mosquée?

5. Après tout ce qui lui était arrivé, pourquoi Pangloss pensait-il encore que tout allait le mieux du monde?

Chapitre Vingt-neuvième: Comment Candide retrouva Cunégonde et la vieille

1. Pourquoi Cunégonde ne sait-elle pas qu'elle n'est plus belle?

 A. Elle a cassé son miroir

 B. Elle a perdu son miroir

 C. Personne ne lui a rien dit

 D. Tout le monde continue à la féliciter pour sa beauté

2. Où est-ce que la vieille suggère à Candide de s'en accommoder?

 A. Chez le prince de Transylvanie

 B. Dans une petite métairie du voisinage

 C. Dans une petite métairie du prince de Transylvanie

 D. Chez un prêtre du voisinage

Questions

1. Que fait Candide quand il retrouve enfin Cunégonde?

2. Pourquoi le frère de Cunégonde continue-t-il à insister pour que Candide n'épouse pas sa sœur de son vivant (étant donné tout ce que Candide a fait pour lui et pour sa sœur)?

Chapitre Trentième: Conclusion

1. Pourquoi Candide veut-il toujours se marier avec Cunégonde en dépit du fait que dans le fond de son cœur, il n'a plus aucune envie de l'épouser?

 A. Le frère de Cunégonde est impertinent

 B. Cunégonde insiste vivement pour qu'il se marie avec elle

 C. Ni la réponse A ni la réponse B ne sont correctes

 D. Les réponses A et B sont toutes les deux correctes

2. Ayant rapporté tant de diamants de la patrie des anciens Incas du pays d'Eldorado, pourquoi Candide ne mène-t-il pas la vie la plus agréable du monde?

 A. Les Juifs lui ont tout volé sauf sa petite métairie

 B. Sa femme devient de plus en plus laide, acariâtre et insupportable

 C. La vieille est maintenant infirme et même plus malheureuse que Cunégonde

 D. Les trois réponses sont correctes

Questions

1. Par quelle combine Candide réussit-il à épouser Cunégonde?

2. Trouvez-vous juste ce que Cacambo suggère de faire au frère de Cunégonde?

3. Pourquoi Martin est-il le seul à souffrir les choses avec patience?

4. Qu'est-ce qui a affirmé les « détestables » principes de Martin? A-t-il fait hésiter plus que jamais Candide et embarrassé Pangloss? Pourquoi?

5. Pourquoi le derviche ferme-t-il la porte au nez de Candide et de Pangloss?

6. Pourquoi Candide, Pangloss et Martin sont-ils enfin tous d'accord « qu'il faut cultiver notre jardin »? Que veut dire cette philosophie? Croyez-vous que ce soit vrai?

Pistes d'exploration

1. Comparez l'avis de Martin: que l'homme est né « pour vivre dans les convulsions de l'inquiétude, ou dans la léthargie de l'ennui » avec celui de Pangloss, pour qui « tout va à merveille ». Justifiez votre réponse en expliquant les raisons pour lesquelles vous trouvez qu'une de ces opinions est plus justifiable que l'autre.

2. « Le pays était cultivé pour le plaisir comme pour le besoin; partout l'utile était agréable. » (p. 89) Discutez de cette citation. Selon votre expérience, cette déclaration est-elle vraie? Est-elle nécessaire? Dans quels domaines en avez-vous rencontré des exemples?

Essais / Discussions

1. En vous servant de la chronologie de la vie de Voltaire (pp. 26-27), comparez les événements de sa vie avec certains incidents de *Candide ou l'Optimisme*. Que pouvez-vous en déduire?

2. En vous servant de la chronologie de la vie et de l'œuvre de Voltaire (pp. 26-27), que pouvez-vous constater à propos de la productivité littéraire de Voltaire? Combien de genres a-t-il essayés?

3. On a mis Voltaire à la Bastille pour avoir écrit une satire contre Philippe duc d'Orléans. Que pensez-vous d'une société où cela peut se passer?

4. Discutez de la façon et des raisons pour lesquelles Voltaire a choisi d'introduire des faits d'actualité dans *Candide ou l'Optimisme*. Décrivez certains de ces événements actuels. Étant donné la présence de l'actualité dans le conte, quelles sont vos conclusions sur le but de *Candide ou l'Optimisme*?

5. Voltaire incorpore très fréquemment l'ironie dans *Candide*. Comment pouvons-nous la reconnaître? Quels indices, quels « clins d'œil » complices annoncent sa présence?

6. Dans quels chapitres Voltaire recourt-il le plus souvent à l'ironie? En quoi consiste-t-elle (par exemple, feint éloge, faux blâme, l'absurde pris au sérieux)? Contre quoi ou contre qui dirige-t-il son ironie? Quelles en sont les cibles?

7. On a souvent comparé *Candide* à un dessin animé. Trouvez-vous que cette comparaison soit juste? Pourquoi? Dans votre réponse, commentez l'action, les personnages et l'atmosphère du conte.

8. Qu'est-ce qu'un *roman picaresque*? Situez-le. Est-ce que ce terme pourrait s'appliquer à *Candide ou l'Optimisme*? Pourquoi?

9. Lisez certaines parties du texte de *Candide ou l'Optimisme* à haute voix. Le trouvez-vous plus comique ainsi? Expliquez pourquoi.

10. Trouvez-vous la langue de Voltaire moderne et vivante? À votre avis, est-elle facile à comprendre? Expliquez pourquoi.

11. En quoi consiste la *naïveté*? Connaissez-vous des personnes naïves? Racontez une anecdote qui prouve leur naïveté. Est-ce que cette personne (ou ces personnes) ressemble(nt) à Candide?

12. Donnez des exemples de la naïveté de Candide. Apprend-il quelque chose pendant ses pérégrinations ou reste-t-il toujours un naïf? Comment le savons-nous?

13. Dans *Candide ou l'Optimisme* il y a plusieurs moments où un personnage raconte une histoire ou des événements à un autre personnage. Discutez de ce procédé de l'histoire racontée dans une histoire. Où Voltaire l'utilise-t-il? Dans quelles autres œuvres littéraires (classiques ou modernes) avez-vous rencontré ce procédé? Quelle est la fonction de cette technique narrative?

14. Pensez à une situation triste, difficile ou tragique de nos jours et proposez « le bon » à la manière de Pangloss.

15. En commençant par le début de *Candide ou l'Optimisme*, faites une liste des événements ou circonstances qui vous choquent ou qui peuvent choquer d'autres lecteurs. Si vous deviez les subir, vous pourriez-vous vous adapter vous-même à ces événements ou circonstances? Comment vous prépareriez-vous au pire?

16. Dans *Candide ou l'Optimisme*, décrivez et expliquez le soin et la résurrection des personnages malades ou morts par des inconnus dans les pires circonstances. À votre avis, pourquoi les personnages de Voltaire se comportent-ils ainsi? Est-ce simplement un stratagème narratif ou y a-t-il une raison plus profonde?

17. Quel rôle jouait l'église dans la société européenne du XVIIIe siècle? Où se situe Voltaire par rapport à la religion? Citez des exemples d'anti-cléricalisme dans *Candide ou l'Optimisme*. Quel effet a cette critique sur l'histoire et sur le lecteur? La trouvez-vous encore d'actualité? Est-elle pertinente dans la société d'aujourd'hui?

18. Outre la religion, de quelles institutions Voltaire se moque-t-il? En donnant des exemples, essayez d'expliquer les raisons pour lesquelles Voltaire se moque d'elles.

19. À votre avis, Voltaire est-il raciste? anti-sémitique? sexiste? homophobe? Citez des exemples dans *Candide ou l'Optimisme* qui pourraient se décrire de cette manière. Critiquez ou défendez l'œuvre de Voltaire par rapport à ces aspects. Quelles circonstances historiques pourraient les expliquer?

20. Donnez une définition de *péripétie*. Commentez les séries d'aventures inattendues que subissent Candide et les autres personnages de *Candide ou l'Optimisme*. Expliquez l'importance de ces aventures pour faire avancer l'intrigue.

21. Discutez du rôle de l'action physique dans *Candide ou l'Optimisme* en donnant des exemples. Si possible, comparez-les avec l'action physique dans des œuvres classiques françaises du XVIIe siècle (par exemple, *L'École des femmes* de Molière ou *Le Cid* de Corneille).

22. En groupes de deux à quatre personnes, choisissez certains des thèmes suivants et tracez leur rôle dans *Candide ou l'Optimisme*: Argent; Esclavage; Mal; Corruption; Providence; Souffrance; Destin; Société; Préjugés; Classes sociales; Noblesse; Religion; Clergé; Fanatisme; Guerre; Paris; Utopie; Bonheur; Action; et Travail.

Tremplins: Pour aller plus loin

1. Comparez l'histoire de *Candide ou l'Optimisme* avec d'autres histoires concernant des héros naïfs qui tombent dans les mains des cyniques, des hypocrites ou des malfaiteurs: par exemple, Pinocchio, Gulliver, Zelig, Forest Gump, Don Quichotte, Fabrice, Julien Sorel (de Stendhal) et certains héros de bandes dessinées.

2. Connaissez-vous d'autres satires sur la guerre; par exemple, *Catch 22* de Joseph Heller, *Slaughterhouse 5* de Kurt Vonnegut, ou bien *M*A*S*H*, à la télévision? Ces satires, sont-elles des « enfants » de *Candide ou l'Optimisme*?

3. Faites des recherches sur le problème du suicide. Montesquieu y consacre deux de ses *Lettres persanes* en 1721 (L.P. LXXVI). Vers 1739, Voltaire rédige un article, « Du suicide », repris en 1770 dans les « Questions sur l'*Encyclopédie* ». En 1760, Rousseau affronte lui aussi ce sujet dans deux lettres de *La Nouvelle Héloïse* (III, 21-22). Plus récemment, l'homme de lettres Albert Camus s'y réfère dans *Le Mythe de Sisyphe* (1942). Comment les perspectives sur le problème du suicide ont-elles changé avec le temps? Et comment sont-elles restées les mêmes? (Cherchez en ligne les textes du XVIIIe siècle; voir la Bibliographie, pp. 212-213.)

4. Faites des recherches sur l'*Encyclopédie* de Diderot et d'Alembert au XVIIIe siècle. Parlez de sa rédaction, de son élaboration et de son histoire. Pourquoi l'a-t-on créée? Quelle est son importance? Quels sont ses descendants? Voltaire y a-t-il participé?

5. Faites des recherches sur l'Inquisition. Quel rôle joue l'Inquisition dans *Candide ou l'Optimisme*? Y a-t-il un rapport entre l'Inquisition et l'exploration du Nouveau Monde? Justifiez votre réponse en citant des exemples précis.

7. Faites des recherches sur l'histoire du mythe du *bon sauvage*: ses origines, ses justifications, son influence. Préparez une présentation avec des exemples précis et une conclusion.

8. Comparez la médecine d'autrefois avec la médecine d'aujourd'hui. Où dans *Candide* en trouve-t-on des exemples? Voyez-vous des ressemblances entre la théorie des humeurs et la science contemporaine de la chimie des maladies mentales?

9. Définissez la Réformation. Pourquoi est-ce que la Réformation s'est produite si rapidement en Allemagne et/ou en Angleterre par comparaison avec la France? Le XVIIIe siècle vous semble-t-il tardif pour la persistance du pouvoir de l'Église catholique en France? Pourquoi? À quel moment l'Église catholique a-t-elle commencé à y perdre de son pouvoir?

10. Faites des recherches sur la Guerre de Sept Ans. Quel rôle l'Amérique du Nord a-t-elle joué dans la Guerre de Sept Ans?

11. Qui sont les jésuites? Parlez de l'histoire de cet ordre religieux et de son rôle historique, dans l'Église catholique et dans l'histoire. Précisez son rôle dans la colonisation du Nouveau Monde. Faites des recherches sur les rapports qu'entretenait Voltaire avec les jésuites.

12. Qu'est-ce que le jansénisme? Précisez son époque et son influence. Qui seraient ses descendants?

13. Faites des recherches sur les sciences au XVIIIe siècle. Quels sont les développements scientifiques que les Encyclopédistes comme Voltaire et ses contemporains, par exemple, Diderot et d'Alembert, soutenaient?

14. Faites des recherches sur l'amie de Voltaire, Gabrielle Émilie le Tonnelier de Breteuil, la marquise du Châtelet. Quelles ont été ses contributions scientifiques?

15. Voltaire était aussi dramaturge et grand amateur de théâtre qui maintenait une salle de théâtre privée dans chacune de ses maisons. Avec des camarades de classe, créez des scènes de théâtre à partir de certains chapitres de *Candide ou l'Optimisme.*

16. Lisez « Des Cannibales », un essai de Montaigne, ou « Anthropophages », un essai de Voltaire. (Ces textes peuvent se trouver en ligne; voir la Bibliographie, p. 203). Comparez-les avec le discours de Cacambo dans le Chapitre XVII de *Candide ou l'Optimisme.* À votre avis, le cannibalisme, fait-il partie de la nature humaine?

17. Créez un scénario où vous êtes dans une situation très difficile (comme Cacambo et Candide devant les Cannibales). Trouvez le bon raisonnement pour vous en sortir. Quels sont les arguments les plus puissants?

18. Après avoir lu *Candide ou l'Optimisme,* pourriez-vous décrire ce qu'est la religion de Voltaire? Justifiez votre réponse avec des détails.

19. Faites des recherches sur le travail humanitaire de Voltaire pendant les dernières vingt-cinq années de sa vie. Précisez certains de ses efforts pour aider les autres. Trouvez-vous qu'il y ait des exemples dans *Candide ou l'Optimisme* qui font pressentir les futurs efforts humanitaires de Voltaire? Lequel de ses efforts peut s'appliquer à la vie contemporaine?

20. Lisez en anglais *Gulliver's Travels* (1726) de Jonathan Swift ou *Tristam Shandy* (1759) de Laurence Sterne. Comparez une de ces œuvres avec *Candide ou l'Optimisme.* Y trouvez-vous des ressemblances et des différences?

21. En employant le présent historique, écrivez un roman d'aventures (ou un chapitre d'un roman d'aventures) comme *Gulliver's Travels* ou *Candide ou l'Optimisme.* Quel effet l'emploi du présent historique produit-il?

Réponses aux questions à choix multiples

Chapitre Premier
1. B. 2. D. 3. C. 4. A.
Chapitre Second
1. B. 2. C. 3. D.
Chapitre Troisième
1. C. 2. B. 3. C.
Chapitre Quatrième
1. C. 2. D.
Chapitre Cinquième
1. B. 2. D.
Chapitre Sixième
1. A. 2. B.
Chapitre Septième
1. C. 2. C.
Chapitre Huitième
1. A. 2. D. 3. A. 4. C. 5. B.
Chapitre Neuvième
1. D. 2. B.
Chapitre Dixième
1. C. 2. A. 3. B.
Chapitre Onzième
1. D. 2. C. 3. B.
Chapitre Douzième
1. C. 2. D. 3. C. 4. A.
Chapitre Treizième
1. B. 2. C.
Chapitre Quatorzième
1. C. 2. A. 3. B.
Chapitre Quinzième
1. B. 2. B.
Chapitre Seizième
1. C. 2. A.

Chapitre Dix-septième
1. C. 2. D.
Chapitre Dix-huitième
1. D. 2. A. 3. B. 4. C.
Chapitre Dix-neuvième
1. C. 2. A. 3. D.
Chapitre Vingtième
1. C. 2. A.
Chapitre Vingt et unième
1. D. 2. B.
Chapitre Vingt-deuxième
1. B. 2. C. 3. A. 4. D. 5. C. 6. B.
7. A. 8. A.
Chapitre Vingt-troisième
1. A. 2. D.
Chapitre Vingt-quatrième
1. B. 2. C.
Chapitre Vingt-cinquième
1. B. 2. B.
Chapitre Vingt-sixième
1. A. 2. C.
Chapitre Vingt-septième
1. C. 2. D.
Chapitre Vingt-huitième
1. B. 2. A.
Chapitre Vingt-neuvième
1. C. 2. B.
Chapitre Trentième
1. D. 2. D.

Bibliographie et filmographie

1. Éditions de référence: *Candide* et l'œuvre de Voltaire

Contes en vers et en prose. Tomes I-II. Éd. Sylvain Menant. Paris: Bordas/ Classiques Garnier, 1992, 1993.

Contes et romans, éds. Frédéric Deloffre et Jacques van den Heuvel. Paris: Gallimard/ Bibliothèque de la Pléiade, 1979. *Candide ou l'Optimisme*, pp. 145-233.

Les Œuvres complètes de Voltaire / Complete Works of Voltaire, éds. Theodore Besterman, et al. Genève/Banbury; Oxford: The Voltaire Foundation, 1968- . *Candide ou l'Optimisme*, éd. René Pomeau. Oxford: The Voltaire Foundation, 1980.

Romans et contes. Texte établi sur l'édition de 1775, avec une présentation et des notes par Henri Bénac. Éd. illustrée. Paris: Garnier Frères, 1960.

Œuvres complètes de Voltaire, éd. Louis Moland. Paris: Garnier, 1877-1885.

Voltaire: Romans et contes, éd. Roger Pagosse. Paris: Lettres françaises, 1978. *Candide ou l'Optimisme*, pp. 167-252.

Correspondance. Éd. Théodore Besterman. 13 volumes. Paris: Gallimard/ Bibliothèque de la Pléiade, 1977-1992.

Écrits autobiographiques. Éd. Jean Goldzink. Paris: GF Flammarion, 2006.

2. Œuvres choisies de Voltaire

Les œuvres complètes de Voltaire peuvent être consultées sur le site Web de l'Association « Voltaire Intégral »: http://www.voltaire-integral.com/

Théâtre

Œdipe (1718)
Zaïre (1732)
Irène (1778)

Poésie

La Henriade (1728)
Le Temple du goût (1733)
Poème sur le désastre de Lisbonne (1756)

Contes

Zadig (1747)
Memnon ou la sagesse humaine (1749-1750)
Le monde comme il va (1746-1748)
Micromégas (1752)
L'Histoire des voyages de Scarmentado (1756)
Candide ou l'Optimisme (1759)
L'Ingénu (1767)
Le Taureau blanc (1774)

Essais

Lettres philosophiques (*Lettres anglaises*) (1734)
L'Essai sur les mœurs (1756)
Mémoires (1757 [1784])
Traité sur la tolérance (1763)
Dictionnaire de philosophie portatif (1764)

Histoires

Histoire de Charles XII (1731)
Le Siècle de Louis XIV (1751-1768)

3. Une sélection d'ouvrages sur Voltaire et son œuvre

Adams, Robert M., Ed. *Candide, or Optimism, 2/e.* NY: A Norton Critical Edition, 1966, 1991. Nombreux essais sur l'œuvre.

Besterman, Theodore. *Voltaire.* NY: Harcourt, Brace and World, 1969.

Bodanis, David. *Passionate Minds.* London: Little Brown, 2006.

Bottiglia, William F., Ed. *Voltaire: A Collection of Critical Essays.* Englewood Cliffs (NJ): Prentice-Hall, 1968.

_____, Ed. *Voltaire's Candide: Analysis of a Classic.* Genève: Institut et musée Voltaire, 1959, 1964.

Cambou, Pierre. *Le traitement voltairien du conte.* Paris: H. Champion, 2000.

Davidson, Ian. *Voltaire in Exile: The Last Years 1753-78.* NY: Grove Press, 2004.

Goldzink, Jean. *Voltaire: la légende de saint Arouet.* Paris: Gallimard/ Découvertes, 1989.

Goulemot, Jean M., André Magnan, Didier Masseau. *Inventaire Voltaire.* Paris: Gallimard, 1995.

Havens, George R. "The Composition of Voltaire's *Candide*", *Modern Language Notes,* vol. 47, no. 4 (1932), 225-234.

Livret sur *l'Institut et musée Voltaire, rue des Délices 25.* Genève: Ville de Genève, 1994.

Knapp, Bettina. *Voltaire Revisited.* NY: Twayne's World Authors Series, 2000.

Lanson, Gustave. *Voltaire.* Ed. René Pomeau. Paris: Hachette, 1906, 1960.

Magnan, André. *Voltaire, Candide ou l'Optimisme.* Paris: PUF, 1987.

Mason, Haydn. *Candide: Optimism Demolished.* NY: Twayne Publishers, 1992.

_____. *Voltaire, A Biography.* London: Granada, 1981. "Geneva and Candide", pp. 70-92.

Mitford, Nancy. *Voltaire in Love.* Pleasantville (NY): The Akadine Press, 1957, 1985.

Pearson, Roger. *Voltaire Almighty: A Life in Pursuit of Freedom.* London: Bloomsbury, 2005.

_____. *The Fables of Reason: A Study of Voltaire's Contes philosophiques.* Oxford: Oxford UP, 1993.

Pomeau, René. *Voltaire par lui-même.* Paris: Seuil/Écrivains de toujours, 1994.

_____ , éd. *Voltaire en son temps.* 2 vol. Paris: Fayard/Oxford: Voltaire Foundation, 1995.

Richter, Peyton E. *Voltaire.* NY: Twayne's World Authors Series, 1980.

Sareil, Jean. *Essai sur 'Candide'.* Genève: Droz, 1967.

Starobinski, Jean, « Sur le style philosophique de *Candide* », in *Le Remède dans le mal.* Paris: Gallimard, 1988.

_____. « *Candide* et la question de l'autorité ». In *Essays on the Age of Enlightenment in Honor of Ira O. Wade,* Ed. Jean Macary. Geneva: Droz, 1977 (305-312).

Van den Heuvel, Jacques. *Album Voltaire.* Paris: Gallimard, 1983.

_____, *Voltaire dans ses contes.* Paris: A. Colin, 1967.

Wade, Ira O., *Voltaire and "Candide": A Study in the Fusion of History, Art, and Philosophy.* With the text of the La Vallière Manuscript. Princeton (NJ): Princeton UP, 1959.

Waldinger, Renée. *Approaches to Teaching Voltaire's Candide.* NY: Modern Language Association of America, 1987.

Zinsser, Judith P. *La Dame d'Esprit: A Biography of the Marquise Du Châtelet.* NY: Viking, 2006.

4. Histoire et histoire littéraire du XVIIIe siècle

Berlin, Isaiah. *The Age of Enlightenment, The 18th Century Philosophers*. NY: New American Library, 1956. Extraits de Locke, Voltaire, Berkeley, Hume, etc.

Bishop, Morris, and Kenneth T. Rivers. *A Survey of French Literature. Third Edition. Volume Three: The Eighteenth Century*. Newburyport (MA): Focus Publishing, 2005.

Cassirer, Ernst. *The Philosophy of the Enlightenment*. Princeton (NJ): Princeton UP, 1951.

Castex, Pierre Georges, et Paul Surer. *Manuel des études littéraires françaises. Tome 4, XVIIIe siècle*. Paris: Hachette, 1946-1953. Avec la collaboration de Georges Becker.

Durant, Will and Ariel. *The Age of Voltaire*. NY: Simon and Schuster, 1965.

Fellows, Otis, and Norman L. Torrey, eds. *The Age of Enlightenment: An Anthology of Eighteenth Century French Literature*. 2nd ed. NY: Meredith Corporation, 1971. Les textes sont en français.

Gay, Peter. *The Enlightenment: An Interpretation*. NY: Knopf, 1966.

Goulemot, Jean M., Didier Masseau et Jean-Jacques Tatin-Gourier. *Vocabulaire de la littérature du XVIIIe siècle*. Paris: Minerve, 1996.

Havens, George R. *The Age of Ideas*. NY: Holt, Rinehart and Winston, 1955, 1962.

Lagarde, André, et Laurent Michard. *XVIIIe Siècle: Les grands auteurs français du programme III*. Paris: Bordas, 1965.

Roche, Daniel. *La France des lumières*. Paris: Fayard, 1993.

5. Périodiques et revues

Comparative Literature
Diderot Studies
Eighteenth Century Studies
French Review
French Studies (Oxford)
Modern Language Review
Modern Language Notes
PMLA
Revue de Littérature comparée
Review d'histoire littéraire de la France
Romanic Review
Studies on Voltaire and the Eighteenth Century (SVEC)

6. Une sélection d'ouvrages à portée générale

Bénac, Henri. *Guide des idées littéraires*. Paris: Hachette Éducation, 1988.

_____. *Histoire de la littérature française*. Paris: Hachette Éducation, 1992.

Berg, R.-J. *Littérature française: Textes et contextes, Tome I*. Hoboken (NJ): John Wiley and Sons, 1994.

Beth, Axelle et Elsa Marpeau. *Figures de style*. Paris: Librio, 2005.

Bouty, M. *Dictionnaire des œuvres et des thèmes de la littérature française*. Paris: Hachette, 1985.

Darcos, Xavier. *Histoire de la littérature française*. Paris: Hachette Éducation, 1992.

Hollier, Denis, Ed. *A New History of French Literature*. Cambridge (MA): Harvard UP, 1989.

Kay, Sarah, Terence Cave, Malcolm Bowie, Eds. *A Short History of French Literature*. Oxford: Oxford UP, 2003.

Suhamy, Henri. *Les Figures de style*. Paris: PUF, 1981.

7. Tremplins: Pour aller plus loin

A. Sources littéraires possibles de *Candide*

La Bible: Ancien Testament (Genèse).

Fénelon. *Les Aventures de Télémaque* (1699).

Garcilaso de la Vega (El Inca). *L'Histoire des Incas du Pérou* (1609).

Lesage, Alain-René. *L'Histoire de Gil Blas de Santillane* (1715-1735).

Lucien de Samosate, satiriste sceptique grec. *L'Histoire véritable* (IIe s. de notre ère).

Montaigne, Michel de. « Des Cannibales », *Essais, Premier Livre* (1580).

Montesquieu. *Les Lettres persanes* (1721).

Rabelais, François. *Gargantua, Tiers Livre* (1534).

Swift, Jonathan. *Gulliver's Travels* (1726).

Vadé, Jean-Joseph. *Les Amants constants*, opéra-comique (c. 1750).

Voltaire. *Essai sur les mœurs* (1753-56), *L'Histoire des voyages de Scarmentado* (1756), Poème sur le désastre de Lisbonne (1756), « Anthropophages », *Dictionnaire philosophique portatif* (1764).

B. Autres œuvres significatives du XVIIIe siècle

(*Voir* aussi, Chronologie, pp. 23-27.)

Ouvrages en français

Bayle, Pierre. *Dictionnaire historique et critique* (1695-1697).

Bernardin de Saint-Pierre. *Paul et Virginie* (1787)

Beaumarchais. *Eugénie* (1767); *Le Barbier de Séville* (1775); *Le Mariage de Figaro* (1784).

Diderot, Denis. *Pensées philosophiques* (1746); premier volume de *L'Encyclopédie* (1751); *La Lettre sur les aveugles* (1749); *La Religieuse* (1760); *Le Neveu de Rameau* (1762); *Jacques le Fataliste et son maître* (1773-1796).

Graffigny, Françoise de. *Lettres d'une Péruvienne* (1747).

Helvétius, Claude-Adrien. *De l'esprit* (1758).

Laclos, Pierre Choderlos de. *Les Liaisons dangereuses* (1782).

Lesage, Alain-René. *L'Histoire de Gil Blas de Santillane* (1715-1735).

Marivaux. *Le Jeu de l'amour et du hasard* (1730); *Le Paysan parvenu* (1735).

Montesquieu. *Les Lettres persanes* (1721); *De l'esprit des lois* (1748).

Prévost, l'abbé. *Manon Lescaut* (1731).

Rousseau, Jean-Jacques. *Discours sur les sciences et les arts* (1750); *Discours sur l'origine de l'inégalité* (1755); *Lettre à d'Alembert sur les spectacles* (1758); *Julie ou La Nouvelle Héloïse* (1761); *Du contrat social* (1762); *Émile* (1762); *Les Confessions* (1766-1769); *Les Rêveries d'un Promeneur solitaire* (1776-1778).

Littérature à l'étranger

Goethe, Johann Wolfgang von. *Souffrances du jeune Werther* (1774-1787), allemand.

Fielding, Henry. *Joseph Andrews* (1742); *Tom Jones* (1748), anglais.

Leibniz, G.W. *Essais de Théodicée sur la bonté de Dieu, la liberté de l'homme et l'origine du mal* (1710), allemand.

Locke, John. *An Essay Concerning Human Understanding* (1690), anglais.

Milton, John. *Paradise Lost* (1667), anglais.

Pope, Alexander. *Essay on Man* (1734), anglais.

Richardson, Samuel. *Pamela* (1740); *Clarissa Harlowe* (1747-1748), anglais.

Smollett, Tobias. *The Adventures of Peregrine Pickle* (1751); *The Expedition of Humphrey Clinker* (1771), anglais.

Sterne, Laurence. *The Life and Opinions of Tristram Shandy* (1759), anglais.

Swift, Jonathan. *Gulliver's Travels* (1726), *A Modest Proposal* (1729), anglais.

C. Cinéma, vidéos

Votre bibliothécaire public ou universitaire pourra vous aider à vous procurer des films. Si vous préférez en acheter, consultez: www.amazon.com, www.amazon.fr ou www.chapitre.com.

Notez que la majorité des films DVD ou VHS achetés en Europe ne sont disponibles que sous format européen (PAL). La bibliothèque ou *media center* de votre école ou université devrait disposer d'un lecteur DVD/VHS européen (PAL).

Dramatisations filmées de *Candide*

Candide ou l'Optimisme au XXe siècle (France, 1960). Film de Norbert Carbonnaux, avec Jean-Pierre Cassel, Pierre Brasseur et Louis de Funès. Dans cette version, l'histoire se situe pendant la Deuxième guerre mondiale.

Mondo Candido (Italie, 1975). Film de Gualtiero Jacopetti et Franco Prosperi, avec Christopher Brown, Michelle Miller et Jacques Herlin. En italien.

Prostodushnyy (*L'Ingénu, Candide*) (Russie/USA/France, 1994). Film de Yevgeni Ginzburg, avec Larisa Shakhvorostova, Larisa Golubkina et Armen Dzhigarkhanyan. En russe.

Dandy (Allemagne, 1987). Film de Peter Sempel, avec Blixa Bargeld, Campino et Nina Hagen. En allemand et anglais.

Réalisation télévisée

Candide (France, 1962). Téléfilm de Pierre Cardinal, avec Claude Nicot, Anne Doat et Bernard Dhéran.

Opéra

Candide (*Bernstein Conducts Candide*) (GB/USA, 1989). Mise en scène d'Humphrey Burton, avec Leonard Bernstein, Jerry Hadley, June Anderson et Adolph Green. Opéra de Bernstein, livret de Hugh Wheeler.

Candide (USA, 2005). Mise en scène de Lonny Price, tourné à Avery Fisher Hall (Lincoln Center for the Performing Arts, New York City), avec Paul Groves, Kristin Chenoweth, Patti LuPone et Lonny Price.

Films sur le XVIIIe siècle

Beaumarchais, l'insolent (France, 1996). Film d'Édouard Molinaro, avec Fabrice Luchini, Michel Serrault, Michel Piccoli, Jean-Claude Brialy, Sandrine Kiberlain et Manuel Blanc. Sur la vie du célèbre dramaturge (*Le Barbier de Séville*) et romancier.

Danton (France/Pologne/Allemagne, 1983). Film d'Andrzej Wajda, écrit par Jean-Claude Carrière, et al, avec Gérard Depardieu, Wojciech Pszoniak et Anne Alfaro. Sur Danton, Robespierre et les événements de la Terreur.

Farinelli (France/Belgique/Italie, 1994). Film de Gérard Corbiau, avec Stefano Dionisi, Enrico Lo Verso et Elza Zylberstein. Sur la vie du célèbre castrat italien, Carlo Broschi (1705-1782).

La Fausse Suivante (France, 2000). Film de Benoît Jacquot, avec Isabelle Huppert, Sandrine Kiberlain et Pierre Arditi. D'après une pièce de Marivaux.

Jacques le fataliste (France, 1993). Film d'Antoine Douchet, avec Antoine Douchet, Serge Riaboukine et Joël Demarty. D'après le texte de Diderot.

Marie-Antoinette (Japon/France/USA, 2006). Film de Sofia Coppola, avec Kirsten Dunst, Jason Schwartzman et Judy Davis. Film populaire sur la vie de Marie-Antoinette.

Marianne (France, 1999). Film de Benoît Jacquot, avec Virginie Ledoyen, Jean-Louis Richard et Sylvie Milhaud. D'après un roman (*La Vie de Marianne*) de Marivaux.

The Mission (GB, 1986). Film de Roland Joffé, avec Robert De Niro, Jeremy Irons et Liam Neeson. Sur la guerre Guarani de 1755 qui opposait les jésuites, les Indiens et les Espagnols au Paraguay.

La Nuit de Varennes (France/Italie, 1982). Film d'Ettore Scola, écrit par Catherine Rihoit, Sergio Amidei, et al, avec Jean-Louis Barrault, Marcello Mastroianni, Hanna Schygulla et Harvey Keitel. Sur la fuite de Louis XVI et de son entourage en 1792.

La Religieuse (France, 1965). Film de Jacques Rivette, avec Anna Karina, Liselotte Pulver et Francisco Rabal. Adapté du roman de Denis Diderot, sur la vie répressive des couvents au XVIIIe siècle.

Ridicule (France, 1996). Film de Patrice Leconte, avec Charles Berling, Fanny Ardant, Judith Godrèche, Jean Rochefort et Bernard Giraudeau. Un jeune provincial monte à Versailles pour essayer de s'intégrer à la cour.

The Triumph of Love (Italie/GB, 2001). Film de Clare Peploe, avec Mira Sorvino, Rachel Stirling et Ben Kingsley. D'après la comédie de Marivaux.

Le catalogue de **Films Media Group** (www.films.com) offre les titres suivants:

Jean-Jacques Rousseau (1995). 15mins. #BVL 8753. DVD ou VHS.

Jean-Jacques Rousseau: Retreat to Romanticism (1991). 25mins. #BVL7116. DVD ou VHS.

Diderot, Jacques le fataliste. 2h. En français. #BVL1628. DVD ou VHS.

Jean-Siméon Chardin (1999). 27mins. #BV3L0593. DVD, VHS ou *streaming video*.

Adresse: Films Media Group: Films for the Humanities and Sciences
P.O. Box 2053
Princeton, NJ 08543
1-800-257-5126
www.films.com
e-mail: custserv@filmsmediagroup.com

Le catalogue d'**Insight Media** (www.insight-media.com) offre ces titres:
Histoire et analyse
An Introduction to French Literature (1990). DVD, 58mins. #80AN2470.
The Birth of the Modern Mind: An Intellectual History of the 17th and 18th Centuries (1998). DVD, 30mins chacun. #35AN1726.
Voltaire's Candide (2003). DVD, 40mins. #80AN3087. Discussion et analyse.
Voltaire's Candide: An Analysis (1994). VHS, 58mins. #68AN844.
French Literature: Voltaire (1985). VHS, 35mins. #80AN481. En français ou en anglais.
Voltaire Presents Candide: An Introduction to the Age of Enlightenment (1976). VHS, 34mins. #68AN502.
Voltaire and Jefferson: The Sage of Ferney and the Man from Monticello (2001). DVD, 23mins. #35AL1930.
Dramatisations
Candide (1978). DVD, 135mins. #80AN3508. En français.
Voltaire: Candide (1978). DVD, 135mins. #80AM2851. En français.
Le Jeu de l'amour et du hasard (1967). DVD, 92mins. #80AN2140. Adaptation de Marcel Bluwal de la pièce de Marivaux.

Adresse: Insight Media
2162 Broadway
New York, NY 10024-0621
1-800-233-9910 / Fax: 212-799-5309
www.insight-media.com
e-mail: custserv@insightmedia.com

D. Quelques sites Internet utiles

Ne pas oublier que les sites Internet sont susceptibles d'être changés ou transférés à tout moment. L'utilisateur compétent les abordera toujours d'un œil critique. Les bons moteurs de recherche vous aideront dans vos recherches plus poussées.

Cinéma

http://www.imdb.com (base de donnés sur le cinéma international)

Littérature française en ligne

http://un2sg4.unige.ch/athena/html/fran_fr.html
http://www.voltaire-integral.com/__La%20Bibliotheque/Auteurs.html
 (Projet: « La Bibliothèque numérique »)
http://fr.wikipedia.org/wiki
http://fr.wikisource.org/wiki/Cat%C3%A9gorie:XVIIIe_si%C3%A8cle
 (liste d'ouvrages)
http://www.bribes.org/trismegiste/es1ch30.htm (Montaigne, *Des cannibales*)

Sur les figures de style

http://www.reveenjoie-poesie.com/Figures_de_style/FiguresDeStyle.
 php?page=0
http://www.lettres.org/lexique/
http://www.oqlf.gouv.qc.ca/ressources/bibliotheque/dictionnaires/
 terminologie_figuresdestyle/lex_figuresdestyle.html

Histoire du XVIIIe siècle

http://www.memo.fr/Dossier.asp?ID=616&ImagePres=Epoque%20mod
 erne.jpg

Œuvres complètes de Voltaire

http://www.voltaire-integral.com/ (très accessible et organisées de diverses
 manières)
http://efts.lib.uchicago.edu/efts/VOLTAIRE/ (« Voltaire électronique »:
 Voltaire Foundation et l'University of Chicago)

Voltaire sur le désastre de Lisbonne

http://un2sg4.unige.ch/athena/voltaire/volt_lis.html

Sur Voltaire et *Candide*

http://humanities.uchicago.edu/homes/VSA/Candide/
http://www.alalettre.com/Voltaire-bio.htm
http://www.visitvoltaire.com/f_voltaire_bio.htm

http://atheisme.free.fr/Biographies/Voltaire.htm

http://abu.cnam.fr/BIB/auteurs/voltaire.html

http://www.chez.com/bacfrancais/candide-voltaire.html

http://www.visitvoltaire.com/f_voltaire_bio.htm

http://www.ville-ge.ch/bge/imv/ (Institut et Musée Voltaire à Genève [Suisse], aux Délices)

http://c18.net/ (Centre international d'étude du XVIIIe siècle à Ferney-Voltaire [France])

L'Encyclopédie de Diderot et d'Alembert

http://www.lib.uchicago.edu/efts/ARTFL/projects/encyc/

http://www.memo.fr/article.asp?ID=MOD_LUM_010

Montesquieu

http://un2sg4.unige.ch/athena/montesquieu/mon_lp_frame0.html (*Les Lettres persanes*)

http://montesquieu.ens-lsh.fr/nouvelles.php3 (site des Amis de Montesquieu)

Rousseau

http://fr.wikisource.org/wiki/Julie_ou_la_Nouvelle_H%C3%A9lo%C3%AFse (*La Nouvelle Héloïse*)

Sur le thème du bon sauvage

http://yz2dkenn.club.fr/le_mythe_du_bon_sauvage.htm

Peinture française au XVIIIe siècle

http://mistral.culture.fr/lumiere/documents/musee_virtuel.html

Vocabulaire utile:
Pour parler d'un roman

L'œuvre et son auteur

... a été écrit(e) par...
une autobiographie
une biographie
un chef-d'œuvre
un classique
une comédie
un conte
un conte de fées
un conte philosophique
les écrits *m. pl.*
une fable
le genre
une histoire
la lecture
une légende
la littérature
un mythe
la narration
une nouvelle (= un roman très court)
l'œuvre *f.*
l'ouvrage *m.* (= le texte)
un ouvrage de fiction
une parabole
le plagiat (= le vol littéraire)
la poésie
la prose
un récit (= une narration)
un recueil (= une anthologie)
un résumé
le roman
un roman à clés
le roman autobiographique
le roman comique

le roman d'amour
le roman d'aventures
le roman épistolaire
le roman picaresque
le roman policier
une traduction
une tragédie

*

l'auteur *m.*
la carrière
la célébrité
la création
l'écrivain *m.*
Il est écrivain. / Elle est écrivain.
le lecteur / la lectrice
le narrateur / la narratrice
un nom de plume (= un pseudonyme)
le public
un romancier / une romancière
un traducteur / une traductrice

*

une analyse
un article
une citation
un compte rendu
le/la critique (= l'écrivain)
la critique (= l'article)
l'éditeur (= la maison d'édition)
un essai
une étude (de mœurs, psychologique,
 critique)
la parution
la publication
un tirage (= une édition)

Les parties d'un livre

une anecdote
la bibliographie
le chapitre
une citation
la conclusion
le contenu
un coup de théâtre (= un événement
 imprévu)
la dédicace
le dénouement
un dialogue
un échange
l'épigraphe *f.*
l'épilogue *m.*
l'épisode *m.*
une expression
un extrait
un fait divers
la fin
un monologue
une note en bas de page
un paragraphe
un passage
la péripétie (= un changement subit)
une phrase
une préface
le prologue
une référence
une scène
la suite
la table des matières

Parler d'un roman

l'action *f.*
l'ambiguïté *f.*
l'apparence *f.*
un aspect
une attitude
un but (= un objectif)
le cadre (= le contexte)
le caractère (= la personnalité)
une caractéristique (= un trait de
 caractère)
la caricature
un concept
une controverse
la déformation

la démystification
le déroulement
un détail
le développement (= l'évolution *f.*)
l'écriture *f.*
un effet
l'ensemble *m.*
une épithète (= qualification d'un
 nom)
un état d'âme
un exemple
une explication
l'exposition *f.*
l'extravagance *f.*
le fond
la forme
le (bon, mauvais) goût
le héros / l'héroïne
l'imaginaire *m.*
l'intrigue *f.*
le langage (= le style)
la langue (= le français, etc.)
le lyrisme
une maxime (= un proverbe)
la morale
les mœurs *f. pl.* (= les coutumes *f. pl.*)
un mot-clé
le naturalisme
le niveau
une optique
une parodie
un pastiche
un personnage (principal, secondaire)
la personnalité
un phénomène
une polémique
le portrait / l'autoportrait
un procédé (= une méthode, une
 technique)
un processus (= une évolution)
une qualité (≠ un défaut)
le réalisme
le réel
une réussite (≠ un échec)
le rythme
la satire
la sensibilité (= l'aptitude à s'émouvoir)

le sentiment
la signification (= le sens)
la situation
la société
le style
le symbolisme
un thème
une théorie
la tragédie
la trame (= l'intrigue *f.*)
un trait de caractère
la valeur, les valeurs
la voix
la vraisemblance (≠ l'invraisemblance)

Figures de style

l'accumulation *f.*
une allégorie (= abstraction imagée)
une alliance de mots
l'allitération *f.* (= répétition de
 consonnes)
l'amplification *f.*
l'anaphore f. (= répétition au début de
 la phrase)
une analogie
l'antiphrase *f.* (= sens contraire
 ironique)
l'antithèse *f.* (= opposition de mots)
l'apostrophe *f.* (= adresse directe)
l'archaïsme *m.* (= mot vieilli)
l'assonance *f.* (= répétition de voyelles)
l'atténuation *f.* (= réduction)
une comparaison
la concrétisation
une disjonction (= interruption)
une ellipse (= suppression de mots)
une équivoque (= mot à double sens)
un euphémisme (= mot adouci)
l'exagération *f.*
la gradation montante (descendante)
l'homophonie *f.* (= même son)
l'hyperbole *f.* (= exagération *f.*)
l'image *f.*
l'insistance *f.*
l'ironie *f.*
un lieu commun (= un cliché)
la litote (= dire moins)
une métaphore (= substitution imagée)

la métonymie (= substitution d'un
 concept)
un néologisme (= invention d'un mot)
une opposition
un oxymore (= alliance surprenante)
la périphrase (= expression à la place
 d'un mot)
la personnification
la répétition
la substitution
un symbole

Adjectifs

ambigu(ë)
autobiographique
biographique
burlesque
célèbre (≠ inconnu[e])
classique
comique (≠ tragique)
contemporain(e)
contradictoire
critique
dramatique
épistolaire
extravagant(e)
fictif / fictive
harmonieux / harmonieuse
héroïque
historique
hypocrite
idéalisé(e)
idéaliste
implicite (≠ explicite)
ironique
littéraire
lyrique
mélodramatique
moderne
mythique
narratif / narrative
naturaliste
parodique
picaresque
poétique
précédent(e) (≠ suivant[e])
précis(e)
psychologique

réaliste
romanesque
romantique
satirique
sentimental(e)
stéréotypé(e)
tiré(e) de
véritable, vrai(e) (≠ faux/fausse)
vraisemblable (≠ invraisemblable)

Verbes et expressions verbales

s'adresser à
agir
analyser
apprécier
avoir lieu
se caractériser
citer
commenter
comparer
(se) composer (de)
concilier
confondre
se consacrer (se dédier, se dévouer) à
considérer
consister en
constater
contraster avec
créer
critiquer
déceler (= découvrir)
déclarer
décrire
démontrer (= faire voir)
dénoncer
dépeindre
se dérouler
(se) développer
se distinguer par
ennuyer (≠ intéresser)
envisager de
éprouver (une émotion)
esquisser
estimer
être à l'origine de
être lié(e) à
évoluer
évoquer

exercer une influence sur
expliquer / ceci explique...
(s')exprimer
faire allusion à
faire appel à
faire part de (= informer)
faire partie de (= appartenir à)
faire un contraste avec
faire un rapprochement entre
faire voir (= montrer)
finir par
harmoniser
ignorer (≠ connaître)
illustrer
il me (lui...) semble que (+ *indicatif*)
il reste le fait que... (+ *indic.* ou *subj.*)
il semble que (+ *subjonctif*)
il s'agit de...
il suffit de dire...
il (ça) va de soi que...
s'imposer comme
indiquer / tout indique que...
s'inspirer de
(s')intéresser (à)
interpréter
jouer le rôle de
mettre en évidence
mettre en relief
mettre en valeur
montrer
noter
paraître
se passer
personnifier
plaire à (≠ déplaire à)
précéder (≠ suivre)
prendre conscience de
prétendre
prôner (= promouvoir)
se prononcer (pour, contre)
(se) proposer (de)
prouver
publier
(se) réconcilier
raconter (= relater)
rédiger (= écrire)
se référer à (= faire référence à)

remarquer
répéter
reprendre
représenter
(se) résumer
(se) retrouver
réussir à
se révéler
se produire (= arriver)
se servir de (= utiliser)
signaler (= indiquer)
se situer (= se trouver)
souligner
symboliser
témoigner de (= prouver)
tenir à (= insister pour)
tirer une conclusion (de)
toucher
traduire
traiter (de)
valoriser (≠ dévaloriser)
viser (= avoir pour objectif)
vouloir dire (= signifier)

D'autres expressions

à cause de
à ce moment-là
à cet égard
à cette époque
à la fois (= en même temps)
à la première (dernière) page
à mon (son...) avis
à partir de / à partir du moment où
à propos de (= au sujet de)
à temps
à titre d'(exemple)
à vrai dire
actuellement (= à présent)
ainsi
alors (= ensuite, puis)
après une lecture réfléchie
après tout (= tout compte fait)
au contraire (de) (= bien au contraire)
au début / au milieu / à la fin
au (XVIIIe...) siècle
au fond
au fur et à mesure (que) (= peu à peu, à
 mesure que)

au même titre que
au moins (= du moins)
au sens figuré / au sens propre
auparavant
autrefois
bon, meilleur (≠ mauvais, pire)
d'abord / ensuite / enfin
d'ailleurs
dans la mesure où
dans le cadre de
d'après (= selon)
de cette manière
de façon à (= de manière à)
de nombreux (-euses)...
de nos jours (= actuellement)
de toute façon (= de toute manière)
d'une part... / d'autre part...
dans une certaine mesure
de moins en moins (≠ de plus en plus)
de (à) nouveau (= encore une fois)
de temps à autre (= de temps en temps)
de toute façon (manière) (= en tout
 cas)
désormais (= dorénavant)
donc
du fait de/que
en bas (en haut) de la page...
en ce moment
en ce sens que
en d'autres termes
en dehors de (= excepté, à l'exception
 de)
en effet (= effectivement)
en fait (= en réalité)
en outre (= en plus)
en premier (deuxième...) lieu
en revanche
en tant que
en tout cas
en (dans) un sens
en vérité
enfin (= finalement, en fin de compte)
ensuite (= puis, alors)
envers
une espèce de...
évidemment (= il est évident que...)
une fois (= à un moment donné)

une fois pour toutes

malgré tout

mieux (≠ moins bien)

mis(e[es]) à part (= excepté)

le moyen de...

néanmoins (= toutefois)

or (*conj.*) (= maintenant, alors)

par conséquent (= en conséquence)

par contre

par moments (= parfois, quelquefois)

par rapport à

le passage cité ci-dessus / ci-dessous

la plupart du temps

les plus (beaux) (≠ les moins [beaux])

pourtant (= cependant)

premièrement (= en premier lieu)

quant à... (= en ce qui concerne...)

selon moi (lui...)

tout à coup, tout d'un coup (= subitement, soudain)

tout à fait (= entièrement)

tout au long de

tout au moins / tout au plus

tout de même

tout de suite (= immédiatement)

un type de...

voire (= même)

vraiment

y compris

Vocabulaire utile: Pour parler de l'Âge des lumières

la liberté d'esprit
la liberté d'expression
la liberté de pensée
la liberté de plume
la liberté de la presse
l'esprit critique *m.*
l'esprit philosophique
une littérature militante (= une arme
 pour l'esprit)

les philosophes *m.* (= penseurs,
 intellectuels)
les gens de lettres
l'Encyclopédie *f.*
les encyclopédistes

l'analyse *f.*
la connaissance
le déterminisme biologique
le doute
l'empirisme *m.* (= basé sur l'expérience)
l'entendement *m.*
l'expérience *f.* (v. les idées innées,
 l'innéisme *m.*)
l'expérimentation *f.*
le matérialisme (v. la métaphysique)
la pensée
la raison (v. le dogme, la doctrine)
le rationalisme (v. la superstition)
la réflexion
le scepticisme (v. la foi aveugle, les
 idées reçues)
la science expérimentale

le bien commun
le bonheur sur terre

le déisme (= Dieu-horloger)
l'épicurisme *m.* (= le plaisir)
l'humanisme *m.*
l'idéologie *f.*
la morale laïque (naturelle)
la religion naturelle
la religion raisonnable
l'utilité sociale

la bienfaisance (= la charité laïque)
l'humanité *f.*
le pluralisme
le relativisme (des lois)
la tolérance (v. le fanatisme, les
 préjugés, la persécution)
la vertu

l'abolition de l'esclavage *f.*
le despote éclairé (v. l'absolutisme *m.*,
 le droit divin)
les droits de l'homme
l'égalité *f.* (v. l'inégalité)
le bon sauvage
la justice
le libéralisme économique: « laissez
 faire, laissez passer »
le progrès
la réforme

les salons mondains (littéraires,
 philosophiques)
l'esprit *m.* (= l'intelligence vive *f.*)
la spiritualité (= la vivacité, la
 brillance)
spirituel(le) (= amusant[e], ironique)

Credits

All interior illustrations are from Voltaire, *Candide ou l'Optimisme*, orné de figures du temps (Paris: Éditions de la Sirène, 1913).

page

Remerciements/Acknowledgments

À mon mari, Bob O'Malley, qui est et qui sera pour toujours l'amour de ma vie, et à notre fille Maureen, l'amour de notre vie. — E.M.A.

À Léon, Simon, Aviva et Johanna pour leur appui et leur bonne humeur. — M.B.R.

Our primary thanks go to the distinguished contemporary Voltaire scholars whose work formed the basis of our reading and comprehension of the text. We only regret that the bibliography included in this edition must be limited to some of the wonderful materials available to generalist instructors and students.

We are happy to be working with our supportive friends at Focus Publishing and wish to thank Ron Pullins and Leslie Powell, as ever; Linda Robertson Diering, for all her skills; Amy Roemer, for her art; Kathleen Brophy and Cindy Zawalich, for managing us so deftly; David Horvath and Kerri Wetherbee, for spreading the word; and Véronique Hyde, for her attentive native reading of the page proofs.

Warm thanks to Hélène Coignet, Marina Bourgain, and Marianne Cohen-Tanugi, who read parts of the manuscript with a strong, native eye. We both thank Natalie Schorr for her contributions to the original planning of this series and for her core *Vocabulaire utile*. Eileen thanks Inge C. Wimmers for continued literary inspiration and faithful support of all her research endeavors. Myrna thanks Martha Krow-Lucal, Mary McVey Gill and Mary Lawrence Test for valuable discussions.

We are grateful to Mme Catherine Walser, M. François Jacob, and the helpful personnel at *l'Institut et Musée Voltaire* in Geneva (Switzerland), who put the riches of *Les Délices* at our disposal, and to librarians at Green Library (Stanford), at Doe Library (UC Berkeley), at the Andrew L. Bouwhuis Library (Canisius College), and at the Palo Alto City Library.

From Eileen: As always, loving thanks to my mother and father, Maureen and Joseph Angelini, my original fans; to my husband Bob O'Malley, my hero, for your undying and loyal support, and for always

making it possible for me to have quiet time to work; and to our daughter Maureen C. O'Malley, my fellow fan of Red Sox Nation, for showing me the joy of learning all over again.

From Myrna: to Leon Rochester, thank you for everything, and especially, here, for inexhaustible technical help; and, for their confidence, advice, and gardening, to Simon, Aviva, and Johanna Rochester, who grew up along with the deadlines, and now have plenty of their own.

About the Authors

Eileen M. Angelini received her A.B. in French from Middlebury College and her M.A. and Ph.D. in French Studies from Brown University. She is Chair of the Department of Modern Languages and Associate Professor of French at Canisius College. Dr. Angelini has won research grants from the U.S., French, and Canadian governments. She presents frequently at national and regional conferences and is the author of publications on literary analysis (*Strategies of "Writing the Self" in the French Modern Novel: C'est moi, je crois*, The Edwin Mellen Press), and on pedagogy, focusing on the professions and cross-cultural communication. Dr. Angelini is a Table Leader for the AP French Language Examination and a College Board Consultant. With Myrna Bell Rochester, she prepared the Focus Student Editions of Molière's *L'École des femmes* and Maupassant's *Pierre et Jean*.

Myrna Bell Rochester lives in Palo Alto, California. She received her A.B. in Romance Languages and Literature from the University of Chicago, and her M.A. and Ph.D. in French from the University of California, Los Angeles, and studied at the Université de Genève during a four-year stay. Dr. Rochester has taught at UCLA and at Stanford University. Author and co-author of college texts, including *Rendez-vous*, *Entrée en scène*, *Bonjour ça va?*, and *Vis-à-vis*, she also lectures and publishes on topics in modern literature (*René Crevel: Le pays des miroirs absolus*, Stanford/Anma Libri). With Natalie Schorr (Phillips Academy, Andover), she prepared the Focus Student Edition of Camara Laye's *L'enfant noir*, and with Eileen M. Angelini, Molière's *L'École des femmes* and Maupassant's *Pierre et Jean*.